KiWi 121

Im Ernstfall hilflos

Egmont R. Koch
Fritz Vahrenholt

Im Ernstfall hilflos

Katastrophenschutz bei Atomunfällen

Mit Beiträgen von Jörg Albrecht, John J. Berger,
Jan Beyea, Hans-Jürgen Danzmann

Kiepenheuer & Witsch

© 1980, 1986 Verlag Kiepenheuer & Witsch, Köln
Übersetzung der Beiträge von J. Berger
und J. Beyea: Karin Lang, Pulheim
Grafiken Julius Kraft, Kirchseelte, Peter Koch, Hamburg
Umschlag Hannes Jähn, Köln
Gesamtherstellung Clausen & Bosse, Leck
ISBN 3-462-01805-1

Inhalt

Vorwort

Im Frühjahr 1980, knapp ein Jahr nach dem Reaktorunfall im amerikanischen Atomkraftwerk Three Mile Island, erschien dieses Buch zum erstenmal. Wir wollten darin untersuchen, ob die Bundesrepublik auf den Ernstfall einer atomaren Katastrophe vorbereitet ist. Unser damaliges Fazit, daß in einem solchen Fall Hilflosigkeit regieren würde, ist seit Ende April 1986 Gewißheit: Als der sowjetische Reaktor in Tschernobyl durchbrannte und Europa in der Furcht vor einem atomaren Inferno lebte, reagierten manche Behörden mit Beschwichtigungen und Durchhalteparolen. Sie waren hilf- und ratlos, obwohl die Katastrophe in einem als »sicher« eingeschätzten Abstand von 1800 Kilometern stattgefunden hatte.

Nach Tschernobyl wissen wir, daß wir diese Gefahren nach Harrisburg wieder verdrängt hatten. Eine Reaktorkatastrophe, die Mitteleuropa in Angst und Schrecken versetzt – das war so unvorstellbar dank der Beteuerungen der Atomtechniker, ein solches Desaster könne allenfalls alle einhunderttausend Jahre einmal geschehen.

Um so mehr hat uns dann die Tatsache verunsichert, daß die Evakuierung von rund einhunderttausend Einwohnern selbst in der zentralverwalteten Sowjetunion an die Grenze der staatlichen Stabilität führen könnte: Ein Areal von schätzungsweise 3000 qkm wird auf Jahrzehnte unbewohnbar sein, ein Gebiet, viermal so groß wie die Hansestadt Hamburg.

Diese Folgen von Tschernobyl müssen auch hierzulande zu einer Neubewertung der Kerntechnik führen. Zwar war seit Veröffentlichung der Deutschen Risikostudie bekannt, daß notfalls Zehntausende von Menschen sofort evakuiert und möglicherweise zwei bis drei Millionen Menschen langfristig umgesiedelt werden müssen – der Beitrag von Hans-Jürgen Danzmann macht dies ganz deutlich.

Ernstgenommen wird diese Perspektive, ganze Großstädte wie Hamburg, Stuttgart, Mainz oder Koblenz innerhalb von Stunden räumen zu müssen, erst jetzt, da wir zu spüren bekommen, daß sich die radioaktive Wolke nicht an einen 25-km-Radius hält.

Die Reaktion der Bundesregierung vom 29. April 1986, der bundesdeutschen Bevölkerung drohe schon deshalb keine Gefahr, weil der Unglücksort 2000 km entfernt liege, war also falsch und fahrlässig. Sie kann allenfalls damit erklärt werden, daß diejenigen, die bislang blind in die Kerntechnik vertraut hatten, plötzlich kopflos reagierten. Jörg Albrecht illustriert dies in seinem Beitrag über die Folgen der Tschernobyl-Katastrophe.

Es stellt sich darüber hinaus die Frage, ob die Deckungsvorsorge für die Auswirkungen eines Reaktorunfalls mit einer Milliarde DM ausreichend ist. Die Schäden durch Tschernobyl in der Bundesrepublik werden bereits mit einer halben Milliarde DM beziffert. Wenn eine Milliarde nicht genug sind, reichen dann zehn Milliarden? Und steigen damit nicht die Versicherungsbeiträge in einem Maße, daß sie den Kostenvorteil der Kerntechnik bei weitem überwiegen?

Es gibt genügend Gründe, den Ausstieg aus der Atomenergie jetzt einzuleiten; die Unmöglichkeit, hinreichenden Katastrophenschutz zu betreiben, ist nur einer. Das heißt nicht, Katastrophenschutz sei überflüssig, solange Atommeiler in der Bundesrepublik und auch in unseren Nachbarländern Strom produzieren.

Unsere 1980 erschienene Analyse ist heute aktueller als damals.

Sie kann jetzt, um einige Teile ergänzt, mit der gleichen Berechtigung wie 1980 veröffentlicht werden, weil wir wissen, daß sich die Situation des Katastrophenschutzes keinen Deut verbessert hat. Die Erfahrung, im Ernstfall hilflos zu sein, kommt nach Tschernobyl einer großen Bedrohung gleich, die wir auf Dauer nicht akzeptieren können und wollen. Nur der Ausstieg aus der Technik, die wir niemals restlos beherrschen werden, gibt uns eine Chance, daß das Szenario einer Massenflucht, die Gefahr des Chaos nach der Katastrophe niemals Wirklichkeit wird.

Bremen / Hamburg, den 26. Juni 1986   Egmont R. Koch
                                          Fritz Vahrenholt

Egmont R. Koch / Fritz Vahrenholt

Wie sicher ist sicher genug?

Das sogenannte Restrisiko *oder* Brauchen wir überhaupt einen Katastrophenschutz?

Nach Tschernobyl ist nichts mehr wie es war: Die amtlichen Beschwichtigungen, der Super-GAU sei allenfalls theoretisches Risiko, wurden ad absurdum geführt, klangen plötzlich wie Durchhalteparolen, als müsse man sich Mut machen. Wenn sich die sowjetische Reaktorkatastrophe hierzulande nicht wiederholen kann, wozu dann überhaupt Katastrophenschutz?

So dürfte man die Frage nicht stellen, wird uns versichert. Natürlich könne auch bei uns etwas schiefgehen, könnte ein Zusammentreffen von technischen Fehlern und menschlichem Versagen verheerende Folgen haben, nur liege die Wahrscheinlichkeit sehr viel niedriger als anderswo in der Welt, wo Perfektion und Gründlichkeit keine so hervorragenden Tugenden seien wie hierzulande.

Tschernobyl war also, so folgert daraus, eine sowjetische Schlamperei, und wir dürfen uns wieder beruhigen und der politischen Autorität vertrauen, die uns versichert, Kerntechnik sei in der Bundesrepublik eine (absolut) sichere Technologie, ein Ausstieg aus dieser Methode der Energiegewinnung überdies bloße Utopie.

Jahrelang ließ die deutsche Atomlobby verlauten, es sei viel wahrscheinlicher, durch einen Blitzschlag ums Leben zu kommen als durch einen Unfall in einem Reaktor. Eines Tages jedoch erschlug der Blitz ausgerechnet einen der Ihren, den Geschäftsführer des *Deutschen Atomforums*, Dr. Heribert Pieck.*

Bittere Ironie: Das Schicksal schert sich nicht um Risikobetrachtungen.

Seitdem müssen Meteorite herhalten, um zu verdeutlichen, wie gleichermaßen gering die Gefahr ist, durch einen Atommeiler oder durch ein solches kosmisches Ereignis zu Tode zu kommen.

Wie sicher sind also Sicherheitsberechnungen? Wie hoch muß das vielzitierte Restrisiko bewertet werden? Und weiter gefragt: Welche Notwendigkeit von Katastrophenschutz-Maßnahmen ergibt sich aus solchen Risikoanalysen?

Das Risiko wird mathematisch definiert als Produkt aus Eintrittswahrscheinlichkeit und Schadensausmaß. Mit anderen Worten: eine *relativ* seltene Katastrophe mit vielen Opfern kann das gleiche Risiko bedeuten wie die tagtäglich durch Unfälle sterbende *relativ* kleine Zahl von Menschen. Das gleiche Risiko hat allerdings noch lange nicht das gleiche Ausmaß gesellschaftlicher Akzeptanz zur Folge, insbesondere nicht bei katastrophalen Gefahrenpotentialen, selbst wenn die Eintrittswahrscheinlichkeit noch so gering ist.

Die Zahl der durch großtechnische Katastrophen ums Leben gekommenen Menschen ist dabei verschwindend gering im Verhältnis zur Zahl der Opfer, die die technischen Errungenschaften gleichsam schleichend, fast schon unterhalb der Bewußtseinsschwelle fordern. Das hängt mit der Bedeutung des Wortes »Katastrophe« im allgemeinen Sprachgebrauch und dessen Bewertung in den Medien zusammen: Das Wort »Katastrophe«

* Pieck führte die Geschäfte des *Deutschen Atomforums* vom 1.3.1971 bis 27.7.1971.

stammt aus dem Griechischen und bedeutet »eine entscheidende Wendung zum Schlimmen«. Es hat in seiner Bedeutung im Laufe der Geschichte mehrfach eine Wandlung erfahren. Im Dritten Reich war das Wort seit einer Anweisung des *Reichsministeriums für Volksaufklärung und Propaganda* v. 16. 3. 1944 tabu und wurde durch die Bezeichnung »Großnotstände« ersetzt. Anstatt »Katastropheneinsatz« mußte das Wort »Soforthilfe« verwendet werden.

Große Flugzeugunglücke füllen die Zeitungen, machen Schlagzeilen; von jenen, die bei einem Verkehrsunfall ums Leben kommen, liest man allenfalls im Lokalteil, von zwei Toten aufwärts oder bei besonders kuriosen Unfallabläufen – so makaber das klingen mag.

Die offensichtliche Katastrophe, das ist der »große Knall«. Die jährlich durch Asbest oder andere gefährliche Chemiestoffe sterbenden Arbeiter, die durch Stromschlag im Haushalt ums Leben kommenden Menschen, die Raucher nicht zuletzt, das sind – statistisch gesehen – die wahren Dramen, gegenüber denen wir zu sehr die Augen verschließen. Die zunehmende Verseuchung der Umwelt mit ihrer globalen Folge der Klimaveränderung, die Ölverschmutzung der Meere und daraus resultierende Vernichtung eines lebenswichtigen Nahrungsreservoirs, die Ausrottung von Pflanzen und Tieren mit ihren erheblichen Konsequenzen – das sind die Existenzkrisen der nächsten Generationen, kaum die wenigen Großunfälle, und sei es mit verheerenden Auswirkungen.

Allerdings werden nur Desaster zu Symbolen: Seveso, Harrisburg, Bophal, Tschernobyl. »Man darf bezweifeln«, schreibt Erhard Eppler, »ob die Menschheit ohne Katastrophen Neues lernen kann, ob sie durch Katastrophen genug lernt, um überlebensfähig zu werden. Es wird Zeit, daß wir nicht abstrakt über die Risiken der Technik, sondern über das Verhältnis zwischen Mensch und Technik nachdenken«.[1]

Jede Katastrophe kann also etwas Positives bewirken. Angst vor einer Wiederholung muß dabei kein schlechter Ratgeber sein, sondern kann sich als Kontrollmechanismus erweisen: Wollen wir uns, als Ergebnis von Tschernobyl, auf den nächsten Super-AU nur besser vorbereiten oder sollen wir nicht vielmehr grundsätzlich einen neuen Kurs bestimmen?

Gewiß: Die Kernenergie besitzt gegenüber den profanen Existensgefahren Feuer, Flut, Sturm und Seuchen etwas Ungewisses, Beklemmendes. Radioaktivität raubt, weil der menschlichen Sinneswahrnehmung entzogen, die Hoffnung, durch Früherkennung, Gegenmaßnahmen oder wenigstens Flucht dem Unentrinnbaren doch noch entkommen zu können. Da werden Urängste wach.

Das hat auch entscheidenden Einfluß auf die Diskussion über die Sicherheit von Kernkraftwerken. »Das Interesse der Öffentlichkeit wird nicht durch die 99,9 % Sicherheit bestimmt, sondern durch das verbleibende Zehntel Prozent Risiko«, meint Dr. Hans-Jürgen Danzmann, hält dies aber für durchaus legitim: »Das Streben nach persönlicher Sicherheit ist ein wesentlicher Teil unseres Lebens geworden«[2].

Die wachsende gesellschaftspolitische Auseinandersetzung mit den Gefahren der Großtechnologien, speziell der Kernenergie, hat zur Entwicklung einer neuen Forschungsrichtung geführt: der Risikobetrachtung (Risk Assessment). Sie hat nach Meinung von Dr. Jobst Conrad vom Frankfurter *Battelle Institut e. V.* sechs wesentliche Aufgaben:

- Risiken von Technologien zu identifizieren und nach Möglichkeit quantitativ zu berechnen,
- Risiken verschiedener Art miteinander zu vergleichen,
- Risiken und Nutzen von Technologien gegeneinander abzuwägen,
- Kriterien für die Akzeptabilität von Risiken zu entwickeln,
- Einstellungen und Verhalten von Individuen und Organisationen gegenüber Risiken zu analysieren,

- ökonomische und politisch praktikable Verfahren zur Verringerung von Risiken zu erarbeiten[3].

Die Probleme der Risikoforschung beginnen dort, wo sie sich ihre Ziele setzt: Risiken abzuschätzen, für die es wenig Erfahrungswerte gibt. So sind sich die Fachleute zwar weitgehend einig, daß Atom-Desaster mit einem sehr großen Schadensausmaß *relativ* selten sind; über die Frage des »Wie selten?« ist man allerdings durchaus unterschiedlicher Meinung (was zum Beispiel aus einem Vergleich der Ergebnisse der *Rasmussen-Studie*, der Untersuchung der *Union of Concerned Scientists*, der *Deutschen Risikostudie* und anderer Berechnungen ergibt). »Die Erfahrung aus rund 200 Reaktorjahren kommerzieller Kernenergie bietet ... keine angemessene statistische Basis für Risikoprognosen über die 5000 Reaktorjahre, die in diesem Jahrhundert noch zu erwarten sind«, hieß es in dem vielbeachteten Bericht der *Ford-Foundation*[4].

Diese Expertise erschien 1977, vor den atomaren Katastrophen in Harrisburg und in Tschernobyl. Mit anderen Worten: Die Realität hat die rein theoretisch arbeitenden Risikofachleute längst eingeholt. Es gilt die banale Regel: Was schiefgehen kann, geht irgendwann auch einmal schief; und sie verdient seit dem 26. April 1986 einen ebenso banalen Nachsatz: Es kommt schneller, als man denkt.

Mit anderen Worten: Die sowjetische Reaktorkatastrophe hat deutlich gemacht, daß die Risikoanalysen erneuerungsbedürftig sind. Die aus der dünnen Datenbasis resultierenden Probleme von Risikoanalysen nennt Jobst Conrad:

- Die Bestimmung von Risiken ist modellabhängig. Da jedes Modell die Realität aber auf spezifische Aspekte reduziert, ist somit die Gefahr gegeben, daß wesentliche Risiken übersehen werden (etwa der Kabelbrand im Reaktor Browns Ferry oder auch die Wasserstoffblase von Three Mile Island).
- Risikoanalysen werden an einem bestimmten Objekt vorge-

nommen (in der *Deutschen Risikostudie* zum Beispiel am Reaktortyp Biblis B). Die Ergebnisse können damit nur begrenzt auf andere Objektive übertragen werden.

● Der Einfluß menschlichen Verhaltens ist in Risikoanalysen schlecht quantifizierbar.

Jede Risikoanalyse ist zudem durch die Phantasie ihrer Autoren begrenzt, das gilt insbesondere für den Bereich menschlichen Versagens. Manche Eventualitäten wie Krieg und Sabotage lassen sich genausowenig berechnen wie die Wahrscheinlichkeit, daß Sicherheitseinrichtungen absichtlich ausgeschaltet werden (wie im Reaktor Brunsbüttel geschehen) oder gar ein psychisch kranker Betriebsingenieur verrückt spielt und einen Reaktor mutwillig zum Meltdown, zur Kernschmelze, bringt.

Hinzu kommt noch etwas anderes: »Man setzt nicht etwa voraus, daß – gleich aus welchen Gründen, ob der Fehler nun von einem Operateur verursacht wurde oder von einem Materialfehler – in einem Unfallablauf immer nur *zwei* grundlegende, voneinander unabhängige Fehler passieren können«, betont Klaus Traube[5]. In Three Mile Island waren es jedoch nicht weniger als *sechs* innerhalb von 15 Minuten. Viele Fachleute plädieren daher wie Traube für eine Abkehr von diesem (deterministischen) Prinzip und befürworten statt dessen eine (probabilistische) Analyse, die alle erdenkbaren Unfallabläufe berücksichtigt und ihnen eine Wahrscheinlichkeit zumißt.

Ein Manko freilich weisen Risikostudien generell auf: Sie vermögen bei aller Unwahrscheinlichkeit zum Beispiel eines nuklearen Desasters mit Tausenden von Toten nichts darüber auszusagen, *wann* mit einem solchen extrem seltenen Ereignis zu rechnen ist.

Einem Flugzeugunglück am Boden mit mehr als 500 Toten war in Norman Rasmussens Risikostudie die Wahrscheinlichkeit von einmal in 1000 Jahren eingeräumt worden; und schon zwei Jahrzehnte nach dem erstmaligen Einsatz von Großflugzeugen ereignete sich ein solcher Unfall, als zwei vollbesetzte Jumbo-

Jets auf dem Vorfeld des Flughafens von Teneriffa kollidierten und 526 Menschen ihr Leben ließen*. Mehr noch:

Nach den Berechnungen der *Deutschen Risikostudie* war ein Ereignis wie jenes in Three Mile Island eigentlich nur etwa alle 10 000 Reaktorjahre zu erwarten. Es geschah aber schon zwei Jahrzehnte nach der Geburtsstunde der kommerziellen Kerntechnik**, nach rund 1600 und nicht erst *nach* 10 000 Reaktorjahren.

Daraus freilich den Schluß zu ziehen, ein Störfall dieser Kategorie werde sich in den nächsten 8400 Reaktorjahren nicht wieder ereignen können, wäre töricht. Und mit der Zahl der Großraumflugzeuge wächst die Gefahr einer verheerenden Karambolage auf dem Rollfeld ebenso wie das Risiko verhängnisvoller atomarer Unfälle mit der Zahl in Betrieb befindlicher Reaktoren.

Ob die Kernenergie aus anderen umweltpolitischen Gründen, wie der bislang ungesicherten Entsorgung, vertretbar ist, soll hier nicht untersucht werden. Die Risikobetrachtung beschränkt sich daher auf die Störfallgefahr von Kernkraftwerken.

Und da selbst bei einer sich fortwährend erhöhenden Sicherheit das sogenannte Restrisiko (das ja eigentlich erst das Risiko darstellt) niemals »null« ist, auf der anderen Seite unberechenbar bleibt, wann dieser »Rest« gleichsam akut wird, kann daraus nur

* Die Einordnung in die von Rasmussen gewählte allgemeine Gefahrenkategorie »Flugzeugunglücke – Todesfälle am Boden« darf nicht darüber hinwegtäuschen, daß die Wahrscheinlichkeit in der Gruppe »Flugzeugkollisionen am Boden« noch wesentlich kleiner wäre.

** Nach Angaben von Hans-Jürgen Danzmann weist die *Deutsche Risikostudie* für den entscheidenden Fehler in Three Mile Island (kleines Leck am Druckhalter) eine Wahrscheinlichkeit von $3 \cdot 10^{-5}$ pro Jahr, für den Ereignisablauf $3 \cdot 10^{-2}$ pro Jahr aus, das bedeutet für den gesamten Störablauf $9 \cdot 10^{-7}$, also rund einmal in einer Million Jahren. Berücksichtigt man die gegenwärtig in Betrieb befindlichen Meiler, ergibt sich eine Wahrscheinlichkeit von rund 1 : 10 000 Reaktorjahre. Die Erfahrung bis Ende 1978 betrug etwa 1600 Reaktorjahre weltweit.

die Notwendigkeit einer effektiven Vorbereitung auf Atomkatastrophen abgeleitet werden. Und Tschernobyl hat gezeigt, daß wir auch von ausländischen Reaktorkatastrophen in Mitleidenschaft gezogen werden können. Dies unterstreicht die Verpflichtung des Staates, sich auf den Ernstfall im zivilen Bereich (wie auf den militärischen Konflikt) vorzubereiten; und es ergibt sich daraus die Notwendigkeit, in diesem Buch die Lücken des Katastrophenschutzes bei Atomunfällen aufzudecken.

1) Eppler, E. in Traube, K. u. a., »Nach dem Super-GAU«, Reinbek 1986.
2) pers. Mitteilung an Egmont R. Koch.
3) Conrad, J., »Was kann und soll die Risikoforschung?«, *Umschau*, 19/1979, S. 593.
4) »Nuclear Power. Issues and Choices«, Bericht der *Ford-Foundation*, Cambridge/Mass. 1977, dtsch. Übersetzung: »Das Veto«, Reinbek 1979.
5) *bild der wissenschaft* 6/1979.

Jörg Albrecht / Fritz Vahrenholt

Der Super-GAU von Tschernobyl

Die Chronik der Ereignisse

Freitag, 25. April

In der russischen Ukraine herrscht warmes Frühlingswetter. Die Einwohner des kleinen Provinzstädtchens Tschernobyl an der Mündung des Pripjat-Flusses in den Kiewer Dnjepr-Stausee freuen sich auf die Feiertage. Der 1. Mai und der Jahrestag des Sieges über die deutschen Truppen stehen bevor.

Weniger gut ist die Stimmung in der 30 Kilometer entfernten Pripjat-Siedlung: Hier wohnen rund 20 000 Arbeiter und Angestellte der fünftgrößten Atomkraftwerksanlage der Welt. Sie sollen die Anlage bis 1988 zum weltweit größten Atomkomplex der Welt ausbauen. Neben den vorhandenen Blöcken 1 bis 4 sind zwei weitere geplant. Doch einstweilen sieht es nicht danach aus, als ob dieses ehrgeizige Ziel erreicht werden kann. Seit Tagen gibt es im Reaktorblock 4 erhebliche Schwierigkeiten. Umfangreiche Wartungs- und Inspektionsarbeiten stehen bevor, verbunden mit Sonderschichten und Überstunden. Viel Dank ist von oben nicht zu erwarten. Vor vier Wochen hat es sogar öffentliche Kritik gegeben: Liubov Kovalevska, eine leitende Angestellte, zog in der *Literaturna Ukraina*, dem offiziellen Organ des ukrainischen Schriftstellerverbandes, über die Zustände in

der Atomanlage her: Schlechte Ausbildung, mangelnde Arbeits-
moral, Unvermögen der Kader und Engpässe bei der Mate-
rialbeschaffung seien an der Tagesordnung. »Für die Fehler«, so
schrieb sie, »werden wir über Jahrzehnte hinaus bezahlen müssen.« Solche Bemerkungen dienen nicht gerade zur Verbesserung des Betriebsklimas.

Block 4 ist vorübergehend abgeschaltet. Statt der üblichen
1000 Megawatt liefert der Reaktor nur noch rund sieben Prozent
seiner Leistung ans Netz. Die Kettenreaktion ist fast zum Stillstand gekommen, der Neutronenfluß im Reaktorkern durch das
Einfahren von Absorberstäben gestoppt. Heiß ist die Anlage im
Inneren weiterhin – der Zerfall der radioaktiven Spaltprodukte
des Urans macht ein ununterbrochene Kühlung notwendig.
Normalerweise wird die Hitze durch Wasser abgeführt, das in
den 1690 Druckröhren des Reaktors zirkuliert. In Gang gehalten
wird der Wasserkreislauf durch acht Hauptkühlmittelpumpen.
Zu welchen Pannen es in der Nacht von Freitag auf Samstag
kommt, läßt sich nur bruchstückhaft rekonstruieren. Wie stets
existieren zwei Erklärungen für die Ursache der Reaktorkatastrophe: Technische Mängel und menschliches Versagen. Vermutlich spielt beides eine Rolle.

Die technische Version: Am Abend des 25. April tritt im internen Stromsystem ein »Totalspannungsabfall« ein. Die Techniker
reagieren, wie es ihnen das Handbuch für Notfälle vorschreibt.
Sie schalten die Pumpen auf Netzbetrieb um. Doch irgend etwas
geht schief, die Pumpen liefern nicht genügend Wasser, um die
Kühlung aufrechtzuerhalten. Zwei Systeme des dreifach ausgelegten Kühlmittelkreislaufs haben also versagt. In solchen Fällen
bleibt die Umstellung auf den Betrieb über Notstromaggregate.
Die Notkühlung kommt ebenfalls nicht in Gang. Die Kraft-
werksmannschaft wird unruhig und begibt sich auf Fehlersuche.
Übergeordnete Dienststellen werden nicht benachrichtigt –
noch scheint Zeit zu sein, die Ursache für das Versagen zu finden
und zu beheben.

Was in den nächsten Stunden unternommen wird, das Kühlsystem zu reparieren, bleibt für westliche und wohl auch für sowjetische Experten unklar. Offensichtlich ist die Bedienungsmannschaft auf solche Fälle nicht vorbereitet. Der Vorstandsvorsitzende der sowjetischen Nachrichtenagentur TASS, Walentin Falin, meint später: »Wie es so oft vorkommt, haben die Leute in bester Absicht geglaubt, sie seien in der Lage, die Situation unter Kontrolle zu bringen. Dabei waren sie selbst nicht voll im Bilde, welches Ausmaß das Unglück hatte. Die Havarie entwickelte sich stufenweise. ... Es entstand eine in den Notfallregeln nicht vorgesehene Lage. Es scheint im Moment so, daß die Techniker aufs Geratewohl handelten und ihre Entscheidungen nicht immer die besten waren.«

Die Mannschaft im Block 4 des Reaktors von Tschernobyl hat nicht mehr genügend Zeit, den Fehler zu finden. Vielleicht muß die Frage, ob ein Leck in einer der Druckröhren zum Kühlmittelverlust führt oder ob die Pumpen nicht richtig arbeiten, für alle Zeiten ungeklärt bleiben. Im Laufe der Nacht von Freitag auf Samstag steigt jedenfalls die Temperatur im Reaktor ständig an. Die Betriebstemperatur von 284 Grad Celsius ist längst überschritten; das Wasser beginnt, obwohl unter hohem Druck stehend, zu sieden.

Die Version »menschliches Versagen«: Nach einem Bericht der britischen Sonntagszeitung *Observer* könnte sich auch folgendes abgespielt haben: Ein Ingenieur der Bedienungsmannschaft nutzt die Abschaltphase des Reaktors, um dessen »Reaktionen zu testen«. Einiges spricht dafür, daß er auf Anweisung von oben handelt, doch überschreitet er seine Befugnisse erheblich. Er steuert die Absorberstäbe – ungewollt oder vielleicht auch in voller Absicht – in eine falsche Position. Schlagartig setzt die Kettenreaktion ein, der Reaktor liefert plötzlich fast die Hälfte seiner Leistung, ohne daß die Kühlung ausreichend funktioniert. Der Ingenieur verliert den Kopf, bewegt weitere Kontrollstäbe, und verschlimmert die unkontrollierte Lage. An der Spitze des Graphitblocks kommt es zu extrem hohen Temperaturen.

Was auch immer die eigentliche Ursache für das Versagen der Kühlung der Brennelemente ist – der Effekt ist der gleiche. Die angeblich »inhärente Sicherheit« des graphitmoderierten Druckröhrenreaktors bricht in sich zusammen, eine verhängnisvolle Entwicklung nimmt ihren nicht mehr zu steuernden Verlauf.

Während die Techniker noch bemüht sind, den Prozeß unter Kontrolle zu bringen, setzen unabhängig voneinander zwei verschiedene Reaktionen ein: Die Speziallegierung der Brennelementhüllen aus Zirkalloy-Stahl reagiert oberhalb von 700 Grad mit dem Sauerstoff des Wassers und beginnt, explosiven Wasserstoff freizusetzen. Einzelne Druckröhren werden undicht, siedender Wasserdampf kommt in Kontakt mit der Graphithülle des Reaktors. Das Graphit dient beim russischen Reaktortyp RBMK-1000 als Moderator – es bremst den Neutronenstrom. Durch den heftigen Neutronenbeschuß erhitzt es sich schon im Normalbetrieb auf etwa 700 Grad. Diese Wärme wird ebenfalls durch den primären Wasserkreislauf in den Druckröhren abgeführt und macht fast fünf Prozent der Reaktorleistung aus. Spezielle Ringbefestigungen sorgen für einen engen Kontakt des Graphits mit den wassergefüllten Röhren. Oberhalb von 1000 Grad setzt eine Reaktion des Graphits mit dem Wasser – die unter Chemikern bekannte »Wasser-Gas-Reaktion« – ein. Sie liefert Kohlenmonoxid und ebenfalls beträchtliche Mengen von Wasserstoff, der bei Anwesenheit von Luftsauerstoff jederzeit explodieren kann.

Sowjetischen Reaktorexperten ist diese Wasser-Gas-Reaktion mit ihren fatalen Folgen selbstverständlich bekannt. Zwei Umstände sprechen scheinbar dagegen, daß sie in Tschernobyl einsetzen kann: Zum einen ist die Raktion extrem »endotherm«, das heißt, sie erfordert ständig große Wärmezufuhr. Zum zweiten soll ein kompliziertes Kühlsystem den Graphitblock des Reaktors vor Überhitzung schützen. Er wird ständig von einer

Gasmischung aus Helium und Stickstoff umspült, die sowohl kühlt als auch für eine chemisch neutrale Atmosphäre sorgt. Dieses zusätzliche Sicherheitssystem kann also nur versagen, wenn eine extreme Hitzeentwicklung im Primärkreislauf auftritt. Dann kann die Abdichtung Lecks bekommen, Luftsauerstoff aus der Atmosphäre erhält Zutritt und der Wasserstoff kommt zur Explosion.

Genau dies geschieht in der Nacht vom 25. zum 26. April in der Halle des Reaktors 4 in Tschernobyl. Der siedende Wasserdampf im Druckröhrensystem ist nicht mehr in der Lage, die Nachzerfallswärme der Brennstäbe abzuführen, es kommt zu einer lokalen Aufheizung auf mehr als 1000 Grad, die Wasser-Gas-Reaktion liefert große Mengen Wasserstoff, das sekundäre Sicherheitssystem des Graphitblocks wird undicht und die Halle füllt sich mit einem hochexplosiven Wasserstoff-Sauerstoff-Gemisch, dem bekannten Knallgas. Jetzt reicht ein einziger Funke, das Gebäude in die Luft zu sprengen.

Samstag, 26. April

Um 1 Uhr 23 Osteuropäischer Sommerzeit hört der Feuerwehrleutnant Prawik ein gewaltiges Krachen im Block 4 der Reaktoranlage. Durch die 20 Meter hohe Reaktorhalle jagt eine Stichflamme, eine ungeheure Druckwelle reißt einen Teil des Daches weg. Teile der Konstruktion, darunter der gewaltige, 200 Tonnen schwere Kran für die Beschickungsanlage, stürzen herunter und begraben einen Techniker unter sich, ein zweiter stirbt im Feuer. Diese beiden Todesopfer sind die einzigen, die später in einer kurzen Meldung der Parteizeitung »Prawda« erwähnt werden. Der örtliche Feuerwehrkommandeur Major Teljatnikow wird geweckt; unter seiner Führung wird mit Löscharbeiten begonnen.

Dabei machen die Mannschaften vermutlich einen zweiten verhängnisvollen Fehler: Sie gehen mit Wasserstrahlen vor – für einen Feuerwehrmann sicherlich naheliegend, im Falle des graphitmoderierten Reaktors aber mit katastrophalen Folgen verbunden. Der 1700 Tonnen schwere Block aus Graphit – das ist Kohlenstoff in reiner, kristalliner Form – hat sich inzwischen stark aufgeheizt und die ursprüngliche Wasser-Gas-Reaktion kommt durch den zusätzlichen Wassernachschub erst richtig in Gang. »In drei Wellen«, so berichtet Vladimir Sagladin, Mitglied des Zentralkomitees der KPdSU, später am Rande eines DKP-Parteitages in Oldenburg, seien die strahlenden Substanzen in die Atmosphäre entwichen. Die zweite Welle setzt jetzt während der Löschversuche ein. Der Graphit reagiert mit jedem Tropfen Wasser, die Wärmezufuhr aus den weiterstrahlenden Brennstäben tut ein übriges, und der Moderatorblock beginnt zu brennen. Mehr als tausend Tonnen brennendes Graphit sind ein Höllenfeuer, das weder sowjetische noch westliche Experten vorausgesehen haben.

Immerhin scheint die lokale Katastrophenabwehr zunächst zu funktionieren. Eine Stunde nach der Explosion und nach dem Ausbruch des Feuers werden die Zufahrtwege zum Atomkraftwerkskomplex gesperrt. Mehr als eintausend Angestellte werden vom Werksgelände evakuiert. Meldungen an übergeordnete Stellen werden immer noch nicht gegeben – die Verantwortlichen vor Ort versuchen, den Störfall allein in den Griff zu bekommen.

Sinaida Kordyk, Leiterin der Wetterstation von Tschernobyl am Ufer des Pripjat-Flusses, ist wohl die erste Außenstehende, die Anzeichen der nahenden Katastrophe bemerkt. Sie registriert stark überhöhte Strahlenmeßwerte und schickt sofort ein Telegramm an das hydrometeorologische Zentrum der Sowjetrepublik.

Währenddessen werden mehrere hundert Feuerwehrleute in das Gebiet um den Reaktorblock 4 beordert. Sie stoßen auf ein flammendes Inferno. Die »Prawda« schildert eine Woche später, bei ihrem »selbstlosen Einsatz« hätten sie es mit Ruß und Qualm zu tun gehabt; auch seien sie mit ihren Stiefeln im glühendheißen Bitumen des Bodens steckengeblieben. Wegen der großen Hitze hätten weder Wasser noch Chemikalien eingesetzt werden können, so daß eine außerordentlich komplizierte Lage entstanden sei. 197 Personen seien verletzt und in ein Krankenhaus gebracht worden. Die ukrainische Regierung legt einen 10-Kilometer-Sperrgürtel um das Gebiet des glühenden Reaktors, weil inzwischen radioaktive Spaltprodukte aus dem explodierten Reaktorgebäude ins Freie gelangen. Die Erde ist warm in der Umgebung, die bodennahe Luft wird erwärmt und steigt schnell in höhere Schichten. In 1500 Metern Höhe weht ein stetiger Südostwind. Er transportiert die strahlende Fracht aus Tschernobyl über Polen hinweg nach Schweden und Finnland.

Der Tschernobyl-Reaktor

Die vier Reaktoren der Atomanlage von Tschernobyl gehören zur Klasse der sowjetischen RBMK-1000-Reaktoren. Die Zahl 1000 steht für die elektrische Leistung von 1000 Megawatt, die Buchstaben lassen sich am besten mit den Begriffen »leichtwassergekühlter, graphitmoderierter Druckröhrenreaktor« umschreiben. Vier Merkmale sind typisch für diese Bauweise:
– direkter Kreislauf; das Wasser steht in unmittelbarem Kontakt mit den Brennstäben. Es heizt sich auf und treibt die Turbinen an.
– Druckröhren; der Reaktor besitzt nicht ein einziges großes Druckgefäß wie die meisten westlichen Reaktoren. Statt dessen wird das Wasser durch mehr als 160 unter hohem Druck stehende Röhren geleitet.
– Leichtwasser; das Kühlmittel ist gewöhnliches, »leichtes« Wasser und nicht »schweres« Wasser (das Deuterium statt Wasserstoff enthält).
– Graphit; als Moderator für den Neutronenfluß dient Graphit, Kohlenstoff in reiner, kristalliner Form, der die energiereichen Teilchen abbremst und zu weiteren Zusammenstößen mit den Uranatomen bringt.
Keines dieser Merkmale ist ungewöhnlich; allein ihre Kombination ist bei sowjetischen Reaktoren einmalig und macht sie unverwechselbar.
Diese Bauweise geht zurück auf die ersten, rein militärisch genutzten Reaktoren der frühen 50er Jahre. Als »Plutoniumfabriken« dienten sie zur Her-

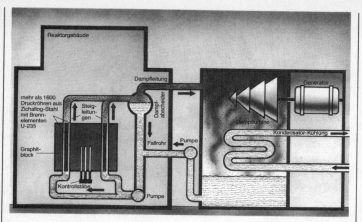

Schema des Tschernobyl-Reaktors

stellung von Atomwaffenmaterial. Ihre elektrische Leistung betrug nur rund 5 Megawatt. Beim »scaling up« auf die zweihundertfache Leistung mußten die sowjetischen Techniker ein paar sicherheitstechnische Kompromisse eingehen, die möglicherweise Ursache für das Desaster in Tschernobyl waren.

Als Brennstoff dient Uran. In der Natur kommt es als Gemisch verschiedener Isotope vor. Sein Gehalt am leicht spaltbaren Uran 235 wird auf 1.8 Prozent angereichert. Dieses Material wird als Urandioxid in langen Röhren aus einer speziellen Stahllegierung (Zirkalloy-Stahl) gepreßt. Bündel solcher Röhren werden in acht Meter langen Stahlrohren angeordnet, durch die das Wasser zirkuliert. Diese Druck- oder Arbeitsröhren befinden sich ihrerseits in einem zwölf Meter breiten und sieben Meter hohen Graphitblock. Er soll die schnellen Neutronen auf die zur Aufrechterhaltung der Kettenreaktion notwendige Geschwindigkeit abbremsen.

Die Konstruktion des Reaktorkerns erlaubt es, während des Betriebs einzelne Brennelemente auszuwechseln. Westliche Experten argwöhnen, daß dies bewußt eingesetzt wird, um parallel zur Elektrizitätsgewinnung Plutonium 239 abzuziehen. Dieses Isotop wird für die Atombombenproduktion verwendet.

Das Wasser in den Druckröhren führt die Spaltwärme des Urans ab. Es steht im Normalbetrieb unter einem Druck von 70 Kilogramm pro Quadratzentimeter und ist 285 Grad Celsius heiß. Dabei entstehen pro Stunde 5400 Tonnen Wasser-Dampf-Gemisch, die in einem Dampfabscheider getrennt werden müssen; die Turbinen dürfen nur mit reinem Dampf betrieben werden. Kleine Wassertröpfchen können die Turbinenblätter beschädigen.

Das Wasser-Dampf-Gemisch aus den über 1600 Druckröhren muß zunächst gesammelt werden. Dies geschieht in vier großen Kesseln, die mit den Röhren über zahlreiche Schweißnähte verbunden sind. Die Dichtigkeitsprüfung jeder einzelnen Schweißnaht ist ein ernstes Problem für die Qualitätskontrolle, mit der es in der Sowjetunion im allgemeinen nicht zum Besten steht. Undichte Stellen können zu einem rapiden Kühlmittelverlust im Primärkreislauf führen – eine der möglichen Ursachen der Tschernobyl-Katastrophe.

Die Konstruktion des RMBK-1000-Reaktors erfordert eine große Zahl von Ventilen und Dichtungen; auch hier sind Schwachstellen vorhanden. Finnische Ingenieure, die den einzigen jemals außerhalb der Sowjetunion gebauten Reaktor dieses Typs in Loviisa betreiben, mußten sämtliche Ventile und Dichtungen überholen. Wie fatal Fehler in diesem Bereich sein können, hat das Unglück in Three Mile Island gezeigt.

Die Kombination von Wasser als Kühlmittel und Graphit als Moderator ist ebenfalls kein besonders glückliches Konstruktionsmerkmal. Graphit und Wasser reagieren oberhalb von etwa 1000 Grad miteinander und erzeugen explosiven Wasserstoff. Der Graphitblock selbst ist durch den heftigen Neutronenbeschuß schon im Normalbetrieb etwa 700 Grad heiß. Mit Wasser läßt er sich nicht kühlen, also muß er ständig mit einem zweiten Kühlsystem aus Helium und Stickstoff versorgt werden. Insgesamt ist ein Reaktor vom Typ RBMK-1000 ein kompliziertes Gebilde. Tritt ein plötzlicher Verlust des primären Kühlmittels Wasser auf, so kann der Neutronenfluß schlagartig ansteigen. Dies führt zu lokalen Überhitzungen, die offensichtlich durchaus nicht selten sind. Der sowjetische Experte Kulikov schrieb im Juni 1984 in der Fachzeitschrift *Atomnaya energiiya*: »Die Stabilität der Energieverteilung sinkt, wenn der Brennstoff sich aufheizt«, deshalb sei es notwendig, zwei zusätzliche Sicherheitssysteme einzubauen. Das eine würde die »automatische Ortsüberwachung« der Energie in einzelnen Teilen des Reaktors sicherstellen, das andere sei eine Art »Notbremse« für den Fall, daß es lokal zu stärkeren Hitzeentwicklungen komme.

Offensichtlich haben die Sicherheitssysteme in Tschernobyl nicht das gehalten, was man sich von ihnen versprach.

Sonntag, 27. April

Der Wirtschaftsexperte und stellvertretende Ministerpräsident Boris Schtscherbina wird als Leiter einer Kommission eingesetzt, die das Ausmaß des Unglücks untersuchen soll. Die Parteileitung in Moskau ist noch nicht in vollem Umfang informiert worden.

Generalsekretär Michail Gorbatschow hat angeblich am Vorabend einen kurzen Bericht erhalten (»Fragt sich bloß, in welchem Umfang«, kommentiert TASS-Chef Falin später). Schtscherbina ist trotz seiner 66 Jahre ein jugendlich-dynamisch wirkender Mann, der viel Lorbeer bei der Erschließung der ostsibirischen Ölfelder gesammelt hat. Als er am frühen Sonntagmorgen in Tschernobyl eintrifft, ist die Lage unübersichtlich. In der unmittelbar neben dem havarierten Reaktor gelegenen Pribjat-Siedlung sind die Menschen offensichtlich ahnungslos und feiern sogar Hochzeit. Schtscherbina ordnet die sofortige Evakuierung an. Das stößt vereinzelt auf Unverständnis, wie ein Bericht in der *Sowjetskaja Rossija* andeutet: Milizeinheiten dringen in die Häuser ein, ein Generalmajor wird namentlich wegen seiner »Überredungskünste« erwähnt. Vor allem die ländliche Bevölkerung in den umliegenden drei kleinen Ortschaften trennt sich ungern von ihren Höfen. Vieh, so heißt es später, habe liquidiert werden müssen.

36 Stunden nach Ausbruch des Feuers sind mehr als 25 000 Menschen in einem 20 Kilometer langen Konvoi von 1100 Bussen und Lkw aus dem Gebiet gebracht worden, innerhalb von nur zwei Stunden und 40 Minuten, wie stolz vermerkt wird. »Selbst unsere Kriegsveteranen«, berichtet der Parteisekretär Rewenko, »können sich einer solchen Massenevakuierung nicht erinnern.« Gegen 14 Uhr am Sonntag ist die Aktion abgeschlossen. Im benachbarten Tschernobyl dagegen geht das Leben vorerst seinen gewohnten Gang. Erst vier Tage nach dem Unglück werden die Menschen dort benachrichtigt. Der Brand im Reaktorblock 4 hält an, die Rettungsmannschaften wissen nicht, wie sie sich verhalten sollen.

Montag, 28. April

Strahlenexperten der schwedischen Energiestation bei Studsvik an der Küste des baltischen Meeres, 75 Kilometer südwestlich von Stockholm, messen am frühen Morgen erhöhte Radioaktivitätswerte. Die Instrumente zeigen statt der üblichen fünf bis zehn radioaktiven Zerfälle pro Sekunde 20 bis 150 Zerfälle an. Das Atomkraftwerk Forsmark 100 Kilometer nördlich von Stockholm meldet ähnliche Werte. Auf Grund des Verhältnisses der beiden radioaktiven Isotope Cäsium 137 und Cäsium 134 können die Fachleute schnell ausschließen, daß der Fallout von einer Atombombenexplosion herrührt. Die ermittelte Windrichtung legt nahe, daß die strahlenden Teilchen aus einem Atomreaktor östlich von Schweden stammen. 17 radioaktive Isotope weisen die Fachleute später in Luft- und Grasproben nach, darunter vor allem Jod 133, 132 und 131, Cäsium 137, 136 und 134 und auch das schwere Element Neptunium 239, das innerhalb weniger Tage zu Plutonium 232 zerfällt. Ein kontinuierlich aufzeichnendes Gerät zeigt später, daß die radioaktive Wolke Studsvik bereits am Sonntag, dem 27. April um 14 Uhr erreichte.

Aus der Zusammensetzung des Niederschlags schließen die schwedischen Experten, daß der Uranbrennstoff des Unglücksreaktors etwa 400 Tage lang im Einsatz war. Der überraschend hohe Anteil an nichtflüchtigen Elementen wie Neptunium, Cer und Ruthenium spricht für extrem hohe Temperaturen im Reaktorkern und für das Fehlen von Rückhaltebarrieren.

Die schwedische Energieministerin Birgitta Dahl versucht über diplomatische Kanäle in Moskau zu erfahren, was tatsächlich passiert ist. Von einem Unfall sei nichts bekannt, teilen die sowjetischen Behörden der Schwedischen Botschaft mit. Am Abend greift die Ministerin die Sowjetregierung im Fernsehen empört an: Mehrmals habe Schweden sie vergeblich dazu aufgefordert, die Sicherheitsbestimmungen für ihre Atomkraftwerke zu verschärfen. TASS verbreitet eine Acht-Zeilen-Meldung über den Unfall, die in die um 21 Uhr Moskauer Zeit beginnende Fernsehtagesschau »Wremia« eingeschoben wird. Für die Dienstagszeitungen kommt sie zu spät.

Dienstag, 29. April

Im Westen überstürzen sich Spekulationen über den Hergang des vermutlich schwersten Unfalls in der Geschichte der Atomenergie. Vertreter der sowjetischen Handelsmission in Köln fragen beim Vorsitzenden des Technischen Überwachungsvereins Rheinland, dem Reaktorexperten Professor Karl-Heinz Lindackers an, wie ein schmelzender Reaktorkern inmitten brennenden Graphits zu löschen sei. Lindackers weiß keinen Rat, empfiehlt gleichwohl, Wasser aus Flugzeugen abzuwerfen. Ähnlich ratlos reagiert man beim Deutschen Atomforum und beim Schwedischen Strahlenschutzinstitut.

Am Abend berichtet die Nachrichtenagentur TASS, der Unfall habe bislang zwei Todesopfer gefordert. Meldungen, bis zu 30000 Menschen seien akut gefährdet, bezeichnet der ukrainische Gesundheitsminister Anatoli Romanenko als »Phantasie«. Romanenko hält sich gerade in den USA bei einer Gesundheitskonferenz auf, kehrt aber wenig später in die Ukraine zurück, als klar wird, daß der Unfall katastrophale Ausmaße besitzt.

Befürchtungen werden laut, auch Mitteleuropa und die Bundesrepublik könnten vom radioaktiven Fallout aus der Ukraine betroffen werden. Bundesinnenminister Friedrich Zimmermann erklärt: »Wir sind 2000 Kilometer von dieser Unfallstelle entfernt. Eine Gefährdung der deutschen Bevölkerung ist ausgeschlossen.«

Mittwoch, 30. April

Generalsekretär Gorbatschow informiert den amerikanischen Präsidenten Ronald Reagan und teilt mit, das Niveau der radioaktiven Verseuchung im weiteren Umkreis von Tschernobyl liege »etwas oberhalb der erlaubten Norm«, aber doch nicht so viel, daß man zum Schutz der Bevölkerung Besonderes unternehmen müsse. Auch die Internationale Atomenergiebehörde in Wien wird jetzt offiziell unterrichtet. Die »*Prawda*« veröffentlicht ein Foto, das beweisen soll, die Lage am Reaktor sei unter Kontrolle. Amerikanische und schwedisch-französische Satellitenaufnahmen lassen das Gegenteil vermuten. Da die Sowjetunion sich beharrlich weigert, Einzelheiten über die Ausmaße der Katastrophe mitzuteilen, machen in westlichen Medien solche Luftaufnahmen die Runde. Sie stammen von zivilen Satelliten, deren Auflösungsgrenze bei etwa 30 Metern liegt. Die Militärs, die Objekte bis hinunter zu 30 Zentimetern ausspähen können, lassen nichts nach außen dringen. Die staatliche italienische Fernsehgesellschaft RAI und die zwei amerikanischen Mediengiganten ABC und NBC fallen auf falsche Bilder herein. Was sie einen Tag nach Bekanntwerden des Unfalls millionenfach verbreiten, sind in Wirklichkeit Aufnahmen eines Industriekomplexes nahe der norditalienischen Hafenstadt Triest.

Tatsächlich ist die Lage um den Block 4 bei Tschernobyl alles andere als unter Kontrolle. Der Graphitblock brennt weiter, Hubschrauberpiloten fliegen unter dem Kommando von Generalmajor Nikolai Antoschkin pausenlos Einsätze und werfen aus rund 100 Metern Höhe Sand, Lehm, Blei und Bor auf den glühenden Reaktor. Insgesamt 5000 Tonnen seien als Abdeckung auf die Strahlenruine gehäuft worden, berichten später Reporter von »*Prawda*« und »*Iswetija*«. Bei alldem ist unklar, in welchem Zustand sich die urangefüllten Brennstäbe befinden; falls sie bereits geschmolzen sind – der Fall des sogenannten »melt through« –

können kurzfristig unkontrollierte Kettenreaktionen auftreten. Auszuschließen ist auch nicht, daß der Reaktorkern dann in das Erdreich eindringt – der Fall des »melt down«, auch als »China-Syndrom« bekannt. Wie es unter dem Reaktor zur Zeit aussieht, wissen die Techniker nicht. Möglicherweise haben sich dort große Mengen Wasser angesammelt, die ein Reservoir für weitere Wasserstoffexplosionen sein könnten. Der Vizepräsident der Sowjetischen Akademie der Wissenschaften, Jewgeni Welichow, ist inzwischen als Leiter eines Krisenstabes einberufen worden. Er findet, wie er später berichtet, eine »ungewöhnliche Situation« vor, und Probleme, »mit denen es weder Wissenschaftler noch Experten je zuvor zu tun gehabt haben«. Er bezeichnet die eingeleiteten Maßnahmen als »Offensive gegen den Reaktor«, die auch »unter ihm« geführt werden müsse. Gemeint ist: Unter allen Umständen soll ein Kontakt des Reaktors mit den grundwasserführenden Bodenschichten vermieden werden. Immerhin ist der benachbarte Dnjepr-Stausee das größte Wasserreservoir eines riesigen Wirtschaftsgebietes, das von Tschernobyl bis zum Schwarzen Meer reicht. Rund um das Gelände der Atomanlage werden Wälle aufgeschüttet, wie dadurch der Reaktor »beruhigt« werden soll, scheint unklar.

Währenddessen erreicht die radioaktive Wolke den westlichen Teil Europas. In Berlin steigt die gesamte Beta-Aktivität der Luft auf acht Becquerel pro Kubikmeter. Mit höheren Werten ist zu rechnen, vor allem bei einsetzendem Regen, der die strahlenden Teilchen aus der Luft auswäscht.

Donnerstag, 1. Mai

In Moskau und in der ukrainischen Hauptstadt Kiew herrscht festliche Stimmung zum 1. Mai. Die sowjetische Bevölkerung weiß noch immer nicht genau, was passiert ist. Allerdings beginnen Gerüchte die Runde zu machen. Der niederländische Funkamateur Annis Kofman berichtet, er habe zwei Funksprüche aus der unmittelbaren Umgebung des Reaktors empfangen – in einem sei die Rede von zahlreichen Toten gewesen, die wegen der radioaktiven Verseuchung nicht bestattet werden könnten: »Bitte sagt der Welt, daß sie uns helfen soll«, habe der Funker verzweifelt gerufen. Reiseleiter berichten aus Kiew, daß viele Bürger Wasser und Milchprodukte horten, Kleinkinder angewiesen würden, nicht im Freien zu spielen, Krankenhäuser unter Hilfe des Militärs Notversorgungsquartiere einrichten und viele Menschen während der Feiertage in den Süden des Landes reisen. Ausländischen Beobachtern sind Fahrten in das Gebiet um Kiew untersagt, der Selbstwählsprechverkehr mit Kiew und Tschernobyl ist unterbrochen, Fernsehkorrespondenten dürfen keine Filmberichte mehr aus Moskau an ihre Heimatsender überspielen, angeblich wegen »technischer Schwierigkeiten«. Der Wiener Atombehörde teilt die Sowjetunion mit, die Kettenreaktion im Block 4 des Tschernobyl-Reaktors sei zum Stillstand gekommen. Experten des renommierten Lawrence Livermore-Laboratoriums in Kalifornien vermuten: »Der Kern ist weg.«

Freitag, 2. Mai

In Westeuropa häufen sich Beobachtungen über einen plötzlichen Anstieg der radioaktiven Belastung. In der Bundesrepublik sind zunächst Berlin und die südlichen Bundesländer betroffen. Ein Sprecher des Innenministeriums in Bonn empfiehlt, mit Milch aus diesen Gebieten »vorsichtig umzugehen«. Außerdem sei die Einfuhr von frischen Lebensmitteln aus Polen und der Sowjetunion gestoppt.
In Moskau wird eingeräumt, daß der Unfall in Tschernobyl schwerer sei, als man zunächst angenommen habe. Ein Mitglied

der Sowjetischen Botschaft in Washington informiert einen Kongreßausschuß über Einzelheiten, wobei er davon spricht, der Unfall sei »noch nicht liquidiert«. Eine »bestimmte Gefahr« für die sowjetische Bevölkerung und »in gewissem Umfang« auch für Gebiete außerhalb der Sowjetunion sei nach wie vor gegeben. 149 Personen seien von der Strahlung betroffen, zwei davon gestorben, weitere 18 in ernstem Zustand. Fotos von US-Aufklärungssatelliten zeigen, daß nach wie vor Flugzeuge um den Reaktor kreisen. Der sowjetische Ministerpräsident Nikolai Ryschkow und der ZK-Sekretär Jegor Ligatschow reisen zu einer Inspektion in das Tschernobyler Gebiet. Die Sperrzone um den Reaktor wird von 10 auf 30 Kilometer erweitert. Davon ist jetzt auch die Stadt Tschernobyl betroffen. Kiew mit seinen dreieinhalb Millionen Einwohnern liegt 130 Kilometer weiter südlich. Insgesamt 49 000 Menschen aus der unmittelbaren Umgebung des Reaktors müssen in Notunterkünften untergebracht werden. Vereinzelt kommt es zu Panik, Sonderzüge bringen Mütter mit Kindern von Kiew aus nach Moskau. Der Brand ist noch immer nicht unter Kontrolle.

Samstag, 3. Mai

Der Generaldirektor der Internationalen Atomenergiebehörde IAEO, Hans Blix, wird in das Katastrophengebiet eingeladen. Im evakuierten Gebiet rund um den Reaktor soll, wie der Moskauer Parteichef Boris Jelzin in Hamburg mitteilt, die Strahlung von 200 auf 150 Röntgen pro Stunde zurückgegangen sein. 20 bis 25 in Krankenhäuser eingelieferte Menschen befänden sich in sehr kritischem Zustand.
Die radioaktive Wolke hat nach schweren Regenfällen in Süddeutschland zu hohen radioaktiven Bodenbelastungen geführt. Im oberschwäbischen Bad Wurzach bei Ravensburg – einem

Zentrum der Milchwirtschaft – werden in einem Kilogramm Gras 50 000 Becquerel festgestellt. Ein Liter Milch in Tuttlingen weist 1300 Becquerel auf. Auch in der DDR wird über radioaktive Verseuchung berichtet. Die Gamma-Aktivität der Luft sei in den letzten drei Tagen von 460 Milli-Becquerel auf 96 Milli-Becquerel pro Kubikmeter gesunken, teilt die Nachrichtenagentur ADN mit; damit sei eine »Stabilisierung auf niedrigem Niveau eingetreten«. Diese Werte lägen allerdings einhundertmal höher als vor Eintritt des Ereignisses.

Sonntag, 4. Mai

Die Rettungsmannschaften am Reaktor befürchten, daß die Betondecke unter dem Reaktor dem zusätzlichen Druck durch das abgeworfene Dämmaterial nicht mehr standhält. Unter dem Reaktor hat sich in einem Kellergeschoß das ausgelaufene und verseuchte Kühlwasser gesammelt. Der Maschinist Alexej Ananenko, der Ingenieur Walerij Bespalow und der Schichtleiter Baranow werden mit Taucheranzügen in das Wasser geschickt. Sie sollen einen Schalter betätigen, mit dem das Wasser in einen Tank abgepumpt werden kann. Die Aktion gelingt, wie Ananenko später TASS-Reportern erzählt: »Als der Scheinwerferstrahl auf ein Rohr fiel, waren wir glücklich. Das Rohr führte zu den Schaltern. Ein paar Minuten später wurden wir von unseren Jungs umarmt.«
Ähnlich halsbrecherisch sind andere Einsätze: Brigaden vom Bau der Metro in Kiew werden abgeordnet, um Stollen und Schächte unter den Reaktor zu treiben. Sie sollen mit flüssigem Stickstoff gefüllt werden, um den nach wie vor glühenden Kern zu kühlen; »jeder wird seine Dosis abkriegen«, gibt die Eisenbahnerzeitung »Gudok« die Gedanken der Bauarbeiter wieder, »aber niemand weigert sich, obwohl keiner gezwungen wird.«

Am Abend verkündet der völlig abgekämpfte Leiter des Krisenstabes Jelichow einem sowjetischen Kamerateam im Lagezen-
trum Tschernobyl, seit einigen Stunden erst sei sicher, daß die
Situation sich nicht mehr verschlimmere. Offensichtlich bestand
bis dahin die Gefahr einer Kernschmelze und des Übergreifens
des Feuers auf die benachbarten drei Reaktorblöcke.
Acht Tage nach Ausbruch des Feuers scheint festzustehen, daß
der Reaktorblock 4 von Tschernobyl um Haaresbreite einer
noch größeren Katastrophe entging.

Über die Zahl der durch Tschernobyl radioaktiv Geschädigten
klaffen die Angaben weit auseinander. Sicher ist, daß es nicht bei
den rund 30 unmittelbaren Todesopfern bleiben wird. Viele Arbeiter und Angestellte, die das Feuer unter Kontrolle zu bringen
versuchten, erhielten Strahlendosen von mehreren hundert
Röntgen. In der Sowjetunion wurden sie als Helden gefeiert. Die
»Sowjetskaja Rossija« berichtete am 14. Mai, ein Mitarbeiter des
Atomkraftwerks habe nach dem Unglück fünf Tage lang auf seinem Posten 200 Meter vom Reaktor entfernt ausgeharrt und ihn
erst verlassen, als er »sein Unwohlsein nur noch schwer bekämp-
fen konnte«. Nach einer Behandlung im Krankenhaus sei er wieder gesund – eine Behauptung, die allen Erfahrungen der Strah-
lenmedizin massiv widerspricht.
Die Sicherheitszone um das Kraftwerk herum wurde von den
sowjetischen Behörden erst nach und nach ausgeweitet; inzwischen umfaßt sie einen beträchtlichen Teil Weißrußlands, in dem
landwirtschaftliche Produkte außerordentlich stark belastet sind.
Nach Angaben von TASS waren zwei Wochen nach der Katastrophe mehr als 100 000 Menschen evakuiert. Ob und wann sie in ihre
Heimatorte zurückkehren können, war nicht zu erfahren.
Der radioaktive Fallout in der näheren Umgebung und im benachbarten Ausland hat mehrere Millionen Menschen unterschiedlich stark belastet. Wie viele zusätzliche Krebskranke und
-tote in welchem Zeitraum zu erwarten sind, ist eine Frage, die

Statistiker und Strahlenbiologen sehr unterschiedlich beantworten.

Für die Bundesrepublik wird geschätzt, daß Tschernobyl eine etwa gleich hohe Belastung des Bodens mit Cäsium 137 hervorgebracht hat wie sämtliche oberirdischen Atombombenversuche der fünfziger und sechziger Jahre zusammengenommen. Verglichen mit dem Brand, der sich 1957 in einen luftgekühlten Graphitreaktor im britischen Windscale ereignete, könne das Unglück von Tschernobyl hundertmal verheerendere Folgen haben, schätzte das Wissenschaftsmagazin *Nature*. Windscale seinerseits hatte damals erheblich größere Mengen an Radioaktivität freigesetzt als das havarierte Atomkraftwerk von Three Mile Island in den USA. Reaktorexperten des amerikanischen Lawrence Livermore-Laboratoriums gehen davon aus, daß der Tschernobyl-Reaktor den größten Teil seines Inventars an flüchtigen Isotopen in die Luft geblasen hat; das wären rund 80 Millionen Curie Jod 131 und 6 Millionen Curie Cäsium 137. Verglichen mit den angeblich nur 15 Curie Jod 131 im Fall des Three Mile Island-Reaktors wäre das eine »gigantische Emission«, wie der Atmosphärenforscher Joseph Knox meint. Vermutlich die Hälfte davon sei in große Höhen oberhalb 7000 Metern aufgestiegen und ostwärts abgezogen. Der übrige Teil sei in geringerer Höhe nordwestlich Richtung Schweden geweht. Ein umfangreiches Rechenprogramm des Livermore-Labors, gefüttert mit Daten des weltweiten Wetterdienstes der amerikanischen Luftwaffe, kam zu dem Ergebnis, daß innerhalb von zwei Tagen nach dem Unglück jeder Mensch in einem Gebiet von 85 000 Quadratkilometern bis hinein nach Polen eine Schilddrüsendosis an Jod 131 von einem Rem erhalten habe.

Über die Frage, ob sich ein Unfall wie in Tschernobyl auch in westlichen Atomkraftwerken ereignen kann, wird noch lange gestritten werden. Ein identischer Ablauf ist nicht möglich, weil westliche Reaktoren anders aufgebaut sind. Die Behauptung aber, daß die Sicherheitsstandards sowjetischer Atomkraftwerke weit unter denen des Westens lägen, ist sicherlich falsch. Wolfgang Braun, Leiter des Geschäftsbereichs Reaktoren bei der Siemens-Tochter Kraftwerk Union (KWU) beispielsweise hatte nach einer Besichtigung in Rußland »als deutscher Perfektionist« den Eindruck, die sowjetische »Einfachtechnik« werde »erstaunlich zuverlässig betrieben«.

Und Dr. Hans-Peter Born von den Vereinigten Elektrizitätswerken (VEW) schrieb 1983 in der Zeitschrift *Atomwirtschaft*:

»Die Verläßlichkeit des ganzen Systems ist sehr hoch dank der Überwachungs- und Kontrollmöglichkeit der einzelnen horizontal liegenden Kanäle aus Zirkon.«

»Zur Betriebssicherheit sind die Kraftwerke mit drei parallel arbeitenden Sicherheitssystemen ausgerüstet. Die Kraftwerke sind gegen Naturkatastrophen (Orkane, Überschwemmungen, Erdbeben, etc.) und gegen Flugzeugabsturz und Druckwellen von außen ausgelegt. Die Sicherheit wird noch durch die in Rußland mögliche Standortauswahl, KKW in gewisser Entfernung von größeren Ortschaften zu erstellen, erhöht.«

Der Unglücksreaktor selbst soll unter einer Schicht aus Zement begraben werden; die unmittelbare Umgebung wird mit Kunststoff überzogen. Die übrigen drei Reaktorblöcke sollen nach Angaben einer staatlichen Regierungskommission unter Leitung des stellvertretenden Ministerpräsidenten Lew Woronin wieder ans Netz gehen. Welche Konsequenzen die Sowjetunion und westliche Länder aus der Katastrophe ziehen, bleibt abzuwarten.

Das sowjetische Energieprogramm

Beim Bau von Kraftwerken steht in der Sowjetunion immer noch Lenins Losung obenan, Kommunismus sei die Macht der Sowjets plus der Elektrifizierung des ganzen Landes. Die Katastrophe von Tschernobyl wird daran

nicht viel ändern. Sie kam allerdings zu einem denkbar ungünstigen Zeitpunkt. Der nächste Fünf-Jahres-Plan sah vor, Atomkraftwerke quasi »vom
Fließband« zu produzieren – zu den vorhandenen 28 000 Megawatt Atomstrom sollten bis 1990 weitere 41 000 installiert werden. Dieses Ziel, das
steht jetzt schon fest, wird nach Tschernobyl nicht erreicht werden. Daß
die Sowjetunion so sehr auf Atomstrom setzt, ist kein Wunder. Die Haupt-
energiequelle ist nach wie vor Kohle, doch konzentrieren sich die Vorkommen in schwer zugänglichen Gebieten wie Sibirien oder hinter dem Ural.
40 Prozent des gesamten Eisenbahnverkehrs dient denn auch dem Kohle-
transport von Ost nach West. Einige unkonventionelle Energiequellen werden ebenfalls genutzt; in Kamchatka existiert eine geothermische Station,
an der Barentsee ein Gezeitenkraftwerk und auf der Krim ein Sonnenkraft-
werk. Insgesamt spielen alternative Energieformen eine untergeordnete
Rolle.
Hauptargument für die Nutzung der Atomenergie sind Kostenüberlegun-
gen. Angeblich kostet Strom aus Atomkraftwerken ein rundes Viertel weniger als Strom aus anderen Quellen. So ist dieser Sektor seit 1979 konse-
quent ausgebaut worden. Das gesamte Programm basiert auf zwei Reak-
tortypen, dem wassergekühlten und graphitmoderierten Druckröhrenreaktor RBMK und der sowjetischen Version des Druckwasserreaktors, dem
VVER.
Der RBMK ist eine rein sowjetische Entwicklung. Er basiert auf dem ersten,
1954 fertiggestellten Forschungsreaktor in Obninsk, 100 Kilometer südwestlich von Moskau. Dieser Reaktor lieferte damals nur fünf Megawatt
elektrische Leistung. Wie seine größeren Nachfolger nutzte er schwach an-
gereichertes Uran. Jede einzelne der mehreren hundert Druckröhren kann
während des Betriebs be- und entladen werden. Westliche Experten vermuten, daß das dabei entstehende Plutonium militärisch genutzt wird. Andere
Fachleute, wie Manuach Messengießer vom Osteuropa-Institut der Freien
Universität Berlin, bezweifeln das: »Das ist für die Sowjets viel weniger wegen der militärischen Anwendbarkeit von Interesse als vielmehr vom Ge-
sichtspunkt der Rohstoffeinsparung. Für das Plutonium, das sie für Nukle-
arwaffen brauchen, haben sie andere Anlagen«, meinte er in einem Inter-
view.
Das Baukastenprinzip des RBMK macht es möglich, nach und nach immer
größere Anlagen zu konstruieren. Das augenblickliche Standardmodell liefert 1000 Megawatt elektrische Leistung. Der Reaktorblock Ignalina Eins
in Litauen ist bereits auf 1500 Megawatt angelegt. In Kostroma an der Wolga
entsteht eine Anlage mit vier Einheiten dieser Größenordnung, und ein
2400-Megawatt-Typ ist angeblich in der Planung.
Die Konstruktionsweise von Druckröhrenreaktoren des Tschernobyl-Typs
kommt dem niedrigen Standard der sowjetischen Qualitätskontrollen entgegen. Der Bau großer Druckbehälter, wie sie für die im Westen verbreiteten
Druckwasserreaktoren nötig sind, stieß in den vergangenen Jahren auf große
Schwierigkeiten. So sollte die »Atommasch«-Fabrik bei Volgodonsk in der

Ukraine eigentlich von 1980 an jährlich einen Druckbehälter für den Bau von Anlagen des VVER-Typs liefern, doch nur ein Kessel wurde 1985 ausgeliefert. Das Druckwasserreaktoren-Programm der Sowjetunion steckt deshalb noch in den Anfängen. Immerhin existieren bereits 41 Blöcke mit einer Leistung von je 1000 Megawatt an 13 verschiedenen Standorten. Vorgesehen war, jedes Vierteljahr eine neue Anlage fertigzustellen. Zwei Reaktoren vom Typ »Schneller Brüter« sind in der Sowjetunion ebenfalls am Netz, einer davon seit 1973 bei Shevchenko am Kaspischen Meer, der andere seit 1980 bei Beloyarsk im Ural. Außerhalb der Sowjetunion werden im Ostblock lediglich VVER-Reaktoren gebaut. Der Brennstoff stammt aus der UdSSR und wird zur Wiederaufarbeitung oder Endlagerung zurückgeliefert. Der gesamte Brennstoffkreislauf steht unter strenger Kontrolle der Sowjets.

Jörg Albrecht

»Eine Gefährdung der deutschen Bevölkerung ist ausgeschlossen«

In der Bundesrepublik war niemand auf Tschernobyl vorbereitet ...

Der strahlende Fallout aus Tschernobyl traf die Bundesrepublik völlig unerwartet. Wer geglaubt hatte, Katastrophenschutzpläne würden den Ernstfall nach einem GAU oder Super-GAU regeln, sah sich getäuscht. Zwischen Passau und Flensburg herrschten Hilflosigkeit in den Behörden und Verwirrung unter den Bürgern.

Einer der ersten Politiker, die sich zu den Folgen des Reaktorunfalls äußerten, war Bundesinnenminister Friedrich Zimmermann; »eine Gefährdung der deutschen Bevölkerung ist ausgeschlossen«, erklärte er am 29. April, einen Tag nach der Katastrophe. Zu diesem Zeitpunkt war die radioaktive Wolke bereits bis Berlin vorgedrungen. In den folgenden Tagen fehlte jede Form der Koordination zwischen Bundesländern, Behörden und Meßstationen. Praktisch jeder, der einen empfindlichen Geigerzähler besaß, konnte die offiziellen Erklärungen widerlegen. Was half es da schon, wenn der baden-württembergische Umweltminister Gerhard Weiser versicherte, ein Unfall wie in Tschernobyl könne hierzulande und in diesem Ausmaße nicht passieren, und außerdem: »Wenn wir den Unfall bei uns gehabt hätten, wäre alles geregelt gewesen.« Tatsächlich?

Zwei Drittel der Bundesbürger, so ermittelten die Wickert-Institute, trauten den Behörden bei Verlautbarungen über die Gefahren der Atomenergie »gar nicht«. Weitere 20 Prozent hielten »wenig« und nur 12 Prozent »viel« von amtlichen Angaben. Besorgte Bürger, die Rat suchten, wandten sich an die einzelnen Wetterämter. Doch die durften, obwohl sie maßen, keine Auskunft erteilen; dem Wetteramt München, das schon am 1. Mai einen sprunghaften Anstieg der Luftradioaktivität von 55 auf 2700 Picocurie registrierte, ging ein Fernschreiben der Zentrale in Offenbach zu: »Es wird ausdrücklich darauf hingewiesen, daß den Wetterämtern übermittelte Werte der gemessenen Radioaktivitäten den Geheimhaltungsgrad VS/NfD * haben, und ausschließlich als Unterlagen für die von den jeweiligen Landesregierungen zu gebenden Beratungen dienen. Eine Weitergabe an die Öffentlichkeit ist untersagt.« Die Bediensteten in Offenbach wurden ebenfalls mit Anrufen bombardiert, der normale Schichtdienst war hoffnungslos überfordert. Da anfangs ohnehin keine konkreten Zahlen vorlagen, wurden die Anrufer mit dem Hinweis vertröstet, es bestünde kein Anlaß zur Panik.

Erste Messungen gaben ein ungefähres Bild: Die radioaktive Wolke setzte sich zu fast 40 Prozent aus Ruthenium, zu einem guten Viertel aus Jod, zu 20 Prozent aus Cäsium und zu immerhin mehr als 3 Prozent aus Neptunium zusammen; Neptunium zerfällt innerhalb von knapp drei Tagen zu Plutonium. Die übrigen Isotope ließen sich nur mit aufwendigen Methoden nachweisen und fehlten in den ersten Berechnungen völlig.

Vier Tage nach der Tschernobyl-Katastrophe schwappte dann eine wahre Flut von Meßergebnissen über den verunsicherten Bundesbürgern zusammen, ohne daß jemand hätte sagen können, was die Zahlen bedeuten. Zusätzlich kompliziert wurde die Lage durch die Umstellung der Maßeinheiten: Statt Rem hieß es jetzt Sievert, statt Curie Becquerel, statt Rad Gray. Im ersten Durcheinander konzentrierte sich die öffentliche Auseinander-

* Verschlußsache / nur für den Dienstgebrauch

43

setzung auf die Belastung durch Jod 131, das sich über die Milch anreichert und fast ausschließlich in der Schilddrüse abgelagert wird. Die Strahlenschutzkommission, ein Gremium aus 16 Wissenschaftlern, die den Bundesinnenminister beraten sollten, trat zusammen und verkündete einen »Richtwert für die Aktivitätskonzentration von Jod 131 in Milch von 500 Becquerel pro Liter«. Das war eine der wenigen konkreten Aussagen von offizieller Stelle in den Tagen nach Tschernobyl. Sie löste allerhand Diskussionen aus; Hessen, Hamburg, Schleswig-Holstein, Bremen und Berlin erschien der Wert viel zu hoch – die Bundesländer setzten 20 (Hessen), 50 (Hamburg) und 100 Becquerel als Obergrenze fest. Interessant war, wie die Strahlenschutzkommission zu ihren Richtwerten gelangte. In der seit 1976 geltenden Strahlenschutzverordnung war nämlich nur von zwei Richtwerten für die zulässige Schilddrüsendosis die Rede: 90 Millirem für die Bevölkerung der Umgebung kerntechnischer Anlagen im »bestimmungsmäßigen Betrieb« und 15 Rem entsprechend 15 000 Millirem bei Störfällen. Beide Werte schienen den Experten nicht anwendbar, da der Störfall sich ja nicht im eigenen Land ereignet hatte. Also setzten sie – einigermaßen willkürlich – eigene Grenzen: »In der gegebenen Situation« hielten die Fachleute »für die Schilddrüsendosis des Kleinkindes einen Richtwert von drei Rem für annehmbar.« Dies bedeutet immerhin, daß ein Kleinkind durch die Aufnahme von einem Liter Milch die Jahresdosis (Schilddrüse) der Strahlenschutzverordnung mit 215 Millirem überschreitet. Als Begründung gab die Strahlenschutzkommission an, der genannte Wert sei »insbesondere gerechtfertigt durch die Ergebnisse der Untersuchungen über Spätwirkungen der langjährigen Anwendung von Jod 131 in der nuklearmedizinischen Diagnostik. Die hierüber durchgeführten Untersuchungen haben gezeigt, daß bei Schilddrüsendosen von mindestens 50 Rem und Beobachtungszeiten von mehr als 17 Jahren keine Erhöhung der Inzidenz von Schilddrüsenkarzinomen feststellbar war.« Im Klartext: 50 000 Millirem machen keinen Schilddrüsenkrebs.

Diese Empfehlung der Strahlenschutzkommission klang wissenschaftlich fundiert; tatsächlich aber gelten die zitierten Untersuchungen bis heute als umstritten. Die wichtigste der angeführten Studien wurde zwischen 1952 und 1965 an schwedischen Patienten unternommen, die sich einer Schilddrüsenuntersuchung unterzogen hatten. Ihr Durchschnittsalter lag bei 44 Jahren, nur vier Prozent waren jünger als 20 Jahre, mithin also keine Studie an Säuglingen. Die Strahlenschutzexpertin Inge Schmitz-Feuerhake von der Universität Bremen kritisierte weitere methodische Mängel: So sei auch der mittlere Beobachtungszeitraum viel zu kurz – Schilddrüsenkrebs trete in der Regel erst 20 bis 30 Jahre nach der Bestrahlung auf. Eine vom Bundesinnenminister zunächst geförderte, später eingestellte Studie an saarländischen Schilddrüsenpatienten habe durchaus einen Zusammenhang zwischen radioaktiver Belastung und Schilddrüsenkrebs ergeben.

Vollends absurd klangen die Empfehlungen der Strahlenschutzkommission vor dem Hintergrund der gültigen Strahlenschutzverordnung. Der dem Säugling zugemutete Wert lag weit über dem, was einem »beruflich exponierten Erwachsenen«, etwa einem Arbeiter in einem Atomkraftwerk, jährlich zugemutet werden darf. Flüssigkeiten mit einem Aktivitätsgehalt von 500 Becquerel müßten, falls sie in einem besonders zu kennzeichnenden Isotopenlabor anfallen, ohnehin als radioaktiver Sondermüll beseitigt werden. Auch Verdünnen half da wenig, obwohl einzelne Molkereizentralen dazu übergingen, radioaktiv stärker belastete Milch mit weniger stark strahlender zu verschneiden. Die Strahlenschutzverordnung soll dieses Abfallbeseitigungsprinzip gerade verhindern. Für den normalen Bundesbürger erlaubt sie als Grenzwert für die Aufnahme eines »beliebigen Gemisches« radioaktiver Stoffe, deren Zusammensetzung nicht näher bekannt ist, pro Jahr nur 21 Becquerel (»Grenzwert für die Jahres-Aktivitätszufuhr über Wasser und Nahrung«). Angesichts der Werte, die die Spezialisten der staatlichen Gesellschaft für Strahlen- und Umweltforschung (GSF) am 30. April in München im Regenwasser maßen, ist das ein Traumwert: 5,6 Liter Regenwasser pro Quadratmeter Boden enthielten 210000 Becquerel, ein Drittel davon durch Jod, ein Zehntel durch Cäsium hervorgerufen. München hatte es ohnehin besonders schwer erwischt. Eckhard Krüger, Leiter eines »Ingenieurbüros für Umweltfragen« und ehemaliger Angestellter der GSF, maß nach den ersten Regenfällen rund 20000 Becquerel pro Quadratmeter Boden, hervorgerufen durch Cäsium 137, und fand diese Werte alarmierend: »In dieser Konzentration außer in Atomtestgebieten noch nie dagewesen.«

Unverständnis erntete die Strahlenschutzkommission bei den Bundesbürgern auch mit der mißverständlichen Sprachregelung, zu keinem Zeitpunkt nach der Katastrophe habe eine »akute Gefährdung« bestanden. Den wenigsten war klar, was die Experten damit meinten. Es bedeutete: Symptome einer Strahlenkrankheit seien nicht aufgetreten. Sie sind erst nach einer Strahlendosis von etwa 50 Rem entsprechend 0.5 Sievert zu beobachten. Die absolut tödlich wirkende Dosis beträgt gar 1000 Rem beziehungsweise 10 Sievert. »Wir sind noch einmal davongekommen«, stellte der Strahlenexperte Professor Emil Heinz Graul in der *Neuen Ärztlichen* fest. Daß akut tödliche Werte in Deutschland nicht gemessen wurden, war eigentlich selbstverständlich, und so wurden die Äußerungen der amtlichen Strahlenschützer auch von vielen als Hohn empfunden.

Verkehrte Welt, aus strahlenschützerischer Sicht: Die Ludwig-Maximilians-Universität München verschickte an »alle Anwender radioaktiver Isotope« ein Rundschreiben: »Vollzug der Strahlenschutzverordnung. Hier: Kontamination durch radioaktiven Niederschlag. Die derzeitige Umweltkontamination im Freien liegt, wie wohl niemandem entgangen ist, weit über den Werten, die in Nuklidlabors zulässig sind. Hieraus werden sich für die Zukunft sicher Probleme bei den Kontaminationskontrollen ergeben. Um diese Probleme möglichst gering zu halten, werden alle Strahlenschutzbeauftragten und Mitarbeiter von Nuklidlabors gebeten, darauf zu achten, daß möglichst wenig Kontamination in die Labors hineingetragen wird. Besonders sollten also Schuhe beim Betreten kontrolliert und gegebenenfalls gewechselt werden.«

Isotop	Halbwertszeit	Kritisches Organ
Tritium	12.5 Jahre	Alle Zellen
Krypton 85	10.8 Jahre	
Strontium 90	27.7 Jahre	Knochen, Dickdarm
Jod 129	17 Millionen Jahre	Schilddrüse
Jod 131	8.1 Tage	Schilddrüse
Cäsium 137	30 Jahre	Gesamtkörper, Leber, Milz
Plutonium 239	24 000 Jahre	Lunge

Verkehrte Welt, aus umweltschützerischer Sicht: »Die Müsli-Esser gehen jetzt alle zu Aldi einkaufen, da gibt es abgepackte H-Milch«, beobachtete ein Berliner Körnerladenbesitzer. Dosen und Konserven fanden reißenden Absatz – »Erbsen, Bohnen und Karotten sind der Renner«, stellte ein Fabrikant in Seesen fest, »aber auch Dosensuppen und Konfitüren gehen ganz hervorragend.« Tatsächlich waren »biodynamisch« oder sonstwie alternativ anbauende Landwirtschaftsbetriebe besonders hart betroffen. Jahrelang hatten sie sich gegen Chemie auf ihrem Acker gewehrt, und nun regnete die Strahlenfracht ungehindert vom Himmel. Selbst die verpönten »KZ-Hühner« aus den Legebatterien, hormongepäppelt, trockenfutterernährt und ohne Auslauf, aber eben nicht im Freiland aufgezogen, erlebten eine ungeahnte Renaissance aus der Tiefkühltruhe. »Die Konsumenten stellen neuerdings die Frage«, freute sich Georg Lösch vom Zentralverband der Deutschen Geflügelwirtschaft, »ob die Eier auch wirklich von eingesperrten Hühnern stammen.«
Gespenstischer hätte es kaum kommen können: Tiefblauer Himmel, Frühling vom Atlantik bis zum Mittelmeer, Menschen,

die sich nach den ersten warmen Sonnenstrahlen sehnten – und die dann über Nacht erfahren mußten, daß das Wort »Strahlung« auch eine ganz andere Bedeutung besitzen kann. Die Reaktorkatastrophe von Tschernobyl veränderte das Leben der Bundesbürger. Die Aufregung über die allgegenwärtige Radioaktivität war keineswegs nur »ein Haufen Wind um ein paar Millisievert«, wie das wöchentlich erscheinende Wissenschaftsmagazin *New Scientist* vorschnell urteilte. Gesprächsthema war schließlich die Frage, ob Kinder noch im Sandkasten spielen durften, wie oft man am Tag duscht und ob der Salat aus dem Garten einfach in die Mülltonne geworfen oder nicht doch besser als radioaktiver Sondermüll zum Abklingen in das nächste Zwischenlager gehört. Die wenigsten reagierten so gelassen wie der Hamburger Kleingärtner Paul Ehrlich, der Reportern einer Boulevardzeitung verriet: »Ich eß mein Gemüse; das Atom koch ich ab.«

Tschernobyl war mehr als ein Reaktorunfall in der Ukraine, mehr als ein technisches Versagen angeblich schlampiger Sowjetwirtschaft. Tschernobyl zeigte, wie naiv die Gefahr atomarer Anlagen auch im Westen betrachtet wird. »Amateure beim Atomunfall!« kommentierte eine durchaus christlich gesinnte Wochenzeitung die Leistungen des Bundesinnenministeriums beim Krisenmanagement. Jahrzehntelang hatte man über die Folgen eines großen Reaktorunfalls gestritten, immer wieder versichert, die Beherrschung der Atomtechnik sei überhaupt kein Problem. Und jetzt? Jetzt schienen nicht einmal Ansätze eines Katstrophenschutzplanes für den atomaren Ernstfall zu existieren. »Die Sache hat uns völlig kalt erwischt«, gestand kleinlaut der Augsburger Oberbürgermeister Hans Breuer ein. So existierte kein Netz von Strahlenmeßstationen, auf das man hätte zurückgreifen können. Also maß man einfach drauflos: In Augsburg waren es Nuklearmediziner des Zentralklinikums, in Braunschweig die bundeseigene Physikalisch-Technische Bundesanstalt, an den Grenzübergängen zum Osten wurden Beamte des Bundesgrenzschutzes mit Geigerzählern ausgerüstet, in den

Großmarkthallen kontrollierten Polizisten das Gemüse. Immerhin: In den Wochen nach Tschernobyl kam bundesweit Bewegung in die längst erstarrte Front von Atomkraftbefürwortern und -gegnern. Brokdorf ging erst einmal nicht ans Netz, der Hochtemperaturreaktor in Hamm-Uentrop wurde wegen eines Defektes ab-, dann kurzfristig an- und wieder abgeschaltet. Stade geriet wegen eines angeblich hochgradig versprödeten Druckkessels ins Gerede, der Schnelle Brüter von Kalkar wegen unkalkulierbarer Risiken, die geplante Wiederaufarbeitungsanlage bei Wackersdorf wegen ihrer zu erwartenden Jod-Emissionen. Das große Nachdenken setzte quer durch die Parteienlandschaft ein – ein Phänomen, das schon einmal Gegenstand wissenschaftlicher Untersuchung war: Nach einem schweren Störfall im Atomkraftwerk Brunsbüttel bei Hamburg im Juni 1978 ließ der Chemiekonzern Bayer den Meinungswandel der Anwohner ermitteln. Das Ergebnis: »Der Anteil derer, welche ›Strahlengefahr‹ explizit als persönliches Gefahrenmoment positionieren, verdreifachte sich nahezu.« Nach Tschernobyl war das noch deutlicher zu sehen: 56 Prozent der Bundesbürger zeigten sich bei einer Umfrage des Emnid-Instituts »in sehr hohem Maße beunruhigt«. Ein noch höherer Prozentsatz, nämlich 72 Prozent, war nach einer Umfrage der Mannheimer Forschungsgruppe Wahlen der Auffassung, auch in einem deutschen Atomkraftwerk könne ein Unfall mit schweren Folgen für die Bevölkerung passieren. Das Schlagwort von der fehlenden »Sozialverträglichkeit« der Atomkraft machte wieder die Runde.

Und so hatte der Atomkraftbefürworter und »Vater« des ersten deutschen Reaktors, Professor Heinz Maier-Leibnitz, auf seine Weise durchaus recht, wenn er in einem Kommentar schrieb, schwere Reaktorunfälle wie in Tschernobyl hätten auch etwas Gutes – sie brächten die Diskussion um die Sicherheit voran.

Die Ausführungen des Bundesforschungsministers Heinz Riesenhuber in den ersten Tagen nach Tschernobyl waren da nicht unbedingt eine hilfreiche Richtschnur; er verkündete immer wieder, das atomtechnische Know-how der Bundesrepublik sei »international wegweisend« für den sicheren Reaktorbetrieb. Ein etwas pikantes Detail spricht gegen diese Annahme: Ausgerechnet die »Zustandsfühler« im Tschernobyl-Reaktor, die die Temperatur an zahlreichen Stellen des Reaktorkerns messen und automatisch überwachen, sollen von deutschen Zulieferern stammen. Die Februarnummer 1986 der sowjetischen Fachzeitschrift *Energo maschinostronje* bestätigt, daß bundesdeutsche Firmen Spezial-Armaturen für sowjetische Atomkraftwerke lieferten. Die Moskauer Untersuchungskommission unter dem stellvertretenden Ministerpräsidenten Boris Schtscherbina schloß nicht aus, daß ein Versagen der Meßeinrichtungen zum Tschernobyl-Desaster beigetragen haben könnte, und stellte sogar Überlegungen nach Schadensersatzansprüchen an westliche Zulieferer an.

Die Strahlenschutzkommission

Die Strahlenschutzkommission besteht seit 1974. Sie setzt sich aus 16 Wissenschaftlern zusammen, die die Gebiete Biophysik, Nuklearmedizin, Radiologie, Radiochemie, Radioökologie, Strahlenbiologie, Strahlengenetik, Strahlenmeßtechnik, Strahlenphysik, Strahlenschutzmedizin und Strahlenschutztechnik vertreten sollen. Sie berät laut Satzung den Bundesminister des Inneren »in den Angelegenheiten des Schutzes vor den Gefahren ionisierender Strahlen.« Diese Zuständigkeit wird sich durch die Einrichtung eines Bundesressorts für Fragen des Umweltschutzes und der Reaktorsicherheit Anfang Juni 1986 vermutlich ändern.

Die Mitglieder werden für drei Jahre berufen und sind zur Verschwiegenheit verpflichtet. Beschlüsse und Empfehlungen fassen sie mit einfacher Mehrheit. Sie sind nicht weisungsgebunden. Kritik wurde jedoch immer wieder daran geäußert, daß die Strahlenschutzkommission einen allzu »atomfreundlichen« Kurs verfolgt.

John J. Berger

Vorbereitet war so gut wie nichts

Die dramatischen fünf Tage von Three Mile Island

».. . im Radio kamen immer wieder Meldungen, man solle die Häuser nicht verlassen und die Fenster schließen. Wir fuhren stadtauswärts. Unsere Flucht führte uns nach Osten, durch das Land der Mennoniten*, eine Gegend, in der noch Windmühlen in Betrieb sind und die Farmer mit Pferdegespannen die Felder pflügen. Wir dagegen liefen vor einer Technologie, die uns bedrohte, davon. Zum ersten Mal wurde mir klar, daß wir vielleicht niemals wieder nach Hause zurückkehren würden.«
(Ron Davis, Einwohner von Millersville/Pennsylvania)

Mittwoch, 28. März

Es versprach ein schöner Frühlingstag zu werden. Der Himmel war klar, und am Vortage hatten die Temperaturen bei 26 Grad gelegen. Die Kirschbäume blühten in Goldsboro, einer 600-Seelen-Gemeinde gegenüber dem Kernkraftwerk Three Mile Island auf der anderen Seite des Susquahanna. Es war kurz vor Sonnenaufgang.

---

* Die Mennoniten (Amische) sind eine Volksgruppe, die 1693 von dem aus dem Elsaß eingewanderten Bischof Jacob Amann gegründet wurden. Sie wenden sich noch heute von der modernen Welt ab, leben im streng konservativen, gläubigen Geist und betreiben Landwirtschaft wie vor 300 Jahren.

Das Drama sind seine Hauptdarsteller

Zwischen dem 28. März und dem 1. April 1979 hielt die Welt den Atem an: Im Kernkraftwerk Three Mile Island nahe Harrisburg/Pennsylvania, kam es zum ersten schweren Reaktorunfall in der Geschichte der Kernenergie. Die Analyse der Ereignisse illustriert, daß die USA damals nur haarscharf einer atomaren Katastrophe entgingen. Die Hilflosigkeit der Behörden und die totale Verwirrung der Experten macht zudem deutlich, daß man sich im grenzenlosen Vertrauen in die Sicherheit der Kerntechnik mit dem möglichen Ernstfall und seiner Bewältigung bislang zu wenig beschäftigt hat – in den USA, aber auch anderswo in der Welt.

Die aus den Protokollen (Tonbandabschriften) entnommenen Passagen machen dieses »Drama« zu einem Stück Zeitgeschichte. Dessen Hauptpersonen und ihre Funktionen sind:

Joseph M. Hendrie	Chef der *Nuclear Regulatory Commission (NRC)*, der amerikanischen Atomkommission mit Sitz in Washington
Victor Gilinsky	*NRC-Commisioner*, Stellvertreter von Hendrie
Richard Thornburgh	Gouverneur des US-Staates Pennsylvania
Roger J. Mattson	*NRC*-Direktor der Division on Systems Safety
Harold R. Denton	Reaktorexperte, *NRC*-Direktor des *Office of Reactor Regulation*
Victor Stello jr.	*NRC*-Direktor des *Office of Inspection and Enforcement*
Harold Collins	Notfallschutz-Experte der *NRC*
Thomas Gerusky	Direktor des *Bureau of Radiation Protection (BRP)*, einer Umweltbehörde des US-Staates Pennsylvania
Oran K. Henderson	ehemaliger Oberst der US-Armee, Chef der *Pennsylvania Emergency Management Agency (PEMA)*, der Katastrophenschutzbehörde des Staates Pennsylvania
Kevin J. Molloy	Katastrophenschutz-Beauftragter des Kreises Dauphin, in dem Three Mile Island liegt.

Im Kontrollraum des Reaktors lief alles normal, Routinearbeit für die 60 Mann der dritten Schicht. Der funkelnagelneue zweite Block des Atommeilers produzierte 97% seiner elektrischen Nennleistung von fast 1000 Megawatt. Er war erst am 30. Dezember 1978 nach der Sicherheitsinspektion durch die *NRC* in Betrieb genommen worden, gerade noch rechtzeitig, um in den Genuß von Steuervorteilen für das abgelaufene Jahr zu kommen, zudem die Vorbedingung für Tariferhöhungen im Jahre 1979 zu erfüllen.

Gegen 4.00 Uhr an jenem Mittwochmorgen werden in Goldsboro viele Einwohner von einem lauten Dröhnen geweckt, dem sie allerdings wenig Aufmerksamkeit schenken. Die Betriebsmannschaft im Reaktor versetzt er vorübergehend in Aufregung. In der Kommandozentrale des Atommeilers leuchten rote Lampen auf. Warnsignale ertönen. Die Turbine, die die Energie des aufgeheizten Wasserdampfes in elektrische Energie umwandelt, hat sich automatisch abgeschaltet und unter donnerndem Getöse ist Hochdruck-Wasserdampf entwichen. In der Kontrollwarte deuten die Betriebsingenieure Craig Faust und Edward Frederick dies als eine schon mal auftretende Störung im Kühlsystem, denn einige der aufblinkenden Warnlampen weisen auf einen Ausfall der sekundärseitigen Speisewasserpumpen hin (1). Also doch kein Grund zur Panik? Die nächsten Schritte verlaufen vollautomatisch. Sekunden nach dem Versagen der Pumpen fallen Kontrollstäbe in den Reaktorkern, um die atomare Kettenreaktion zu stoppen. Obwohl der Reaktor jetzt gewissermaßen »abgeschaltet« ist, werden im Kern noch immer enorme Wärmemengen aus der Nachzerfallswärme der radioaktiven Spaltprodukte frei. Der Zerfallsprozeß kann nämlich nicht plötzlich angehalten oder von außen präzise gesteuert werden; der Reaktorkern muß gleichsam »ausglühen«, und das braucht Zeit und viel Kühlwasser. Daran aber fehlt es.

Programmgemäß laufen zwar die sekundärseitigen Hilfspumpen an, sie förderten jedoch kein Wasser, weil ein Ventil nach

Die Bewohner von Goldsboro wurden am 28. März 1979, gegen 4.00 morgens, von einem lauten Getöse geweckt. Es war der Anfang vom Ende des nahegelegenen Reaktors Three Mile Island.

Wartungsarbeiten, etwa 14 Tage zuvor, nicht wieder in die richtige Stellung gebracht worden ist.

In der Kommandozentrale nehmen die Operateure das Anspringen der Notpumpen zur Kenntnis, übersehen aber, daß diese sozusagen gegen geschlossene Ventile anlaufen. Plötzlich herrscht totale Verwirrung in der Warte. Überall blinken Lampen auf, signalisieren Gefahr. Zeiger schießen über die Begrenzung ihrer Meßskalen hinaus. In der Hektik werden Instrumente falsch abgelesen, Meßwerte nicht korrekt gedeutet. Und es kommt, etwa drei Minuten nach Beginn der Betriebsstörung (mittlerweile ist auch der Schichtleiter Fred Scheimann in die Warte gekommen), zum folgenschwersten Fehler: Man vergißt, ein Ventil des primären Speisewasser-Kreislaufes zu schließen. Kühlwasser verdampft, geht verloren. Der Reaktorkern steht jetzt zu einem Teil trocken und beginnt sich langsam aufzuheizen (siehe Kasten) (2).

In den folgenden zwei Stunden versuchen Craig Faust und seine Kollegen in der Kontrollwarte verzweifelt, den Reaktor wieder in den Griff zu bekommen. Dabei unterlaufen ihnen jedoch weitere Fehler, die die Sache noch verschlimmern (3). »Der Kern« im Innern des Reaktors erhitzt sich zusehends – so die Meßinstrumente. Erstmals in der Geschichte der Atomenergie droht sich die Kerntechnik der menschlichen Kontrolle vollständig zu entziehen. Als die Betriebsingenieure in der Kommandozentrale von Three Mile Island ihre Hilflosigkeit erkennen, ist es kurz nach 6.00 Uhr. Sie benachrichtigen ihre Vorgesetzten.

Da in der darauffolgenden Stunde die Strahlung im Sicherheitsbehälter weiter ansteigt, entschließen sich die Verantwortlichen des Betreibers *Metropolitan Edison Co.* gegen 7.00 Uhr, Katastrophenalarm zu geben. Dieser Alarm ist auf das Werksgelände beschränkt und hätte eigentlich schon 15 Minuten nach Beginn des Störfalls ausgelöst werden müssen (4).

Während im Kernkraftwerk wenige Minuten später ein erster interner Krisenstab zusammentritt, stehen draußen 150 Mann der nächsten Schicht vor verschlossenem Werkstor – sie sind durch den Katastrophenvoralarm ausgesperrt worden (5).

Die *Pennsylvania Emergency Management Agency* (*PEMA*), Katastrophenschutzorganisation des Staates Pennsylvania, erhält um 7.02 Uhr einen Anruf aus dem Kernkraftwerk. Der leitende Betriebsingenieur erklärt dem diensthabenden Sicherheitsmann, daß man »ein paar Probleme mit Block 2« habe, bisher aber keine Radioaktivität in die Umgebung ausgetreten sei (6).

Bei der *PEMA* mißt man dem Telefonat zunächst nur untergeordnete Bedeutung zu. Widerwillig kramt der zuständige Bedienstete den Siebenseitenplan für Reaktornotfälle hervor und ruft – in festgelegter Reihenfolge – die Zivilschutz-Organisationen, die zuständigen Behörden, die Bürgermeister der drei dem

Kernkraftwerk nächstgelegenen Kreise, die Polizei . . . und seinen Chef, den früheren Armee-Oberst Oran K. Henderson, an.

Von seiten der *Metropolitan Edison Co.* hat man inzwischen das *US Department of Energy* und die *Nuclear Regulatory Commission (NRC)* verständigt. In der Kommandozentrale des Reaktors machen sich die Betriebsingenieure derweil nichts mehr vor: Der Strahlungspegel steigt weiter, und auch die Temperatur der Brennstäbe. Um 7.24 Uhr wird »allgemeiner Katastrophenalarm« ausgelöst (7). Wiederum setzt man zuerst die *PEMA* in Kenntnis und alarmiert danach die staatlichen Stellen. Freisetzungen von Radioaktivität seien nunmehr nicht auszuschließen, heißt es aus Three Mile Island, es müßten daher Vorbereitungen für die Evakuierung von Goldsboro und Brunner Island, eine Siedlung direkt neben dem Reaktorgelände, getroffen werden. Bei der *PEMA* läßt Oran Henderson den Katastrophenschutzbeauftragten des Kreises York benachrichtigen, in dessen Zuständigkeit Brunner Island und Goldsboro liegen.

Obwohl 47 Voll- und sechs Teilzeitbeschäftigte in Diensten der *PEMA* stehen, ist die Organisation auf einen größeren nuklearen Unfall absolut nicht vorbereitet (8). Man verfügt zum Beispiel über keine eigene überregionale Funkfrequenz und – schlimmer noch – keine Kompetenzen: *PEMA*-Mitarbeitern wird anfangs verwehrt, in der Kontrollwarte des Reaktors aktiv zu werden, um sozusagen vom Ort des Geschehens die Katastrophenschutzmaßnahmen zu koordinieren. Man ist also zunächst auf die Informationen der Betriebsingenieure und der Umweltbehörde des Staates Pennsylvania (*Bureau of Radiation Protection, BRP*) angewiesen. So kommt es auch zu der in diesem Stadium völlig törichten Meldung der *BRP*-Verantwortlichen aus dem Kernkraftwerk, es sei alles unter Kontrolle, »der Störfall hat keine Auswirkungen auf die Umgebung« (9).

Und die *PEMA* hat nichts Eiligeres zu tun, nochmals mit dem

Entscheidend waren die ersten 15 Minuten

Nach den vorliegenden Analysen des Störfalls von Three Mile Island war die erste Viertelstunde mit einer Vielzahl technischer und menschlicher Fehler entscheidend dafür, daß eine an sich problemlose Störung zu einem Beinahe-Desaster eskalieren konnte:

vor 4.00 Uhr: Block 2 von Three Mile Island ist mit nahezu voller Leistung in Betrieb, obwohl die zur Sicherheit vorhandenen Noteinspeisrohrleitungen in den Sekundärkreislauf durch Ventile abgesperrt sind: **Betriebsfehler**. An der Sekundär-Wasserreinigungsanlage wird gearbeitet. Als Folge dieser Arbeiten fallen beide Speisewasserpumpen im Sekundärkreislauf aus: **Wartungsfehler**.

4.00 Uhr: Turbine schaltet automatisch ab. Der Reaktor ist noch in Betrieb. Wasserstand auf der Sekundärseite der Dampferzeuger sinkt. Druck im Primärkreislauf steigt wegen unzureichender Wärmeabfuhr über die Dampferzeuger. Das Druckentlastungsventil am Druckhalter öffnet, Dampf strömt aus dem Primärkreislauf in den dafür vorgesehenen Abblasetank. Wegen zu hohen Drucks im Primärkreislauf wird der Reaktor automatisch abgeschaltet. Die Notkühlpumpen im Sekundärkreislauf starten automatisch und planmäßig, können aber wegen der geschlossenen Ventile kein Wasser auf die Sekundärseite der Dampferzeuger fördern.

Obwohl der Druck im Primärkreislauf als Folge des in den Abblasetank ausgeströmten Dampfes und der Abschaltung des Reaktors hinreichend abgenommen hat, schließt das Druckentlastungsventil am Druckhalter nicht wie vorgesehen automatisch, sondern bleibt offen: **Technischer Fehler**.

4.02 Uhr: Die beiden Hochdrucknotkühlpumpen im Primärkreis laufen automatisch wegen abfallenden Drucks im Primärkreislauf an.

4.03 Uhr: Der steigende Druck im Abblasetank wird angezeigt, aber offenbar nicht beachtet. Das zwischen Druckhalter und Druckentlastungsventil vorhandene, von der Warte aus schließbare Ventil wird nicht geschlossen: **Betriebsfehler**.

4.05 Uhr: Eine der beiden Hochdrucknotkühlpumpen wird von Hand abgeschaltet, weil ein Aufdrücken der Sicherheitsventile des Primärkreislaufes befürchtet wird: **Durch Auslegungsfehler bedingter Betriebsfehler.**

4.06 Uhr: Durch das fortwährend Einströmen von Dampf (zum Teil möglicherweise auch Wasser) in den Abblasetank öffnen dessen Sicherheitsventile. Primärkühlwasser strömt dadurch in den Sumpf des Sicherheitsbehälters.

4.07 Uhr: Eine Pumpe zur Entleerung des Sumpfes im Sicherheitsbehälter läuft automatisch an und fördert das radioaktive Primärkühlwasser in Tanks im Hilfsanlagengebäude.

4.08 Uhr: Die bisher geschlossenen Ventile zur Notkühlung des Sekundärkreislaufes werden geöffnet.

4.11 Uhr: Die zweite der beiden Hochdrucknotkühlpumpen wird von Hand abgeschaltet, weil ein Aufdrücken der Sicherheitsventile des Primärkühlkreislaufes befürchtet wird: **Durch Auslegungsfehler bedingter Betriebsfehler.**

4.15 Uhr: Die Berstscheiben des Abblasetanks platzen, weil aus dem Druckhalter mehr Primärkühlwasser einströmt, als über die inzwischen offenen Sicherheitsventile des Abblasetanks in den Sumpf des Sicherheitsbehälters abströmen kann. Noch mehr Primärkühlmittel strömt in den Sumpf des Sicherheitsbehälters. Die Sumpfpumpen sind automatisch angelaufen und fördern das ausgeströmte radioaktive Primärkühlwasser in Tanks im Hilfsanlagengebäude. Die Tanks werden überfüllt, das Wasser läuft in das Hilfsanlagengebäude. Die gasförmigen und leicht flüchtigen radioaktiven Stoffe werden über die Abluft des Hilfsanlagengebäudes in die Umgebung freigesetzt: **Auslegungsfehler und Betriebsfehler.**

Die Sumpfpumpen werden erst um 4.38 Uhr von Hand abgeschaltet. Das vor dem Druckentlastungsventil angeordnete Absperrventil wird sogar erst um 6.20 Uhr geschlossen.

Professor Dr. Karl-Heinz Lindackers,
TÜV Rheinland, Köln

Katastrophenschutz-Zentrum in York Kontakt aufzunehmen und den Evakuierungsalarm abzublasen. Inzwischen ist der Reaktor alles andere als unter Kontrolle.

Es ist 7.45 Uhr. Alle Bemühungen, die verhängnisvollen Fehler zu korrigieren, sind gescheitert. Man kann lediglich registrieren, daß der Reaktorkern mittlerweile stark überhitzt und ein Schmelzen der Brennstäbe kaum noch zu vermeiden ist, dagegen unternehmen kann man nichts mehr. Gegen 8.30 Uhr klettert die Temperatur auf das Sechsfache des Normalwertes. Das Kühlwasser kocht. Wiederum informiert man die *PEMA*, man sei zwar Herr der Situation, es müsse aber dennoch mit Freisetzungen gerechnet werden. Oran Henderson tut jetzt das einzig Richtige: Er ist das ewige Hin und Her von Warnung und Entwarnung aus der Reaktor-Kommandozentrale leid und setzt alle Katastrophenschutz-Leiter der benachbarten Kreise in Kenntnis, auch die von Lebanon und Cumberland, obwohl diese Gebiete »nicht in dem 8-km-Radius unserer Pläne lagen und eigentlich zu dieser Zeit noch keine Verantwortlichkeit hatten«,* erinnert sich der *PEMA*-Chef später (10).

Auch die gegen 10.00 Uhr aus Washington eintreffenden Experten der *NRC* erkennen sehr bald, daß das Betriebspersonal den Reaktor nicht mehr unter Kontrolle hat, aber sie erwecken zumindest den Eindruck, daß sie es glauben: Nach einer kurzen Besprechung teilt man der Öffentlichkeit mit, daß »alles verhältnismäßig gut aussieht«. Von der Wahrheit ist diese Erklärung freilich weit entfernt.

Gegen mittag treffen aus Long Island vom dortigen *Brookhaven National Laboratory* Meßtrupps und Hubschrauber ein,

---

* Während die *NRC* lediglich einen Katastrophenschutzplan für die 3,2-km-Zone forderte, hatte *PEMA* sogar einen für den 8-km-Umkreis vorbereitet (28). Daß durch einen nuklearen Unfall womöglich auch darüber hinausgehende Bereiche betroffen werden könnten, hielt man bei der *PEMA* für nahezu ausgeschlossen, wie Hendersons Ausführung deutlich macht.

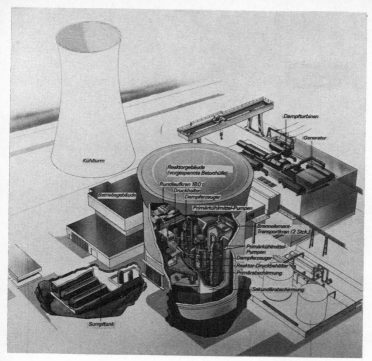

Querschnitt durch den Unglücksreaktor von Three Mile Island, der das »Innenleben« des Atommeilers erkennen läßt.

die sofort mit der Strahlungs-Überwachung der Umgebung beginnen. Thomas Gerusky, *BRP*-Chef, hatte sie am Vormittag angefordert, denn er war sich – wie er später zugesteht – schon sehr früh darüber im klaren, daß es in der Anlage zu schweren Schäden des Reaktorkerns gekommen sein mußte (11).

Als am Nachmittag ein dumpfer Schlag den Sicherheitsbehälter zittern läßt, deutet allerdings auch Gerusky, wie die versammelte Atomexperten-Elite, dies als das Geräusch einer zuschlagenden Luftklappe (12). Erst später wird bekannt, daß dies eine erste kleine Knallgas-Explosion war. Durch eine chemische Reaktion hatte sich nämlich aus dem Hüllmaterial der Brennstäbe (Zirkonium) und dem Kühlwasser das hochexplosive Gas gebildet.

Nach dem Alarm von seiten der *PEMA* beginnen die drei umliegenden Kreise mit der Erstellung von Evakuierungsplänen. Im Kreis Dauphin mit insgesamt 230000 Einwohnern gibt es zwar einen Plan für die 8-km-Zone, doch aus unerfindlichen Gründen ist darin vorgesehen, die Evakuierten zu einem Notaufnahmelager *innerhalb* der Zone, nur ein paar Meilen von Three Mile Island entfernt, zu bringen (13).

Auch in Goldsboro laufen die Vorbereitungen für eine Räumung auf vollen Touren. Erste ängstliche Bewohner packen ein paar Koffer zusammen und verlassen ihre Stadt.

In Middletown, mit 11000 Einwohnern größte Stadt in der unmittelbaren Nachbarschaft des Reaktors, hat Bürgermeister Robert Reid erst gegen 9.00 Uhr aus dem Radio von den Geschehnissen in Three Mile Island erfahren. Als Reid, im Hauptberuf Lehrer, an jenem Morgen in seine Klasse gehen will, um »Gemeinschaftskunde« zu unterrichten, kommen die Nachrichten gerade über den lokalen Sender. »Erst um 11.00 Uhr wußte ich genau, was los ist«, gibt er später zu Protokoll. Zu diesem Zeitpunkt ruft ihn ein Mitarbeiter des Betreibers, der *Metropolitan Edison Co.*, an, um ihn zu beruhigen, daß mit Freisetzungen von Radioaktivität nicht zu rechnen sei.

Umgehend veranlaßt Reid danach, eigene Strahlungsmessungen in Middletown durchzuführen und beginnt, Evakuierungspläne für seine Stadt ausarbeiten zu lassen.

Auch im 16 Kilometer vom defekten Reaktor entfernten Harrisburg (52000 Einwohner) erfährt man erst gegen 9.00 Uhr von dem Störfall, als der Bürgermeister von einem Reporter aus Boston angerufen wird.

Im Reaktor hat sich die Wasserstoffblase inzwischen vergrößert. Die Operateure versuchen, das Gas wieder loszuwerden, doch jeder Versuch scheitert. Auch die *NRC*-Fachleute vor Ort sind ratlos. Sie haben mit ziemlich allem gerechnet, aber nicht mit so »einer verdammten Gasblase«. Überhaupt gibt es unter den Atomexperten am Mittwoch nachmittag keine präzise Vorstellung darüber, was sich da einige Meter von ihnen entfernt unter der Betonhülle des Sicherheitsbehälters tut. Victor Stello von der Atomkommission *NRC* ruft nachmittags seinen Vorgesetzten, den stellvertretenden *NRC*-Chef Victor Gilinsky, in Washington an und teilt ihm mit, man müsse davon ausgehen, daß die Kernbrennelemente längere Zeit ungekühlt geblieben seien (14).

Bei der *PEMA* sieht man den ganzen Tag über die erste Aufgabe darin, die Anrufe und Anfragen beschwichtigend zu beantworten. Zeitweise sind drei Leute damit beschäftigt, der Presse und besorgten Bürgern unvollständige oder auch unrichtige Informationen zu geben. In Harrisburg macht die lokale Abendzeitung am Mittwoch mit der Schlagzeile auf: »Schwierigkeiten im Kernkraftwerk jetzt unter Kontrolle« (15).

Donnerstag, 29. März

Die ganze Nacht über und auch am Donnerstag bleibt die Situation in Three Mile Island äußerst angespannt. Alle Versuche, die Temperatur des Reaktorkerns zu senken, haben keinen Erfolg. Unter den Atomexperten in der Kontrollwarte kommt es zu erheblichen Meinungsverschiedenheiten. Während die Leute von *Babcock & Wilcox*, dem Hersteller der Anlage, immer noch behaupten, der Reaktorkern sei unbeschädigt, gehen die Kernphysiker der *NRC* inzwischen von einer bis zu 50%igen Schädigung aus.

Weitaus die größten Sorgen bereitet der versammelten Atom-Elite aber die anwachsende Gasblase. Dabei hat das *NRC*-

Team am Morgen noch verlauten lassen, man habe den Wasserstoff entfernen können (16), entweder eine absolute Fehleinschätzung der Lage oder aber eine bewußte Falschinformation der Öffentlichkeit. Gegen mittag äußern einige Fachleute in der Reaktor-Kommandozentrale erstmals die möglichen Folgen einer weiteren Ausdehnung der Gasblase: entweder fällt die noch verbliebene Umlaufkühlung der Brennelemente aus, was unweigerlich das Schmelzen des Kerns (Meltdown) nach sich zöge, oder es kommt zur Explosion des Wasserstoffs mit dem Sauerstoff unter der Reaktorkuppel. Die Konsequenz – eine Freisetzung von Radioaktivität – wäre in beiden Fällen verheerend (17).

Gegen 14.00 Uhr melden die Hubschrauber-Besatzungen eine kurzzeitige Freisetzung von Radioaktivität über dem Kamin des Kernkraftwerkes. Die Strahlung beträgt 3 rad pro Stunde (3000 mr/h) (18). Hinzu kommt ein anderes Problem: Nicht nur, daß sich immer mehr radioaktive Partikel aus den Brennelementen lösen und ins Kühlwasser gelangen, inzwischen haben sich im Block 2 von Three Mile Island auch über eineinhalb Millionen Liter radioaktiven Wassers angesammelt. Als die Abwasser-Situation kritisch wird, gestatten die *NRC*-Verantwortlichen, einen Teil des Kühlmittels in den Susquehanna abzuleiten. Darauf fließen rund 150000 Liter radioaktiv verseuchten Wassers in den Fluß, ohne daß die Kreise stromabwärts, die aus dem Susquehanna ihr Trinkwasser aufbereiten, darüber unterrichtet werden. In der Warte führt dies wiederum zu heftigen Auseinandersetzungen. Ergebnis: Man stoppt die Aktion vorübergehend, veröffentlicht einen kurzen Pressetext . . . und läßt dann weitermachen (19).

Etwa zur selben Zeit, wie in Three Mile Island radioaktives Wasser in den Fluß gepumpt wird, geben der Präsident von *Metropolitan Edison Co.*, Walter Creitz, und sein Vize, Jack Herbein, eine Pressekonferenz. Die Mitteilung, die man zu machen hat, ist knapp: Der Reaktor ist unter Kontrolle und stellt keine Gefahr mehr für die Öffentlichkeit dar. Bürgermeister Robert Reid aus Middletown ist davon ganz und gar nicht überzeugt und macht seinem Ärger Luft: »Wir waren diejenigen, die am meisten betroffen waren«, moniert Reid auf der Pressekonferenz, »und dennoch haben wir als letzte davon erfahren. Es gab für uns keine Möglichkeit, den Umfang der Gefahr festzustellen. Und auch in diesem Augenblick besteht diese Möglichkeit nicht.« (20)

Am Nachmittag schließt sich auch die *PEMA* der Entwarnung seitens der Betreiber von Three Mile Island an. Kevin Molloy, Katastrophenschutz-Leiter im Kreis Dauphin, erinnert sich später, daß er von der *PEMA* angerufen wurde und man ihm gesagt habe, daß die schlimmste Gefahr vorüber sei.
Molloy notiert nach dem Telefonat:

> »Reaktor blieb unter Kontrolle . . . stabiler als gestern . . . keine Gefahr für die Öffentlichkeit . . . die Situation bessert sich . . . keine Radioaktivität von Bedeutung in der Umgebung . . . kein Gesundheitsrisiko, kein Notfall . . . Reaktor wird gekühlt . . . « (21)

Wie sich später herausstellt, hat sich *PEMA*-Chef Oran Henderson wieder einmal auf die Informationen des *BRP* (*Bureau of Radiation Protection*), der Umweltbehörde des US-Staates Pennsylvania, verlassen und die »klangen, als ob die Gefahr immer mehr abnimmt« (22). Man habe ihm unter anderem mitgeteilt, rechtfertigte sich Henderson später, daß die Situation im Reaktor sich »innerhalb von 30 Minuten bis zu 25 Stunden« wieder normalisieren werde – eine sicherlich nicht sehr präzise Auskunft.

Ob sich die *BRP*-Beamten durch ihre Beschwichtigungen selber Mut machen, oder aber die wahre Lage beschönigen wollten, konnte nie ganz geklärt werden. Jedenfalls mehren sich an diesem Donnerstag nachmittag die kritischen Stimmen, die eine weitere Verzögerung der Evakuierung für unverantwortlich halten. Dazu gehören Kevin Molloy von Katastrophenschutzdienst des Kreises Dauphin, der alle Vorbereitungen für die

Räumung seines Areals trifft, Bürgermeister Robert Reid und die Verantwortlichen in Harrisburg (23).

Wenig später setzt am späten Donnerstag nachmittag der Massenexodus ein. Viele Bewohner von Middletown, Goldsboro und Harrisburg packen das Allernotwendigste zusammen und verlassen die gefährdete Region.

Donnerstag abend kommen die *NRC*-Experten im Reaktorgebäude endgültig zu dem Urteil, daß der Reaktorkern schweren Schaden genommen hat und von einer Besserung der Situation keine Rede sein könne. Gegen 22.00 Uhr setzen sie davon den Gouverneur von Pennsylvania, Dick Thornburgh, in Kenntnis. Der Störfall von Three Mile Island ist nicht mehr nur Sache der Experten, sondern auch der Politiker.

Freitag, 30. März

Bis spät nach Mitternacht hat Dick Thornburgh sich informieren und beraten lassen. Die erste Nachricht aus der Anlage, Freitag früh, läßt ihn Hoffnung schöpfen: Die Temperatur des Reaktorkerns geht langsam zurück. Doch die Ernüchterung folgt prompt: Die Wasserstoffblase hat ein bedrohliches Ausmaß angenommen.

Kopfzerbrechen bereitet den Fachleuten vor Ort vor allem auch der Zustand der sogenannten Abblasetanks. Sie sind randvoll mit radioaktiven Abgasen, so daß befürchtet wird, über die automatischen Druckabblaseventile könnte Radioaktivität an die Umwelt entweichen. Auch die Wassertanks sind inzwischen voll, obwohl zwischenzeitlich schon mal wieder stoßweise radioaktives Wasser in den Susquehanna abgeleitet worden ist.

Um 7.10 Uhr an jenem Freitag morgen läuft der erste Wassertank über. Sofort läßt die Betriebsmannschaft die Pumpen anwerfen, obschon jedermann klar ist, daß dabei wiederum Radioaktivität frei wird. Um 8.00 Uhr mißt der Hubschrauber 40

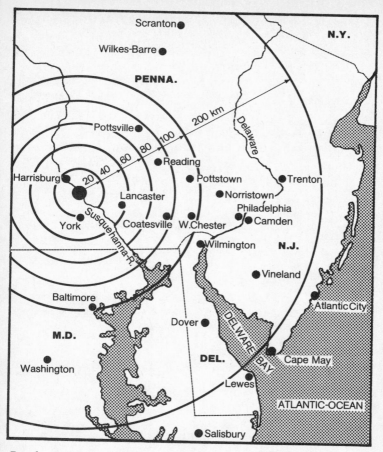

Rund 150 Kilometer von Washington und Philadelphia entfernt liegt am Susquehanna River der Unglücksmeiler von Three Mile Island.

Meter über dem Reaktorkamin eine Strahlung von 1,2 rad pro Stunde (1200 mr/h) (24).

Als man im Krisenstab der Atomkommission *NRC* in Washington von diesem Meßwert erfährt, hält man die Zeit für Taten gekommen. In der totalen Verwirrung glauben die *NRC*-Fachleute, daß die gemessene Radioaktivität aus den Abblasetanks stammen müsse, beziehen den Wert zudem auf die Umgebung der Anlage und nicht auf den Meßpunkt 40 Meter über dem Kamin. Ohne sich mit den Kollegen in der Reaktorwarte abzusprechen (und damit das Mißverständnis aufzuklären), entscheidet *NRC*-Chef Joseph Hendrie nach kurzer Beratung mit seinen Kollegen im Krisenstab, daß nunmehr unverzüglich die Evakuierung in Angriff genommen werden müsse (25).

Wie alle späteren wird auch dieses Gespräch bei der Atomkommission auf Tonband aufgezeichnet (26). Auszüge:

Denton: Es ist äußerst schwierig, brauchbare Daten zu erhalten, wir erfahren offenbar alles erst lange nachdem es passiert ist. So haben die zum Beispiel heute morgen die Ventile geöffnet, um den Reaktor runterzufahren, und dabei pro Sekunde sechs Curie (Radioaktivität) abgelassen, bevor irgend jemand etwas davon erfuhr.

Hendrie: Und wie weit raus geht das? – Ich nehme an, es ist vorgeschlagen worden, in nordöstlicher Richtung eine 8-km-Zone zu evakuieren?

Denton: Ich würde sagen, gut und gerne acht Kilometer aufgrund des ersten Eindrucks und der genannten Zahlen (*nicht genau verständlich*) . . . von etwa 17 oder so . . .

Hendrie: Millirem pro Stunde?

Denton: Ja, ich glaube. Das wichtigste für die Evakuierung ist, einen Vorsprung vor der Wolke zu kriegen, statt stillzusitzen und aufs Sterben zu warten. Selbst wenn wir die Strahlendosis im Einzelfall nicht verringern können, haben wir doch noch eine Chance, sie für die Gesamtbevölkerung in Grenzen zu halten.

Hendrie: Mir scheint, es ist Zeit, daß ich den Gouverneur anrufe.

Fouchard (*NRC*-Pressesprecher): Meine ich auch. Ich glaube, Sie sollten sofort mit ihm sprechen.

Hendrie: Ja, ja, sofort. Dabei tappen wir fast völlig im dunkeln, sein Informationsstand ist unzureichend, meiner ist nicht-existent und . . . ich weiß nicht, es ist so, als ob ein paar blinde Männer herumtapern und Entscheidungen fällen.

Harold Collins, Notfallschutz-Experte der Atomkommission, wird nach diesem Gespräch aufgefordert, die zuständigen Stellen in Pennsylvania von der Entscheidung in Kenntnis zu setzen. Man versäumt allerdings, Collins eine Anweisung über den Umfang der Räumung zu geben, so daß dieser auf seine eigene Beurteilung der Lage vertrauen muß (27).

Um 9.15 Uhr ruft Collins den *PEMA*-Chef Oran Henderson an und legt ihm nahe, sofort mit der Evakuierung der 16-km-Zone zu beginnen. Einige Minuten später meldet sich Collins nochmals, um Henderson klarzumachen, daß diese Entscheidung die volle Rückendeckung der *NRC* habe. Die anscheinend plötzlich gebotene Eile erhöht in der *PEMA* die Konfusion. Anstatt 36000 Menschen (der 8-km-Zone) sollen jetzt kurzfristig 135000 Menschen (der 16-km-Zone) evakuiert werden. Anfänglich hat Henderson eine Räumung dieser Region in zehn Stunden für möglich gehalten, angesichts der schon für die 8-km-Zone unzureichenden Pläne scheint ihm dies nunmehr utopisch.

NRC-Krisenstab, 9.30 Uhr. Die versammelten *NRC*-Experten wissen noch immer nicht, ob die Behörden mit der Evakuierung begonnen haben. Joseph Hendrie sorgt sich, ob seine Empfehlung zum richtigen Zeitpunkt erfolgte, denn niemand weiß zu diesem Zeitpunkt, wohin der Wind die freigesetzten radioaktiven Partikel treibt. Es könnte also sein, daß die strahlende Wolke im selben Augenblick über jenes Gebiet hinwegzieht, in das gerade evakuiert wird. Verzweifelt versucht der *NRC*-Chef zum wiederholten Male, Kontakt mit der Kontrollwarte im Reaktor aufzunehmen – vergeblich. Seit über 24 Stunden hat es jetzt keine direkte Verbindung mehr mit den Leuten in Three Mile Island gegeben.

Oran Henderson will sich nach Collins Anruf – ganz militärisch – erst einmal absichern und ruft das Büro von Gouverneur Thornburgh und das von Thomas Gerusky, Chef des *Bureau of Radiation Protection* an, um sie über die *NRC*-Empfehlung zu unterrichten. Dabei spricht er sich lediglich für eine Räumung der 8-km-Zone aus, weil – wie er später zu Protokoll gibt – für den 16-km-Bereich keine Pläne existieren. Gerusky, darüber erbost, daß überhaupt eine solche Entscheidung zur Räumung über seinen Kopf hinweg gefällt wurde, fährt Harold Collins am Telefon an, was er sich wohl denke, eine Evakuierung zu empfehlen und macht sich umgehend auf den Weg zu Dick Thornburgh, um ihm die Räumung auszureden. Als er dort eintrifft, spricht der Gouverneur gerade mit *NRC*-Chef Joseph Hendrie (29). Auszüge:

Thornburgh: War Mr. Collins, Ihr Beauftragter in Ihrem Krisenzentrum, befugt, die Evakuierung um 9.15 Uhr anzuordnen oder zumindest zu empfehlen, daß wir zu dieser Zeit evakuieren sollen? Oder war diese Maßnahme aufgrund einer Fehlinformation zustande gekommen? Das müssen wir jetzt wirklich wissen.

Hendrie: Ich kann das nicht sagen – aber ich kann dem nachgehen und es überprüfen, Gouverneur, aber im Augenblick kann ich es nicht sagen, ich weiß es nicht.

Thornburgh: Ja, aber wir verlangen nicht, daß Sie irgendeiner Schuldfrage nachgehen.

Hendrie: Verstehe, aber ich weiß es im Augenblick nicht.

Thornburgh: Okay, es wäre sehr hilfreich, wenn Sie das machten, denn wenn wir weiter solche Empfehlungen bekommen, dann müssen wir auch wissen, worauf sie beruhen.

Hendrie: Ja.

Thornburgh: Können wir denn sicher sein, daß es keine weitere Freisetzung von Radioaktivität gibt?

Hendrie: Nein, und das ist ein ganz wichtiger Aspekt, den ich mit Ihnen besprechen will. Soweit ich das aufgrund der mir vom Reaktor zugegangenen Informationen beurteilen kann, ist es noch nicht klar, ob wir nicht wieder in so eine Situation geraten. Ich hoffe aber, daß es nicht wieder passiert, ohne daß wir es nicht wenigstens im voraus wissen und uns entsprechend einstellen können. Aber ich denke, es kann sehr leicht wieder dazu kommen.

Thornburgh: Glauben Sie denn, daß es notwendig oder vernünftig wäre, eine vorsorgliche Evakuierung anzuordnen, nur für den Fall, daß es noch zu weiteren Freisetzungen kommt?

Hendrie: Ich glaube, es ist ebenso richtig, zu warten, bis wir wissen, ob sie Wasser ableiten müssen und es dadurch zu einer Freisetzung kommt. Wenn dies der Fall ist, fangen Sie mit einer vorsorglichen Evakuierung an.

Hendrie revidiert also seine Entscheidung, man kann auch sagen: er beugt sich der Autorität des Gouverneurs. Die *NRC* spekuliert nunmehr darauf, noch genügend Zeit für die Evakuierung zu haben, sobald Radioaktivität in größerem Umfang frei wird, oder der Reaktorkern zu schmelzen beginnt. Gewissermaßen als Kompromißvorschlag bittet Hendrie Thornburgh, der Bevölkerung in der 8-km-Zone in Windrichtung von Three Mile Island zu raten, »für die nächste halbe Stunde« in den Häusern zu bleiben. Dick Thornburgh folgte dieser improvisierten Empfehlung, wohl mehr, damit der *NRC*-Chef sein Gesicht einigermaßen wahren kann. Kurz nach 10.00 Uhr läßt er die Anweisung über den Rundfunk bekanntgeben.

Im *NRC*-Krisenstab in Washington hält die Ungewißheit über die tatsächlichen Meßwerte vom Reaktorgelände auch während der nächsten zwei Stunden an. Lee Gossick, ein Mitarbeiter Hendries, läßt seinen Chef wissen, daß noch mit weiteren Freisetzungen zu rechnen sei, man aber nicht sagen könne, wann. Es ist fünf Minuten vor zwölf. Wieder ruft Joseph Hendrie Gouverneur Thornburgh an und stellt zur Diskussion, ob man nicht schwangere Frauen und Kinder im Alter von bis zu zwei Jahren in der 8-km-Zone evakuieren solle – eine Maßnahme, die in keinem Katastrophenschutzplan vorgesehen ist (30). Hendries Begründung: »Wenn meine Frau ein Kind erwarten würde, und ich kleine Kinder hätte in diesem Gebiet, würde ich sie wegbringen lassen, weil wir nicht wissen, was geschehen wird.«

Nach diesem Telefonat gibt Thornburgh um 12.30 Uhr über Rundfunk bekannt, daß schwangere Frauen und Kinder im Vorschulalter in Sicherheit gebracht werden sollen.

Aufgrund der wenige Stunden zuvor von Harold Collins an die *PEMA* gegebenen Evakuierungsempfehlung ist u. a. auch der Kreis Dauphin über die »wahrscheinlich kurz bevorstehende« Räumung unterrichtet worden (31). Kevin Molloy, der zuständige Katastrophenschutzleiter, löst daraufhin Alarm aus, läßt über den lokalen Sender die Mitteilung verbreiten, die Bevölkerung möge sich auf eine Evakuierung vorbereiten, und gibt zwei Notaufnahmelager bekannt: Harrisburg und Hershey.

Sehr bald nach Beginn des Störfalls versuchten die Experten der amerikanischen Atomkommission *NRC* in einem zur Kommandozentrale umfunktionierten Wohnwagen, den Reaktor wieder unter Kontrolle zu bekommen – für Tage vergeblich.

Auf diese Nachricht haben viele Bewohner im Kreis Dauphin nur gewartet. Die meisten Koffer sind gepackt. Der Massenexodus beginnt. An den Zapfsäulen versiegt der Sprit, in den Banken das Bargeld.

Auch in York sind zwischen 9.00 und 10.00 Uhr die Sirenen eingeschaltet worden, um die Bevölkerung auf die Rundfunk-Durchsage »Evakuierung« hinzuweisen. Gegen 12.00 Uhr mittags wird die Anordnung aufgehoben. Eine halbe Stunde später dann kommt die Evakuierungsempfehlung für Schwangere und Kleinkinder (32).

In Middletown haben am Mittag viele Bewohner ihre Radios auf volle Lautstärke gedreht, um nur keine Meldung zu versäumen. In regelmäßigen Abständen kommt seit 12.30 Uhr die

Durchsage des Gouverneurs. Bürgermeister Robert Reid schickt Schulbusse zur Stadthalle, damit auch jene Mütter mit ihren Kindern das Gebiet verlassen können, denen keine eigenen Fahrzeuge zur Verfügung stehen.

Viele Bewohner werden zusätzlich durch die Nachricht beunruhigt, daß große Radioaktivitätsmengen aus dem Reaktor freigeworden seien – eine Meldung, die offenbar auf die Messungen des Hubschraubers vom selben Morgen zurückgeht.

Die Flucht vor der tödlichen Strahlung trägt in den Kreisen um Three Mile Island mittlerweile alle Anzeichen einer Massenhysterie. Von einer geordneten Evakuierung kann durch die sich stündlich widersprechenden Anweisungen keine Rede mehr sein. In Goldsboro, Middletown und York reagiert das Chaos.

»Ich hatte einfach fürchterliche Angst«, erinnert sich Hariett Baylor, Mutter von drei Kindern in Middletown. »Einen Moment lang glaubte ich, wir würden alle sterben. Ich wußte natürlich, daß man vor so was nicht weglaufen kann. Und wir dachten immer, sie hätten alles unter Kontrolle« (33). In York verstopfen die motorisierten Flüchtlingstrecks sämtliche Ausfallstraßen nach Osten. Die Vororte von Harrisburg gleichen Geisterstädten – den Bewohnern ist hier empfohlen worden, im Hause zu bleiben.

Unterdessen hat sich im *NRC*-Krisenzentrum in Washington die Lage weiter zugespitzt. Zu der grenzenlosen Verwirrung gesellen sich Führungsschwäche, Ohnmacht, psychologische Probleme, Reaktionen, die bisweilen Züge von Panik zeigen: Keiner wagt, Entscheidungen zu treffen, dem Gouverneur die unverzügliche Evakuierung nahezulegen.

Zehn Minuten nach dem Gespräch von Joseph Hendrie mit Richard Thornburgh klingelt bei der *NRC* wieder das Telefon. Am anderen Ende der Leitung meldet sich – zum erstenmal seit über einem Tag – Roger Mattson, *NRC*-Sicherheitsexperte, aus Three Mile Island (34).

Mattson: Tja, *Babcock & Wilcox* und wir sind vor einigen Stunden, naja, sagen wir, ziemlich bald nach Mitternacht, zu dem Ergebnis gelangt, daß der Reaktorkern doch erheblich beschädigt ist. Das wird durch die radioaktiven Freisetzungen bestätigt, die genau einem solchen Störfall entsprechen und die ja vielleicht auch noch stärker sind, wie ich von den Strahlungsleuten höre.

Ich nehme an, daß der Reaktorkern nicht (mit Kühlwasser) bedeckt war, ja sogar für einen längeren Zeitraum unbedeckt blieb. Wir haben es mit einem Störfall-Ablauf zu tun, wie er noch nie analysiert worden ist. Er ist nicht mit einem Kühlwasserverlust vergleichbar. Da gibt es im oberen Viertel der Kerneinheit irgendeine Art von Quellung, da ist was geborsten, und außerdem gibt's auch noch Oxidationsvorgänge. Auch haben wir eben erst, ich glaube, so vor drei Stunden, erfahren, daß es schon am Nachmittag des ersten Unfalltages – etwa zehn Stunden nach Eintritt des Störfalls – im Reaktordruckgefäß kurzzeitig eine Druckspitze gegeben hat. Wir vermuten nun, daß es eine Knallgasexplosion gewesen sein könnte. Sie (die Betreiber des Kernkraftwerks) haben uns aus irgendeinem Grund das bis heute morgen nicht gemeldet. Dabei hätte uns das schon lange einen Hinweis geben können, daß die Temperaturanzeigen richtig sind und der Reaktorkern teilweise zerstört ist.

In dem teilweise sehr hitzigen Gespräch zwischen Hendrie und Mattson kreist die Diskussion dann vor allem um die Gasblase (35).

Mattson: Unsere Schätzung des Gasvolumens beläuft sich jetzt auf etwa 30 Kubikmeter. Das ist alles, was wir sagen können. Das sind 1000 psi* (rund 70 atm). Wenn man die Anlage auf 200 psi* bringen könnte, dann . . .

Hier entscheidet sich, ob wir das »Rennen« gewinnen oder verlieren. Wenn wir die Menge, die sich nicht wieder kondensieren läßt, überschätzt haben, haben wir Glück gehabt. Aber wenn wir richtig geschätzt haben, dann kann's schiefgehen.

Hendrie: Wenn ich das recht verstehe, dann müssen wir jetzt Farbe bekennen. Ich möchte ungern den Klang im Ohr haben, wenn wir den Druck vom Reaktor ablassen und diese Blase in den Reaktorkern hinunterkriecht.

Mattson: Nein, ich glaube, wir wollen den Druck jetzt noch nicht ablassen. Diese letzte Freisetzung (von Radioaktivität) hat nicht vielen Leuten geschadet. Aber ich verstehe nicht, warum Sie nicht die Leute evakuieren. Das muß ich sagen. Ich habe das auch hier unten schon dauernd gesagt. Ich weiß nicht, was wir zum jetzigen Zeitpunkt schützen. Ich glaube, wir sollten die Leute evakuieren.

Wir haben unglücklicherweise zu spät zu wenige Informationen erhalten, und noch bei jedem teilweisen Schmelzen eines Reaktorkerns ist es so gewesen. Die Leute haben immer den Instrumenten nicht geglaubt. Erst gestern

* psi = pounds per square inch

Überzeugung allein reicht nicht

Bei den Zeugen kam ein Wort immer wieder vor. Es heißt »Überzeugung«. Roger Mattson, der Direktor der *NRC*-Abteilung für Systemsicherheit, benutzte dieses Wort bei einem unserer öffentlichen Hearings innerhalb von zehn Minuten fünfmal. Zum Beispiel: »Ich denke, man war überzeugt, daß der jeweilige Techniker in Ordnung war; wenn man ihm mißtraute, war das eine konservative Haltung.« Mit anderen Worten: Man konzentrierte sich auf die Anlage und war davon überzeugt, daß die Anwesenheit der Techniker die Situation nur noch sicherer machen würde – daß sie nicht etwa ein Teil des Problems wären.

Nach so vielen Jahren, in denen Kernkraftwerke betrieben werden, ohne daß irgend jemand aus der Öffentlichkeit wirklich geschädigt worden ist, ist der Glaube an die ausreichende Sicherheit der Kraftwerke eine Art Überzeugung geworden. Nur so kann man verstehen, warum so viele Schritte nicht unternommen wurden, die den Unfall in Three Mile Island verhindert hätten. Die Kommission ist davon überzeugt, daß diese Haltung geändert werden muß. Man muß akzeptieren, daß Kernkraft aus sich heraus potentiell gefährlich werden kann, und man muß sich deshalb fortwährend fragen, ob die bereits bestehenden Sicherungen ausreichen, um einen schweren Unfall zu vermeiden. Ein umfassendes System ist nötig, in dem Anlagen und Menschen gleich wichtig sind.

(aus dem Bericht der *Kemeny-Kommission*, hier zitiert nach der deutschen Übersetzung »Der Störfall von Harrisburg«, Düsseldorf 1979, S. 26.)

---

um Mitternacht waren sie überzeugt, daß diese verdammten Temperaturanzeigen irgend etwas bedeuten. Und um 4.00 Uhr heute morgen haben dann auch die *Babcock & Wilcox*-Leute das eingesehen.

Wir machen immer noch Analysen, um die Bedingungen im Reaktor zu verstehen und mit Hilfe der Meßdaten abzuschätzen, in welchem Zustand sich der Reaktorkern tatsächlich befindet. So einen Störfall hat man noch nie durchdacht. Es ist einfach unglaublich.

Gilinsky: Was ist im Augenblick Ihre Hauptsorge?

Mattson: Nun, meine Hauptsorge ist, daß wir einen Unfall haben, von dem wir nicht wissen, wie wir ihn angehen sollen, und der, nach vorsichtiger Schätzung, sich langsam verschlimmert und – nach der pessimistischsten

Einschätzung – an der Schwelle zur Katastrophe steht. Und ich sehe überhaupt keinen Grund, die Menschen nicht zu evakuieren. Ich kann mir nicht vorstellen, was man dabei gewinnt, wenn man die Menschen nicht evakuiert (36).

Falls die Kühlung des Kerns durch den Versuch, die Wasserstoffblase zu reduzieren, ausfallen würde – meint Mattson weiter –, sei es wohl nur noch eine Frage von Stunden, bis der Kern in sich zusammenfiele und sich die schmelzende Atomglut nach einer weiteren halben Stunde durch die Hülle hindurchgefressen hätte. Wenn man dagegen nichts unternähme, um die Blase aufzulösen , könnte sie sich nach Schätzung Mattsons innerhalb von fünf bis acht Tagen entzünden und explodieren. Die Folgen wären ähnlich katastrophal wie bei einem Meltdown. Nicht zuletzt durch den Bericht von Sicherheitschef Roger Mattson hat sich die Krisensituation am Freitag mittag erheblich verschärft. Für 14.00 Uhr ist im *Weißen Haus* eine geheime Sitzung einberufen worden, um die Verantwortlichkeiten für den drohenden Katastrophenfall von seiten der US-Regierung festzulegen. Ergebnis der Besprechung auf höchster Ebene: Der Reaktorfachmann der *NRC*, Harold Denton, wird nach Three Mile Island geschickt. Weiterhin bestimmt man die *Federal Disaster Assistance Administration*, eine Art nationaler Katastrophenschutzorganisation, zur verantwortlichen Behörde für die Koordinierung der Notfallmaßnahmen.
Nachdem ihm von der Sitzung berichtet wird, läßt Präsident Jimmy Carter am späten Nachmittag Gouverneur Richard Thornburgh eine Nachricht übermitteln. Sie enthält die Bitte, in Pennsylvania nicht den Notstand auszurufen oder allgemeinen Katastrophenalarm zu geben, weil sonst eine Panik unter der Bevölkerung zu befürchten sei. Ansonsten könne er, Thornburgh, der vollen Unterstützung des Präsidenten gewiß sein (37).
Am Abend macht Harold Denton nach Ankunft in Three Mile Island ersten Gebrauch von seiner neuen Kompetenz und weist alle betroffenen Katastrophenschutz-Beauftragten an, Evaku-

ierungspläne bis zu einem Umkreis von 32 km vorzubereiten, um gegebenenfalls die in dieser Region lebenden Menschen sehr schnell in Sicherheit bringen zu können.

Während sich Kevin Molloy gegen 23.00 Uhr jenes Freitags, der dritten Nacht, in der er kaum Schlaf bekommen hat, daranmacht, die entsprechenden Pläne auszuarbeiten, verhängt Robert Reid, Bürgermeister von Middletown, Ausgangsverbot für seine Stadt – eine überflüssige Maßnahme, denn die 11 000-Seelen-Gemeinde wirkt in dieser Nacht wie ausgestorben: Wer nicht geflohen ist, hat die Fenster verriegelt und hockt am Fernsehgerät oder am Radio, um keine Nachricht über den aktuellen Stand des Störfalls zu versäumen.

Sonnabend, 31. März

Gegen 3.00 Uhr beginnt man an vielen Stellen des US-Staates Pennsylvania mit der Produktion von Jodpräparaten, nachdem die Fachleute im *Department of Health, Education and Welfare* in Washington sich lange nicht darüber im klaren gewesen waren, ob die Herstellung und Verteilung solcher Medikamente überhaupt noch zweckmäßig ist (38).

Da bei einem Reaktorstörfall, wie auch in Three Mile Island, radioaktives Jod 131 freigesetzt werden kann und sich bei der Aufnahme über die Luft selektiv in der Schilddrüse anlagert (und womöglich eine Tumorbildung auslöst), ist in sämtlichen nuklearen Katastrophenplänen der Welt die vorsorgliche Einnahme von nicht-radioaktivem Jod vorgesehen, um die Schilddrüse gewissermaßen zu blockieren. Doch in Three Mile Island gibt es weder Jodtabletten-Lager, noch hat man die Herstellung solcher Präparate gleich zu Beginn des Störfalls angeordnet. Mit dem Eintreffen der ersten Lieferungen, so verlautet an diesem Sonnabend früh, sei nicht vor Sonntag abend zu rechnen. Dann kann es freilich schon zu spät sein.

Zwar beginnt am Samstag morgen die Temperatur des Reaktorkerns ganz allmählich zu sinken, dafür nehmen die Ausmaße der Wasserstoffblase ganz bedrohliche Ausmaße an. Und noch immer wird Radioaktivität freigesetzt. Neue Alarmmeldung aus dem *NRC*-Krisenstab: Es habe sich durch die Strahlung aus dem Kühlwasser inzwischen so viel Sauerstoff gebildet, daß mit einer Zündung des hochexplosiven Gasgemisches (Knallgas) innerhalb von zwei bis drei Tagen zu rechnen sei. Eine solche Explosion, so sind sich die Atomexperten einig, müßte das Kühlsystem des Reaktors vollends lahmlegen. Panikstimmung macht sich breit. Überall im Land läßt die Atomkommission Kernphysiker und Reaktor-Experten anrufen, um ihr Urteil zu erfragen und den besten Weg herauszufinden, die brisante Gasblase zu entschärfen. Im zum *US-Department of Energy* gehörigen *Idaho National Engineering Laboratory* beginnt man am Samstag mittag damit, die Krisensituation im Atommeiler von Three Mile Island mit einer Stickstoffblase zu simulieren, um Lösungsmöglichkeiten herauszufinden. Zur gleichen Zeit diskutiert die *NRC*-Spitze in Washington das weitere Vorgehen. Auszüge (26):

Hendrie: Lassen Sie mich einmal ungefähr ausmalen, was bei einem Schmelzen des Reaktorkerns passiert, wenn der geschmolzene Kern sich durch den Boden des Reaktordruckgefäßes hindurcharbeiten würde.

Das Reaktordruckgefäß steht in dem überfluteten Betonsicherheitsbehälter zu einem Gutteil im Wasser. Das bedeutet, daß die Kernschmelze erst mal in das Wasser fallen würde, ehe sie den Betonboden des Sicherheitsbehälters erreicht.

Man kann eine Dampfexplosion zu diesem Zeitpunkt nicht ausschließen, aber sehr viel wahrscheinlicher ist doch, daß der geschmolzene Kern brokkenweise auf diesen dicken Betonuntergrund hinunterfällt.

Dabei muß nicht alles auf den Betonboden durchgetropft sein. Denn wenn so heiße Uranschmelze auf den Beton trifft, reißen die Betonelemente auf, teilweise verflüssigen sie sich; sie schwimmen als Schlacke auf und geben erhebliche Mengen von Kohlendioxid ab.

Jetzt passiert es also, daß wir eine Menge Gas in dem Betonsicherheitsbehälter haben, das sich nicht (wie Wasserstoff und Sauerstoff) wieder kondensieren läßt; der Druck im Sicherheitsbehälter steigt an, und man kommt schließlich zu dem Punkt, wo man entweder das Zeug ablassen muß – oder man kann den Druck über die zulässige Höchstgrenze ansteigen lassen und riskieren, daß es irgendwann platzt.

Bradford (Reaktorspezialist der *NRC*): Ist denn ein Ereignisablauf denkbar, der ohne jedes Warnzeichen beginnt und uns erheblich weniger als 200 Minuten oder sechs Stunden oder so was gibt, um die Menschen wenigstens acht oder 16 Kilometer weit wegzubringen?

Hendrie: Die Wahrscheinlichkeit dafür ist nicht sehr hoch, aber es ist nicht auszuschließen.

Kennedy (Kernphysiker): Welcher Art könnte so ein Ablauf sein?

Hendrie: Eine Wasserstoffexplosion im Druckgefäß.

Kennedy: Innerhalb des Druckgefäßes?

Hendrie: Ja.

Gilinsky: Und das würde die Kuppel abreißen und . . .

Hendrie: Krach, krach.

Gilinsky: Also der Sicherheitsbehälter würde auch irgendwo bersten?

Hendrie: Das Druckgefäß würde bersten.

Kennedy: Das Druckgefäß und der Sicherheitsbehälter würden bersten.

Denton: Lassen Sie mich sehen, ob es noch andere wichtige Punkte gibt. Die radioaktive Strahlung im Kontrollraum ist nun so weit runter, daß man kein Atemschutzgerät mehr braucht. Das macht doch vieles leichter.

Mattson: Ich will es ganz offen sagen: Diesen Reaktor runterzufahren ist riskant. Kein Reaktor war je in einem solchen Zustand. Kein Reaktor ist je testweise in einen solchen Zustand gebracht worden. Für keinen Reaktor ist in der Geschichte des Atomprogramms diese Situation auch nur theoretisch analysiert worden.

Ergebnis der internen Diskussion: Es bleibt auch weiterhin nur die Möglichkeit, abzuwarten, der Dinge zu harren, die da kommen, bzw. hoffentlich nicht kommen werden. Die Experten sind hilflos, geben sich aber ganz als Herren der Lage: Auf einer Pressekonferenz erklärt Harold Denton (39): »Es gibt kein explosionsfähiges Gemisch im Sicherheitsbehälter oder im Reaktordruckgefäß. Und kurzfristig ist überhaupt nicht mit einer Gefahr zu rechnen.«

Gouverneur Richard Thornburgh macht sich und seinen Mitbürgern gleichfalls Mut: Eine Katastrophe, so läßt er verbreiten, stehe in Three Mile Island nicht bevor (40).

Trotz derlei offizieller Zusicherungen verbreitet sich die Angst über ganz Pennsylvania. Überall laufen die Vorbereitungen für eine Massenevakuierung auf hohen Touren. Auch das amerikanischen *Rote Kreuz* trifft Vorkehrungen für die medizinische

Versorgung. Im nächstgelegenen Krankenhaus indes, im etwa 13 Kilometer von Three Mile Island entfernten *Hershey Medical Center*, müssen die verantwortlichen Ärzte am Samstag nachmittag gegenüber Reportern zugeben, daß man »zu keinem Zeitpunkt angerufen wurde, um den strahlenmedizinischen Katastrophenplan in Kraft zu setzen« (41). Dabei ist das Krankenhaus in Hershey durch ein offizielles Übereinkommen mit der *Metropolitan Edison Co.* für die Behandlung von Strahlenopfern vorgesehen.

Seit dem frühen Morgen jenes Sonnabends sind die Ärzte und medizinischen Hilfskräfte des *Hershey Medical Center* damit beschäftigt, so viel wie möglich Patienten in andere Kliniken zu verlegen.

Auch im Kreis Dauphin beginnt man auf Anweisung von Kevin Molloy mit der vorsorglichen Räumung der Krankenhäuser, setzt dafür aber einen Zeitraum von insgesamt 48 Stunden an, denn »man kann eine Klinik nicht einfach hochheben und woanders hinstellen«, mokiert sich Molloy über die späte Inangriffnahme dieser Maßnahme (42).

Derweil ist man am Samstag nachmittag in der Umgebung von Three Mile Island fast allerorts auf die Evakuierung des 32-km-Areals vorbereitet. Die Schulen sind auf unbestimmte Zeit geschlossen worden, Staatspolizei und Vertreter der *National Guard* beginnen damit, die wichtigsten Ausfallstraßen der Städte zu sperren, Busunternehmer setzen ihren Wagenpark instand, das *Rote Kreuz* und Beamte des *Department of Environmental Resources* planen die Sicherung des Nachschubs für die Notaufnahmelager.

Mehr als 100 Personen sind in den letzten Tagen mit der Erstellung der Evakuierungspläne beschäftigt gewesen. Jetzt, am Samstag abend, über 30 Stunden nach Harold Dentons Anweisung, sind sie fertiggestellt (43). Doch während nunmehr die Durchführung der Räumung weitgehend sichergestellt scheint, denkt man zur gleichen Zeit im *NRC*-Headquarters in Washington kaum noch an die Notwendigkeit der Evakuierung. *NRC*-Chef Joseph Hendrie telefoniert mit Gouverneur Thornburgh. Auszug (26):

> *Hendrie:* Was die Evakuierungsmöglichkeiten angeht, so sind wir hier der Meinung, daß der Reaktor derzeit stabil ist und wir im ganzen etwas besser dastehen als, sagen wir, vor 24 Stunden. Wir werden keine radikalen technischen Maßnahmen am Reaktor zulassen. Wir werden jeden Schritt mit den Reaktorfachleuten vorher abstimmen.
> Eine vorsorgliche Evakuierung halten wir im Augenblick nicht für nötig, aber all die Krisenstabsleute sollen in Bereitschaft bleiben. Es tut mir leid, sagen zu müssen, daß noch immer die Möglichkeit besteht, daß der Reaktorzustand sich zum Schlechten ändert und wir die Menschen vorsichtshalber evakuieren müssen.

Sonntag, 1. April

Am Sonntag morgen ist man sich im Krisenstab der Atomkommission noch immer nicht sicher, ob das Wasserstoff-Sauerstoff-Gemisch bereits das Limit zur Zündung erreicht hat. Doch die *NRC*-Commissioner vor Ort Peter Bradford, Richard Kennedy und John Ahearne kommen nach reiflicher Überlegung dann zu dem für sie endgültigen Urteil, daß eine Evakuierung jetzt dringend geboten sei. Kennedy wird gebeten, Joseph Hendrie mitzuteilen, daß man eine Räumung zumindestens der 3,2-km-Zone dringend empfehle.

In diese angespannte Situation hinein platzt die Nachricht, Präsident Carter habe den Vorschlag seiner engsten Berater akzeptiert, den Unglücksreaktor zu besuchen, um mit dieser Demonstration die Bevölkerung von Pennsylvania zu beruhigen. Zusammen mit seiner Frau Rosalynn fliegt Carter in einem Hubschrauber nach Three Mile Island, macht einen Rundgang auf dem Reaktorgelände, läßt sich in der Warte die Lage erläutern und gibt nach der halbstündigen Stippvisite in Middletown eine zweiminütige Presseerklärung ab.

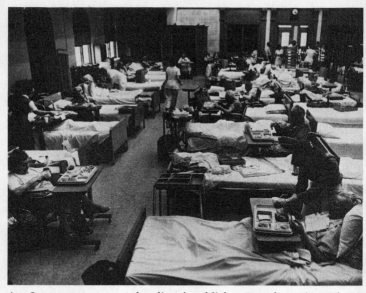

Am Samstagmorgen wurden die gebrechlichen Bewohner eines Altersheimes in Middletown evakuiert und vorübergehend im *Harrisburg State Hospital* untergebracht.

Doch in Pennsylvania läßt man sich von Carters Geste nicht sonderlich beeindrucken. Am Sonntag nachmittag hat ein Großteil der Bürger Haus und Hof ohnehin schon verlassen: Schätzungsweise 144000 Menschen im Umkreis von 25 Kilometern (das sind rund 40% der dort lebenden Bevölkerung), und 200000 oder mehr im weiteren Umkreis haben es vorgezogen, den weiteren Verlauf des kerntechnischen Dramas aus gesicherter Entfernung zu verfolgen (44).

Doch nicht alle, die das gefährdete Gebiet verlassen wollen, sind dazu auch in der Lage. »Ich sprach mit einigen armen und alten Menschen, die dort blieben«, erinnert sich Gail Bradford, ein Einwohner von York. »Sie wußten nicht, wohin sie fahren sollten, oder hatten kein Geld für die ungewisse, vielleicht ziellose Reise. Ich werde niemals das Gespräch mit einem farbigen Freund vergessen, der arbeitslos, arm und alleinstehend ist und zwei kleine Kinder zu versorgen hat. Ihm fehlten alle Möglichkeiten, zu fliehen. Überhaupt verließen nur wenige Farbige das Gebiet . . .« (45).

Jene Flüchtlinge, die nicht bei Verwandten oder Bekannten unterkommen, erhalten in den Notaufnahmelagern einen Schlafplatz, Nahrungsmittel, ärztliche Versorgung, organisiert durch das *Rote Kreuz* und die *Hershey Company* (46). Die Versicherungsgesellschaft der *Metropolitan Edison Co.* stellt einige Mittel zur Verfügung, um zusätzliche Menschen in Hotels unterzubringen.

Die Ärzte in den Aufnahmelagern haben alle Hände voll zu tun. Vor allem gilt es, psychologisch tätig zu werden, Mut zuzusprechen, Gesprächstherapie zu betreiben, denn der durch Hektik, Panik, Ungewißheit und Angst gekennzeichneten Krisensituation sind viele Menschen nicht gewachsen: »Die Leute hatten nachts Alpträume«, erinnert sich ein Einwohner von Newberry Township, der mehrere Tage und Nächte im Notaufnahmelager zubrachte (47).

In der *Herbert Hoover Elementary School* nördlich von Harrisburg schrieben Kinder der vierten Klasse gerade ihr Testament, als ihr Lehrer nach kurzer Abwesenheit in den Klassenraum zurückkehrte.

Die Heranwachsenden sorgen sich vor allem um die Spätschäden, um Krebs, genetische Schäden und sogar Sterilität (48). Insgesamt geben bei Umfragen in der 25-km-Zone später mehr als 20 % der Befragten an, »höchst beunruhigt« gewesen zu sein.

NRC-Krisenzentrum, Washington, am späten Sonntagnachmittag. Aus der Kontrollwarte des defekten Atommeilers kommen gute Nachrichten: Die Gasblase wird offenbar langsam kleiner – ohne wesentliches Zutun der Techniker. Erleichterung macht sich breit. Die Atomexperten atmen auf. Hat sich die Strategie des Abwartens bewährt? Noch ist man unsicher, veröffentlicht daher die Erkenntnis der positiven Entwicklung nicht (49). Zur selben Zeit kommt eine erste Lieferung von 11 000 Fläschchen Jod in Harrisburg an. Im klassischen Durcheinander der Bürokratie ist das Mittel in flüssiger Form produziert worden, die Hälfte der Fläschchen zudem ohne Etikett und mit zu großen Tropfeinsätzen (50). Erst am 4. April treffen die restlichen 237 000 Flaschen ein.

Die Empfehlung des amerikanischen Gesundheitsministers, Joseph Califano, wenigstens die erste Lieferung gleich zur Verteilung zu bringen, wird von den Verantwortlichen allerdings ignoriert. Man hält dies nunmehr nicht für erforderlich. Am nächsten Morgen, seit Störfall-Beginn sind über fünf Tage vergangen, fällt es Harold Denton zu, der Presse bekanntgeben zu können, daß es gelungen sei, die Größe der Wasserstoffblase in einer dramatischen Aktion zu verkleinern und daß auch die Temperatur des Reaktorkerns weiter sinke. Man glaube, über den Berg zu sein, betont Denton.

Gouverneur Richard Thornburgh fordert die Schulen auf, ihren Betrieb unverzüglich wiederaufzunehmen. Da die Schulbusse jedoch immer noch für den Fall einer Evakuierung blockiert sind, bleiben diese in der 8-km-Zone noch die ganze Woche geschlossen. So schwer es war, den Beamtenapparat auf Touren zu bringen, so schwer ist es jetzt, ihn wieder zu bremsen: Noch bis zum 4. April 1979 werden fast überall die Evakuierungsvorbereitungen weitergetrieben (51).

Am 9. April zieht Thornburgh offiziell seine Evakuierungsempfehlung für schwangere Frauen und Kleinkinder zurück: Die Gefahr sei vorüber, die Menschen sollten jetzt nach Hause zurückkehren.

Überall im Lande ist Erleichterung zu verspüren, wenngleich man den offiziellen Verlautbarungen noch immer mißtraut. In den darauffolgenden Tagen entspannt sich die Lage weiter.

Es scheint gelungen zu sein, das nukleare Desaster abzuwenden. Das Glück war mit den Kerntechnikern, deren unzählige Versuche, den Reaktor unter Kontrolle zu bringen, schließlich erfolgreich verliefen.

Und die Folgen?

Die Schätzungen über das Ausmaß der durch den Störfall freigesetzten Radioaktivität gehen sehr weit auseinander. Während die vom Präsidenten eingesetzte sogenannte *Kemeny-Kommission* zu einem Strahlendosiswert von 2000 man-rem für die Bevölkerung innerhalb eines Umkreises von 80 Kilometer um Three Mile Island kommt, errechneten andere Strahlen-Experten eine Gesamtbelastung von 64000 man-rem für diesen Bereich* (52). Umstritten ist auch die zu zusätzlichen Todesfällen durch Krebs führende Dosis; sie liegt zwischen 300 und 3000 man-rem. Eine nennenswerte Erhöhung der Krebsmortalität ist nach Ansicht der meisten Strahlenbiologen nicht zu erwarten.

Bis zum Jahresende 1979 befanden sich in der Anlage noch rund 60000 Kubikmeter verseuchte Luft und knapp vier Millionen Liter kontaminiertes Wasser (54). Für fast acht Millionen Mark wurde das Filtersystem EPICOR II angeschafft, um das Wasser zu entgiften. Für diese Reinigung werden voraussichtlich 25 Millionen Liter unverseuchtes Wasser und zudem etwa 700000 Kubikmeter reine Luft benötigt (55). Die Betreiber haben bereits die Befürchtung geäußert, daß mit steigendem Wasserstand lebenswichtige elektrische Geräte ausfallen könnten (56).

---

* Der Radiochemiker Chauncey Kepford fand heraus, daß das Ausbreitungsmodell der *Kemeny-Kommission* nicht mit den Witterungsbedingungen zwischen dem 28. 3. und 4. 4. übereinstimmte. Nach seiner Berechnung werden in der Umgebung etwa 200 Menschen mehr an Krebs sterben (53).

Prozentsätze der Befragten, die ihre Flucht begründeten mit...

	Abstand vom Reaktor in Three Mile Island			
	0–8 km	8–16 km	16–24 km	24 km-Umkreis
...Situation schien gefährlich	89	92	91	91
...Informationen über die Lage waren verwirrend	74	89	81	83
...die Kinder schützen	59	64	58	61
...die Schwangerschaft nicht gefährden	11	5	11	8
...um Durcheinander und Gefahr bei einer zwangsweisen Evakuierung zu umgehen	65	78	78	76
...Druck von jemandem außerhalb der Familie	27	25	31	28
...Reise war vor dem Störfall geplant	4	5	6	5

Prozentsätze der Befragten, die den Störfall von Three Mile Island als eine ernste Bedrohung (nicht als Gefahr) empfanden:

Entfernung	Norden	Osten	Süden	Westen	Gesamt für alle Richtungen
– 8 km	48 (16)	50 (13)	69 (7)	48 (12)	50 (14)
8–16 km	53 (10)	43 (16)	49 (10)	52 (7)	50 (11)
16–24 km	43 (12)	42 (19)	48 (10)	55 (10)	47 (11)
24–40 km	20 (32)	31 (12)	36 (12)	24 (33)	28 (21)
40–64 km	23 (29)	13 (26)	10 (26)	24 (18)	18 (24)
64 km und weiter	25 (33)	10 (57)	14 (41)	29 (52)	20 (42)
Gesamt für alle Entfernungen	47 (12)	43 (17)	49 (10)	53 (9)	48 (12)

Für insgesamt 148 Regelwidrigkeiten erhielt die *Metropolitan Edison Co.* von der Atomkommission *NRC* eine Geldbuße von rund 250 000 Mark aufgebrummt.

Der Gesamtschaden einschließlich der Wiederinstandsetzung der Anlage und der Aufwendungen der öffentlichen Hand werden mit annähernd drei Milliarden Mark beziffert (57).

Vier Jahre würde es voraussichtlich dauern, den Atommeiler zu reparieren. Ob er jemals wieder in Betrieb geht, ist noch völlig unsicher. Gegenwärtig wird eine Studie erarbeitet, die klären soll, ob es möglich ist, das Kraftwerk auf Kohle umzustellen.

Die zwölf Mitglieder der *Kemeny-Kommission*, die dem Präsidenten Bericht erstatteten, fordern in ihrem Abschlußbericht:

- keine Kernkraftwerke in der Nähe dicht besiedelter Regionen,

- keine Erteilung von Betriebslizenzen, bevor entsprechende Katastrophenschutz- und Evakuierungspläne für die Umgebung vorliegen,

- keine Baugenehmigungen und Lizenzen für neue Atomkraftwerke, bis zusätzliche, von der Kommission geforderte Sicherheitsvorkehrungen getroffen wurden und das Betriebspersonal besser ausgebildet worden ist,

- keine Betriebslizenzen über mehr als vier bis fünf Jahre.

In der Atomkommission *NRC* reagierte man prompt: Mindestens für die nächsten sechs Monate, eventuell sogar für die nächsten zwei Jahre sollen in den USA keine weiteren Kernreaktoren zugelassen werden. Außerdem erwägt man die Stillegung der Atomkraftwerke in der Nähe von Chicago und New York (56). Die Unterschrift unter eine entsprechende Anweisung war Joseph Hendries letzte Amtshandlung. Danach wurde er vom Präsidenten abgesetzt (58).

Anmerkungen

1) Office of Inspection and Enforcement, *U. S. Nuclear Regulatory Commission,* Investigation into the March 28, 1979 Three Mile Island Accident, Investigative Report No. 50–320/79–10, NUREG 0600, August 1979.

2) *President's Commission on the Accident at Three Mile Island (Kemeny Commission),* Report v. Oktober 1979, Washington D. C., S. 100, fortan als »Kemeny-Report« bezeichnet.

3) Hoyng, H. und Windmöller, E., »Das tödliche Risiko«, *stern* Nr. 15/1979, S. 61.

4) Three Mile Island Site Emergency Plan, *Metropolitan Edison Co.,* Am. 65, 11. Mai 1978, S. 13a/3.

5) Kemeny-Report, S. 32.

6) *Pennsylvania Emergency Management Agency,* Chronological Narrative of the Three Mile Island Incident, Harrisburg, August 1979, fortan als »Chronological Narrative« bezeichnet.

7) Three Mile Island Site Emergency Plan, *Metropolitan Edison Co.,* Am. 65, 11. Mai 1978, S. 13a/4.

8) Tirana, B. R., *Defense Civil Preparedness Agency,* »Statement Prepared for House Committee on Armed Services, Subcommittee on Military Installations and Facilities«, 17. Mai 1979.

9) Chronological Narrative, S. 3.

10 Chronological Narrative, S. 5.

11) Hearing Transcript, President's Commission on the Accident at Three Mile Island, 2. August 1979, S. 120.

12) Kemeny-Report, S. 107.

13) *Dauphin County Office of Emergency Preparedness,* Emergency Plan for Emergency Personnel in Communities near Three Mile Island Facility, Harrisburg, April 1978.

14) *Washington Post* v. 4. Oktober 1979.

15) *York County Emergency Operations Center,* York County Log of Events Pertaining to Three Mile Island, York, 28. März 1979, S. 1.

16) *Office of Inspection and Enforcement, U. S. Nuclear Regulatory Commission,* Preliminary Notification of Event or Unusual Occurence PNO-79-67A, Washington D. C., 29. März 1979.

17) Das »Inspection and Enforcement Bulletin« der *NRC* lautet für diesen Tag: »Es besteht die Möglichkeit, daß bei einer weiteren Druckverminderung und Ausdehnung der im Reaktor befindlichen Gasblase die Umlaufkühlung innerhalb des Reaktors unter-

brochen wird«; PNO-79-67C, v. 30. März 1979, siehe Anmerkung 16.

18) Kemeny-Report, S. 114.

19) PNO-79-67B, v. 30. März 1979, siehe Anmerkung 16; siehe auch Kemeny-Report, S. 115.

20) Vargo, M., *Pennsylvania Illustrated*, August 1979.

21) Kemeny-Report, S. 112.

22) Chronological Narrative, S. 5.

23) Kemeny-Report, S. 114.

24) Kemeny-Report, S. 116.

25) Kemeny-Report, S. 118.

26) *NRC*-Meeting Transcript v. 30. März 1979, hier in der deutschen Übersetzung zitiert nach *Der Spiegel* Nr. 18/1979, S. 221.

27) *NRC*-Meeting Transcript v. 30. März 1979, President's Commission on the Accident at Three Mile Island, 2. August 1979, S. 311.

28) Chronological Narrative, S. 5; siehe auch *Commitee on Government Operations*, Emergency Planning Around U. S. Nuclear Powerplants, NRC-Oversight Subcommittee, House Report 96-413, 96th Congress, 1st Session, Washington D. C., August 1979.

29) *NRC*-Meeting Transcript v. 30. März 1979, S. 14 und S. 28; hier in der deutschen Übersetzung zitiert nach *Der Spiegel* Nr. 18/1979, S. 221.

30) Hearing-Transcript, Kemeny-Commission, 2. August 1979, S. 99–101.

31) *Lancaster County Emergency Management Department*, Critique of the Three Mile Island Nuclear Emergency Period od Activities and Operations Lancaster, 30. März 1979.

32) York County Log, S. 1.

33) *Der Spiegel* Nr. 14/1979, S. 122.

34) *NRC*-Meeting Transcript v. 30. März 1979, S. 62; hier in der deutschen Übersetzung zitiert nach *Der Spiegel* Nr. 18/1979, S. 221.

35) ebenda S. 68.   36) ebenda S. 83–84.

37) Kemeny-Report, S. 124.

38) Kemeny-Report, S. 125.

39) Kemeny-Report, S. 130.

40) ebenda.

41) Hearing-Transcript, Kemeny-Commission, 19. Mai 1979, S. 111.

42) Kemeny-Report, S. 16.

43) York County Log, S. 3.

44) *Mountain West Research Inc.* und *Social Impact Research Inc.*, Three Mile Island Telephone Survey (Preliminary Report on Pro-

cedures and Findings), Report an die *NRC*, Post Licensing Studies of the Socioeconomic Impacts of Nuclear Power Stations (Contract NRC. 04-78-192), v. 24. September 1979.

45) Brief von Bradford, G., Millersville, an John Berger v. 25. September 1979.

46) Brief von Popkin, R. S., Assistant National Director, Disaster Service, *US Red Cross* , an John Berger v. 18. September 1979.

47) Hearing-Transcript, Kemeny-Commission, 19. Mai 1979, S. 62–63.

48) Bishop, M., Loyd, L. und Papiernik, R. L., »A Child's Fears: The Big Ball Killed Everybody«, Three Mile Island in Retrospect, *Philadelphia Inquirer* v. 8. 4. 1979.

49) Kemeny-Report, S. 134.

50) *New York Times* v. 7. Oktober 1979.

51) *Lancaster County Emergency Management Department*, Critique of the Three Mile Island Nuclear Emergency Period of Activities and Operations, Lancaster, 3.–7. April 1979.

52) Kemeny-Report, S. 12 und S. 31.

53) Kepford, C., »Lower Alloways Creek Township in Answer to Licensing Board's Question: Was Three Mile Island 2 a Class-9 Accident?«, Spent Fuel Expansion Licensing Proceedings, Salem 1 Nuclear Power Station, *NRC*, Washington D. C., 24. August 1979.

54) Burnham, D., »Three Mile Island Accident: A Cloud Over Atom Power«, *New York Times* v. 23. September 1979.

55) ebenda.

56) Schuh, H., »Harrisburg strahlt weiter aus«, *stern* 51/1979, S. 188; Eine von der *NRC* beauftragte Washingtoner Studiengruppe kommt sogar zu dem Ergebnis, daß allen amerikanischen Atomkraftwerken, in deren 50-km-Umgebung es keine effektiven Evakuierungspläne gibt, der Lizenzentzug angedroht werden sollte, *New York Times* v. 23. Dezember 1979, hier zitiert nach *dpa* v. 27. Dezember 1979.

57) Kemeny-Report, S. 32.

58) *Science* v. 21. Dezember 1979, S. 1380.

Jan Beyea

. . . dann müßte Hamburg evakuiert werden!

Neuorientierung der Katastrophenschutz-Planung nach den Erfahrungen von Three Mile Island.*

Die Politiker sind bisher immer davon ausgegangen, daß es niemals zu einer Freisetzung radioaktiver Stoffe in einem katastrophalen Umfang kommen kann. Doch angesichts des Störfalls von Three Mile Island und anderer Zwischenfälle in der Vergangenheit (zum Beispiel in Brown's Ferry, als durch ein Feuer das Sicherheitssystem des Reaktors lahmgelegt wurde), scheint es mehr als angebracht, umfangreiche Maßnahmen für den Ernstfall vorzubereiten. Dabei ergibt sich die Notwendigkeit von detaillierten Katastrophenplänen für Bereiche bis zu einem Umkreis von 50 Kilometer um den Reaktor. Selbst wenn der Bau weiterer Kernkraftwerke in der Bundesrepublik verhindert würde, ist in Anbetracht der immensen Investitionen, die auf dem Spiel stehen, die Stillegung aller bereits in Betrieb befindlichen Anlagen mehr als unwahrscheinlich. Aber für diesen Fall selbst müßten, solange es Kernkraftwerke in anderen Ländern Europas gibt, flächendeckende Katastrophenpläne ausgearbeitet werden, da sich die bei einem Unfall frei werdende Radioak-

* Dieser Beitrag basiert auf einer Studie, die der Autor unter Mitarbeit von Frank von Hippel an der *Princeton University* für den *President's Council on Environmental Quality* nach dem Störfall von Three Mile Island erstellt hat (1).

tivität über Hunderte von Kilometern über alle Grenzen hinweg ausbreiten könnte. Die bisherige Mentalität der Politiker in den USA wie anderswo ist von einer weitgehenden Ignoranz dieser Probleme gekennzeichnet, weil man meint, ein solches Ereignis könne wegen der hohen Sicherheitsvorschriften praktisch gar nicht eintreten. Aus diesem Grund wurden im Verhältnis zu den Aufwendungen für die Sicherheitstechnik (zur Vermeidung von Stör- und Unfällen) bislang zu wenig Mittel für die Katastrophenvorsorge bereitgestellt. Der Störfall von Three Mile Island hat jedoch bewiesen, daß es höchste Zeit ist, Katastrophenschutzvorsorge nicht nur – wie bisher – für die in der direkten Umgebung lebende Bevölkerung zu betreiben, sondern auch für Bereiche in einiger Entfernung vom Reaktor.

Die bei einem Reaktorunfall frei werdende Radioaktivität würde in Form unsichtbarer Teilchen, sogenannter Aerosol-Partikel, entweichen, in eine gewisse Höhe aufsteigen und dann durch den Wind auf die Erdoberfläche zurücktreiben. Obwohl man oft von einer »radioaktiven Wolke« spricht, ist diese Freisetzung der Radioaktivität unsichtbar, es sei denn, daß bei dem Unfall auch Wasserdampf entweiche.

Personen, die sich dort aufhalten, wo die Wolke die Erdoberfläche erreicht, könnten auf drei Arten einer radioaktiven Strahlung ausgesetzt sein:

● durch das Einatmen radioaktiver Partikel,
● durch die Strahlung der vorbeiziehenden Wolke (»Wolkenstrahlung«) und
● durch die Strahlung der Aerosol-Teilchen, die gleichsam auf den Boden und die Gebäude niederrieseln (»Bodenstrahlung«).

Die Bodenstrahlung wirkt dabei auch dann weiter, wenn die radioaktive Wolke längst vorbeigezogen ist. Durch die sich auf der Oberfläche ablagernden Teilchen könnte Radioaktivität in die Nahrungskette gelangen, so daß hier ein Verbot des Ver-

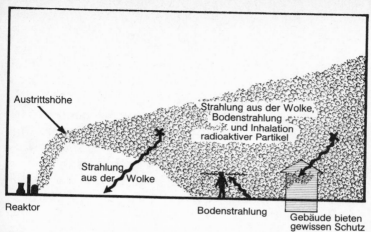

Bei einem Reaktorunfall und der Freisetzung von Radioaktivität wäre der Mensch durch die Strahlung aus der Wolke, die Bodenstrahlung und das Einatmen radioaktiver Partikel betroffen.

zehrs frisch geernteten Gemüses usw. angezeigt wäre. Langfristig gesehen würde sich die Bodenstrahlung durch »Verwehungen« über Jahre hinweg noch weiter ausbreiten. Diese Ausdehnung der radioaktiv kontaminierten Region könnte – obwohl sie nur einen kleinen Prozentsatz der insgesamt entwichenen Radioaktivität ausmacht – auch für die Bewohner angrenzender Gebiete Gefahren bedeuten. Mit anderen Worten: Hier müßte rechtzeitig eine Entseuchung des Bodens (Dekontamination) vorgenommen werden. Es dürfte auf jeden Fall genügend Zeit zur Verfügung stehen, um hinsichtlich der Langzeitgefahren Entscheidungen zu treffen, so daß hier eine vorsorgliche Detailplanung nicht erforderlich ist. Entscheidungskriterien sollten freilich schon jetzt erarbeitet, Entseuchungsmethoden entwickelt werden.

Obwohl die bei einem schweren Reaktorunfall freigesetzte Radioaktivität damit womöglich über Jahre hinweg ein Problem bleibt, spielt die akute Strahlungseinwirkung, das heißt während der ersten Tage, für den Katastrophenschutz zunächst die größte Rolle.

Dabei sind drei Hauptarten radioaktiver Stoffe von Bedeutung: Edelgase, Jod und Caesium. Die Strahlendosis der Edelgase ist nur unmittelbar nach der Freisetzung besorgniserregend, da diese Partikel nicht am Boden haften und nur in unbedeutender Menge vom Körper aufgenommen werden. Radioaktives Jod dagegen lagert sich sofort nach dem Einatmen vornehmlich in der Schilddrüse an und wird dort gespeichert. Es würde außerdem den Löwenanteil der Bodenstrahlung ausmachen, so daß alle geplanten Schutzmaßnahmen (im Hause verbleiben, Jodtabletten schlucken, Evakuieren) im wesentlichen auf die Strahlung der Jod- (und Tellur-)Partikel zurückzuführen sind. Bei einer hohen Dosis sind Frühschäden mit Todesfolge (innerhalb von 60 Tagen) zu erwarten. Radioaktives Caesium mit einer Halbwertszeit von etwa 30 Jahren wäre das dominierende Langzeitproblem der Bodenverseuchung.

Es kann nicht bezweifelt werden, daß es nach einem Reaktorunfall in einem Umkreis bis zu 30 Kilometer um die Anlage zu solchen Sofort-Todesfällen kommen kann, obwohl die Wahrscheinlichkeit in den äußeren Bereichen dieser Zone ziemlich gering und nur bei ungünstigen Wetterbedingungen zu erwarten ist. Bei einer Grenzdosis für Frühschäden mit Todesfolge von ungefähr 150 rem (bezogen auf den ganzen Körper), wäre sogar ein Unfall ohne einen einzigen Todesfall denkbar, äußerst günstige meteorologische Bedingungen, starker Wind, große Turbulenzen, kein Niederschlag, vorausgesetzt. Dann könnten große Mengen der freigesetzten Radioaktivität über den Nahbereich hinwegziehen, ohne daß die Dosis den Grenzwert erreicht. Sind die Witterungsverhältnisse dagegen schlecht (mäßiger Wind, geringe Turbulenzen, heftiger Niederschlag), kann die Strahlendosis auch noch außerhalb der 30-Kilometer-Zone über 150 rem liegen. Nach Untersuchungen der *U. S. Nuclear*

Regulatory Commission, der amerikanischen Atom-Aufsichtsbehörde, muß man Frühschäden mit Todesfolge bis zu einer Entfernung von höchstens 14 Kilometer vom Unfall-Reaktor erwarten (2). Rechnet man dies auch für extrem schlechte Wetterverhältnisse durch, dann sinkt die Wahrscheinlichkeit für das Eintreten von Soforttodesfällen zwar mit zunehmendem Abstand vom Kernkraftwerk; sie liegt dennoch beim Scheitern von Evakuierungsmaßnahmen auch bei einer Entfernung von 30 Kilometern nicht bei null, wobei die Voraussetzungen der *Reactor Safety Study (Rasmussen-Report)* noch sehr optimistisch sind. Freilich läßt sich über diese Fragen trefflich streiten, und man muß bezweifeln, ob es gegenwärtig überhaupt eine wissenschaftliche Übereinstimmung geben kann. Der Wert solcher Modellrechnungen ist allerdings unumstritten. Auch die *Barsebäck-Reaktorstudie* für die schwedische Energiebehörde (*Swedish Energy Commission*) kommt zu dem Ergebnis, daß selbst in erheblicher Entfernung vom Kernkraftwerk noch zahlreiche Sofort-Todesfälle möglich sind, wenn die Wahrscheinlichkeit dafür auch gering ist (3). Dies scheint keine Frage der Reaktor-Technologie, sondern ausschließlich der Meteorologie.

Hieraus darf indes auf keinen Fall die Konsequenz gezogen werden, man wäre außerhalb des 30-Kilometer-Areals grundsätzlich nicht betroffen. Im Gegenteil: Bis zu einem Umkreis von etwa 50 Kilometern sollte die Bevölkerung im Falle eines Unfalls so schnell wie möglich evakuiert werden, um Strahlendosen zu entgehen, die zwar nicht zu Frühschäden mit Todesfolge, ganz sicher aber zu Langzeit-Erkrankungen wie Krebs führen. Die Wahrscheinlichkeit einer großen Zahl von Todesfällen durch Krebs ist ohnehin viel größer als die vieler Soforttoter.

Da der größte Teil der Radioaktivität sehr weit durch die Luft getragen wird, ehe er sich auf der Erdoberfläche ablagert, würden die meisten gesundheitlichen Spätschäden nämlich in dem Bereich zwischen 30 und 50 Kilometer vom Reaktorgelände entfernt auftreten (1). Und dort wären, selbst bei einer inzwi-

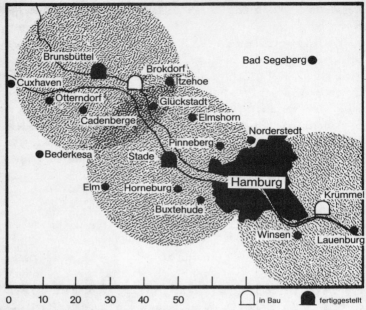

| 0 | 10 | 20 | 30 | 40 | 50 | ⌂ in Bau | ⬤ fertiggestellt |

Bei einem verheerenden Unfall im Reaktor Stade oder dem in Bau befindlichen Meiler in Krümmel müßte auch die Millionenstadt Hamburg evakuiert werden, um Langzeitschäden der in diesen Bereichen
lebenden Bewohner zu vermeiden.

schen stark abgeschwächten Strahlung, im dichtbesiedelten Europa viele Tausende Menschen betroffen. Bei einem Unfall in
den Kernkraftwerken Stade oder Krümmel zum Beispiel müßte
auch Hamburg evakuiert werden, wofür Pläne bislang nicht
existieren. Sollte die Räumung scheitern, wären hier sogar bei
idealen Wetterverhältnissen Hunderttausende von Schilddrüsen-Erkrankungen sowie Zehntausende von späteren Krebs-
Todesfällen zu erwarten (3, 4). Da demnach die Evakuierung,
die Flucht vor der radioaktiven Wolke, den bestmöglichen
Schutz selbst in dieser Entfernung vom Reaktor darstellt, ist ei-

ne sehr schnelle Information der Bevölkerung erforderlich. Sirenensignale müssen eingeübt werden, ihre unabhängige Energieversorgung muß für den Fall, daß durch den Reaktorunfall der Strom ausfällt, gewährleistet sein.

Über eine Entfernung von 50 Kilometern hinaus ist aufgrund der dort extrem niedrigen Strahlendosis mit gesundheitlichen Frühschäden und Sofort-Todesfällen nicht mehr zu rechnen. Dennoch sollte man diese Bereiche ebenfalls in den Katastrophenplanungen berücksichtigen, weil auch dort Spätschäden wie Krebs zu erwarten sind. Eine Evakuierung der Bevölkerung außerhalb der 50-Kilometer-Zone dürfte allerdings, vorsichtig formuliert, enorme Schwierigkeiten bereiten. So scheint es undenkbar, zum Beispiel im Falle eines Unfalls im Kernkraftwerk Indian Point auf Long Island, die ganze Stadt New York zu räumen. So erklärte auch der *NRC*-Experte Dr. Robert Ryan gegenüber der *Kemeny-Kommission*, er halte es für unsinnig, »ein Kernkraftwerk mit drei Einheiten am Hudson in Indian Point, 40 Meilen vom Times Square, 20 Meilen von der Bronx zu errichten. Wenn man einen 50-Meilen-Kreis zieht ... erhält man 21 Millionen Menschen. Das ist ein Alptraum vom Standpunkt der Notfallplanung aus gesehen.«

Zum Schutze der Bevölkerung in diesen Gegenden bieten sich folgende Alternativen an:

- Einnahme von Jodtabletten, die die Schilddrüse blockieren und so die Aufnahme radioaktiven Jods verhindern,
- Aufsuchen von Schutzräumen oder Gebäuden – Atmen durch Stofftücher, die man vor Mund und Nase hält, oder besser, durch Schutzmasken.

Umfassende logistische Planungen für diese Maßnahme sollten überall in der betroffenen Region ausgearbeitet werden, wobei zu wünschen ist, daß keine dieser Möglichkeiten voreilig verworfen wird, nur weil die Durchführung auf den ersten Blick eine Reihe von Problemen mit sich zu bringen scheint. Am sinnvollsten wäre sicherlich eine Kombination der drei Maß-

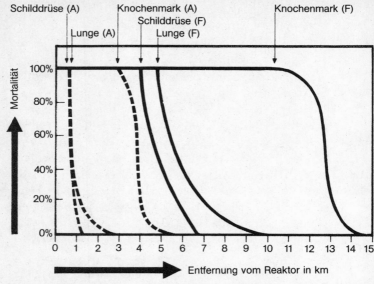

Schilddrüse (A)   Knochenmark (A)   Knochenmark (F)
    Lunge (A)   Schilddrüse (F)
                 Lunge (F)

Mortalität

Entfernung vom Reaktor in km

Abhängigkeit der Mortalitätsrate in Reaktornähe von der Strahlung, berechnet für zwei Wetterlagen (A: Windgeschwindigkeit 0,5 m/sec., F: Windgeschwindigkeit 2,0 m/sec.).

nahmen, wobei für die erfolgreiche Anwendung drei Voraussetzungen erfüllt sein müssen:

- Überwachung und Vorhersage über Position und Bewegung der radioaktiven Wolke,
- detaillierte Anweisungen an die Bevölkerung über Rundfunk und Fernsehen, und
- ein vorbereitetes Verteilungssystem für die Jodtabletten und Schutzmasken.

Dabei scheint die vorsorgliche Hinterlegung entsprechend formulierter Durchsagen bei den Rundfunk- und Fernsehstationen sowie die Verteilung der Tabletten in den Haushalten (Befesti-

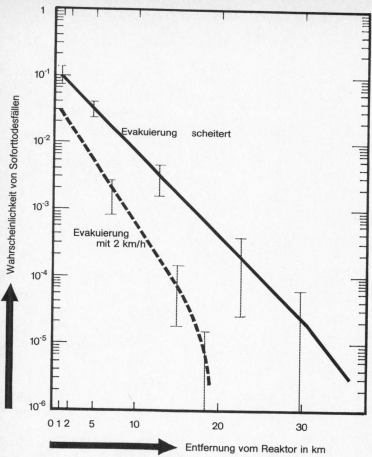

Die Grafik zeigt die Abhängigkeit der Auswirkungen eines Reaktorunfalls in der Umgebung des Atommeilers vom Erfolg der Evakuierungsmaßnahmen. Selbst eine geringe Evakuierungsgeschwindigkeit
von 2 kmh/ kann die Zahl der Soforttodesfälle erheblich reduzieren.

gung eventuell an allen Elektrizitätszählern oder Wasseruhren)
zweckmäßig.

All diese Maßnahmen gewährleisten natürlich keinen absoluten

Schutz bei einem Reaktorunfall. Sie können zudem die Strahlendosis nur reduzieren, jedoch nicht eliminieren. Es ist außerdem unwahrscheinlich, daß bei nichtvorsorglicher Verteilung (und womöglich selbst dann), allen Betroffenen Jodtabletten und Masken zur Verfügung stehen.

Dennoch: Durch Kaliumjodid-Tabletten, die man vor Erreichen der radioaktiven Wolke einnimmt, kann die Speicherung radioaktiven Jods um ein 10- bis 100faches herabgesetzt werden (1, 3, 4). Da dies die Zahl der Schilddrüsenschäden ganz erheblich reduzieren würde, wäre im Katastrophenfall sogar eine Verteilung innerhalb eines Areals von zumindest 150 Kilometern sinnvoll, zumal die Tabletten sehr preiswert sind: Die Anschaffung dürfte nicht mehr (und vermutlich viel weniger) als eine Mark pro Person und Jahr kosten (5). Selbst wenn die Tabletten niemals gebraucht würden, wäre dieser Großauftrag dennoch als eine Art »Versicherungsprämie« für Reaktorunfälle gerechtfertigt.

Da die Stadt New York wegen des bereits erwähnten Kernkraftwerkes Indian Point ebenfalls im Einzugsbereich einer solchen Jod-Prophylaxe läge, überprüft das *New York City's Bureau of Radiation Protection* gegenwärtig das Problem der Lagerung. Man hat inzwischen die Mittel für die Beschaffung von Jodtabletten für 20 Millionen Menschen bereitgestellt.

Der Bau von Schutzräumen in großen Gebäuden ist eine weitere Maßnahme, um den Menschen nach einem Reaktorunfall vor radioaktiver Strahlung zu schützen (6). Die Mauern der Häuser bieten einen gewissen Schutz vor sowohl der Wolkenstrahlung als auch der auf dem Boden abgelagerten Radioaktivität. Bei sachgerechter Vorbereitung und entsprechenden Durchsagen könnten die Betroffenen selbst geeignete Schutzräume aufsuchen (wie sie zum Beispiel in den USA zum Schutz vor dem radioaktiven Niederschlag nach Atomwaffen-Explosionen gebaut wurden [fallout shelter]).

Zwar würde die radioaktiv verseuchte Luft allmählich in die

nicht hermetisch abgeschlossenen Räume eindringen. Doch hier ergäbe sich ein Zeitgewinn zum Beispiel für die Vorbereitung von Evakuierungsmaßnahmen.

Zusätzlich zur Einnahme von Jodtabletten und dem Aufsuchen von Räumen innerhalb von Gebäuden oder gar Schutzräumen wäre es von Nutzen, wenn man durch einige Lagen Stofftücher atmen würde, solange die radioaktive Wolke vorüberzieht (und noch einige Stunden danach). Der Stoff könnte zumindest einen Teil der radioaktiven Aerosol-Partikel herausfiltern. Es liegt auf der Hand, daß wirksame Filter und leichte Masken konstruiert, hergestellt und verteilt werden sollten.

Es ist sicherlich schwierig, Aussagen über den Nutzen dieser ganzen Maßnahmen vornehmlich für weit vom Unfall-Reaktor entfernte Gebiete zu machen, in erster Linie deshalb, weil sich nicht vorhersehen läßt, wie viele Menschen die Anweisungen befolgen würden und könnten. Sollte es in Europa zu einem sogenannten Meltdown, also dem Schmelzen der Brennstäbe, und einem anschließenden Bersten des Sicherheitsbehälters kommen, sind jedoch durch die gezeigten Maßnahmen vermutlich 100000 Schilddrüsen-Erkrankungen sowie Zehntausende von Krebsfällen zu verhindern. Dazu allerdings ist eine Revision der bisherigen, nur für die unmittelbare Umgebung der Kernkraftwerke ausgelegten Katastrophenpläne unverzichtbar. Die Notwendigkeit dazu wird man in der Bundesrepublik hoffentlich noch vor und nicht erst nach einem Reaktorunfall einsehen.

Anmerkungen

1) Beyea, J. und von Hippel, F., »Some Long-Term Consequences of Hypothetical Major Releases of Radioactivity to the Atmosphere from Three Mile Island«, Report to the *President's Council on Environmental Quality*, 722 Jackson Place, N. W., Washington D. C. 20006 (1979).

2) *U. S. Nuclear Regulatory Commission*, »Reactor Safety Study«, (Washington, WASH-1400, 1975).

3) Beyea, J., »A Study of the Consequences of Hypothetical Reactor Accidents at Barsebäck«, *Swedish Energy Commission*, Report DsI 1978/5.

4) Lewis, H. W. et al., »Report to the American Physical Society by the Study Group on Light Water Reactor Safety«, *Revs. Mod. Phys.*, 47, S1, S. 108.

5) Der Preis von einer Mark basiert auf dem Angebot eines Herstellers, New York City mit Kaliumjodid-Tabletten zu versorgen, wobei diese in entsprechenden Abständen durch neue ersetzt werden sollen (persönl. Mitteilung Leonard Solon, Director, *Bureau of Radiation Protection*, New York City).

6) dazu siehe: Aldrich, D. C. und Ericson, D. M., »Public Protection Strategies in the Event of a Nuclear Reactor Accident: Multicompartment Ventilation Model for Shelter«, *Sandia Laboratories*, Albuquerque, New Mexico, Sand 77-1555 (1978).

Das *U. S. Department of Environmental Protection* hat sich ebenfalls mit dem Schutz in geschlossenen Räumen befaßt: »Protective Action Evaluation as Protective Actions Against Nuclear Accidents Involving Gaseous Releases«, Teil 1 und 2, EPA 520/1-78-001, A und B.

Unfallfolgenmodell für Fessenheim durchgerechnet

Wenige Meter hinter der Grenze südlich von Breisach steht auf der französischen Rheinseite das Kernkraftwerk Fessenheim. Jan Beyea hat mit Hilfe eines Computer-Programms ein Unfallfolgenmodell aufgestellt und damit u. a. die zu erwartenden Strahlendosen nach einem »Meltdown« (Kernschmelze) in einem der beiden 930 MWe Druckwasserreaktoren von Fessenheim in Entfernung zwischen fünf und 50 Kilometern in Windrichtung berechnet (1). Danach müßten bei einem Unfall u. U. auch weite Teile Südwestdeutschlands evakuiert werden.

Die Dosisschätzungen sind angegeben für jeweils vier verschiedene Evakuierungsbedingungen:

1. Bestrahlung aus der vorüberziehenden radioaktiven Wolke,
2. sofortige Evakuierung, dabei insgesamt vierstündige Aufenthaltsdauer auf verseuchtem Gelände außerhalb von Gebäuden; auch ein Abschirmeffekt von PKWs wurde berücksichtigt (0,43–0,77),
3. vierstündiger Aufenthalt in Gebäuden (Abschirmfaktor 0,1–0,3), danach Evakuierung wie 2.,
4. zwanzigstündiger Aufenthalt in Gebäuden, danach Evakuierung wie 2.

Die Strahlendosen sind berechnet für sechs verschiedene angenommene Wetterklassen (A bis F) mit je fünf unterschiedlichen Windgeschwindigkeiten (0,5 bis 12 Meter pro Sekunde).

Die Dosen sind für drei Körperorgane angegeben:

- Ganzkörper (entscheidend für Frühschäden ist das Knochenmark)
- Schilddrüse
- Lunge (Dosis innerhalb 30 Jahre nach der Einatmung der radioaktiven Stoffe)

1) Kollert, R., *Öko-Institut*, Freiburg, 1979.

Drei verschiedene Freisetzungshöhen der radioaktiven Wolke aus dem Reaktorgebäude, die an den Annahmen des *Rasmussen-Reports* orientiert sind, werden berücksichtigt. Angegeben ist in den Tabellen jeweils ein Schätzbereich zwischen Minimal- und Maximaldosis; der Schwankungsbereich berücksichtigt Unsicherheiten hinsichtlich Aerosolablagerungsgeschwindigkeit, Abschirmwirkung von Gebäuden und Fahrzeugen.

Beispiel:

Kernschmelzunfall in Fessenheim: etwa der halbe Reaktorkern ist geschmolzen, beim Kontakt der Schmelze mit dem im Druckkessel noch unterhalb befindlichen Wasser kommt eine Dampfexplosion zustande, die den Druckkessel zum Bersten bringt. Die Sicherheits-Stahlhülle des Reaktorgebäudes wird durch weggeschleuderte Stahlteile verletzt. Freigesetzt werden 2,5 Stunden nach Unfallbeginn an radioaktiven Stoffen:
90% der enthaltenen Edelgase,
70% des Jodinventars,
40% des Caesium-Rubidium-Inventars,
diverse schwer flüchtige Aerosolteile

Im Fall der häufigen Wetterlage D mit mittlerer Windgeschwindigkeit treten selbst beim günstigen Evakuierungsfall 2 (sofortige Evakuierung) in 10 km Entfernung in Windrichtung Dosen auf, die einen Verbleib in den Häusern vor Ort ausschließen. (Die *Rahmenempfehlungen* des *Bundesministerium des Innern* für den Katastrophenschutz halten bei Strahlendosen von 25–100 rem – bei einigen Stunden Aufenthalt im Freien – eine Evakuierung für zweckmäßig, bei Dosen über 100 rem für erforderlich).
Beim ungünstigen Evakuierungsfall 4 treten noch in 30 km Entfernung Dosisbelastungen (bis 200 rem) auf, die bei einem Teil der Betroffenen innerhalb von einigen Wochen zum Tod führen können.
Die Schilddrüse wird durch Inhalation aus der vorüberziehenden Wolke so stark belastet, daß (nach den *BMI*-Richtlinien) bis 50 km und mehr die Einnahme von Jodtabletten ein bis eineinhalb Stunden vor dem Eintreffen der Wolke erforderlich ist (*BMI*: bei Dosen größer als 500 rem). Eine Maßnahme, deren Gelingen höchst fragwürdig ist.
Im Fall der ungünstigen Wetterlage mit schwachem Wind sind Do-

(1) Wetterklasse D (Nacht bedeckt), Windgeschwindigkeit 4 $\frac{m}{s}$, mittlere Freisetzungshöhe

Ganzkörperdosis (Knochenmark) in Rem

Entfernung in km	Evakuierungsfall			
	1	2	3	4
5	103–177	190–1390	193–1890	200–3900
10	87– 82	88– 333	90– 448	95– 910
20	6– 35	27– 81	43– 106	40– 207
30	2– 20	7– 37	9– 47	13– 89

Schilddrüsendosis in Rem

Entfernung in km	Evakuierungsfall			
	1	2	3	4
5	10 000	nicht wesentlich höher		
10	4 000	nicht wesentlich höher		
20	550–6000	nicht wesentlich höher		
30	134–3370	nicht wesentlich höher		
40	44–2226	nicht wesentlich höher		
50	17–1600	nicht wesentlich höher		

sisbelastungen zu erwarten, die selbst bis 50 km Entfernung eine Evakuierung dringend raten lassen (bei dem in ein solch weitreichenden Verseuchungsgebiet wegen der großen betroffenen Bevölkerungszahl realistischen Evakuierungsfall 4 sind in 50 km Entfernung bis zu 120 rem Ganzkörper-Strahlendosis zu erwarten. Die Schilddrüsendosen sind noch in 50 km Entfernung so außerordentlich hoch (einige tausend rem), daß dort – sofern eine rechtzeitige Jodtablettenverteilung vor dem Eintreffen der radioaktiven Wolke mißlingt – ein hoher Prozentsatz an Schilddrüsen-Schäden zu erwarten ist. Das Beyea-Modell hat für die Notfallplanung von Fessenheim große Bedeutung: Im Ernstfall können die Informationen über die Freisetzungshöhe in vielen Fällen durch Augenzeugenberichte über die Höhe der von außerhalb sichtbaren Dampfwolke

(2) Wetterklasse F (klare Nacht), Windgeschwindigkeit $2\frac{m}{s}$, niedere Freisetzungshöhe (50 km)

Ganzkörperdosis (Knochenmark) in Rem

Entfernung in km	Evakuierungsfall 1	2	3	4
5	678–758	827–1774	843–2202	907–3900
10	350–474	516– 891	526–1102	565–1997
20	121–239	219– 311	242– 376	285– 639
30	53–149	93– 173	103– 193	140– 298
40	27–104	46– 120	50– 127	67– 177
50	15– 77	25– 89	27– 94	35– 120

Schilddrüsendosis in Rem

Entfernung in km	Evakuierungsfall 1	2	3	4
5	> 10 000	nicht wesentlich höher		
10	10 000	nicht wesentlich höher		
20	10 000	nicht wesentlich höher		
30	10 000	nicht wesentlich höher		
40	5000–10 000	nicht wesentlich höher		
50	2500–10 000	nicht wesentlich höher		

über dem Reaktor gewonnen werden. Die Wetterbedingungen sind vom Deutschen Wetterdienst, Freiburg, abrufbar. Der Dosiskatalog kann der Katastrophenschutzbehörde damit im Ernstfall als Planungsgrundlage für notwendige Evakuierungsmaßnahmen im ganzen südwestdeutschen Raum dienen.

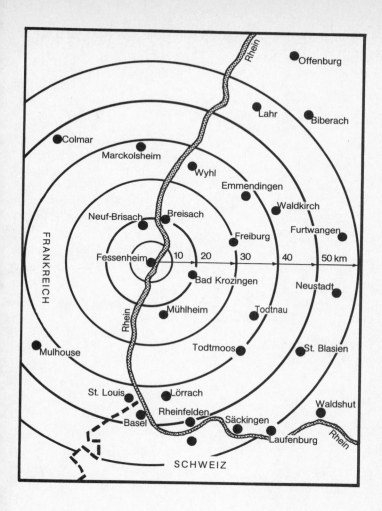

Ein Unfall im französischen Kernkraftwerk Fessenheim hätte unter Umständen auch für den südwestdeutschen Raum erhebliche Konsequenzen. Es sind daher Evakuierungspläne mindestens für einen Umkreis von 30 Kilometern, besser noch: 50 Kilometern zu fordern.

Hans-Jürgen Danzmann

Lassen sich Reaktorunfälle berechnen?

Ergebnisse der Deutschen Risikostudie

Die nicht auszuschließende Möglichkeit nuklearer Großschäden rechtfertigt die Durchführung sogenannter Risikostudien, also die Quantifizierung von Risiken hinsichtlich der Komponenten Wahrscheinlichkeit und Schadensausmaß. Als erste umfassende Arbeit dieser Art erschien 1975 in den Vereinigten Staaten der von der *US Nuclear Regulatory Commission* (*NRC*) herausgegebene Bericht *WASH-1400* von Professor Norman Rasmussen, der für die amerikanischen Kernkraftwerke eine systematische Einordnung aller Unfalltypen vornimmt (1). Nach diesem Bericht ist – pauschal gesehen – das Unfallrisiko durch Kernkraftwerke gering gegenüber anderen zivilisatorischen und naturbedingten Risiken einzuschätzen.

Nach Erscheinen und auch in den darauffolgenden Jahren wurde die *Rasmussen-Studie* von verschiedensten Seiten einer Beurteilung unterzogen, die häufig recht kritisch ausfiel. Die Einzelkritik war oft berechtigt, doch darf nicht übersehen werden, daß mit dieser Studie eine echte Pionierarbeit bei der Risikoquantifizierung geleistet wurde, wobei Umfang und Systematik (aber leider auch die Unübersichtlichkeit) beispiellos waren. Sehr deutliche und sehr fundierte Kritik wurde 1978 von einer von der *NRC* eingesetzten Arbeitsgruppe um Professor Harold Lewis vorgetragen (2). Die wesentlichen Vorwürfe, deren Berechtigung inzwischen allgemein anerkannt wird, betreffen die zu schmale Datenbasis und die zu niedrig angegebenen Unsicherheitsmargen bei den Ergebnissen. Ausdrücklich anerkannt und für Risikobetrachtungen auch anderer Gefährdungsbereiche empfohlen wurde von der Lewis-Gruppe die in *WASH-1400* verwendete Methodik.

Die positive Methodenkritik bedeutete angesichts der vielen ablehnenden Stellungnahmen zum *Rasmussen-Bericht* aus jüngster Zeit eine Bestätigung für die Mitarbeiter an der *Deutschen Risikostudie* für Kernkraftwerke, die sich in ihrer Phase A weitgehend der Grundannahmen und Methoden der amerikanischen Studie bediente (3). Diese *Deutsche Risikostudie* entstand zum einen aus der grundsätzlichen Frage nach dem Störfallrisiko deutscher Kernkraftwerke für die Bevölkerung in der Bundesrepublik, zum andern aus der sich bei erreichtem Kenntnisstand ergebenden Frage, inwieweit die Ergebnisse der amerikanischen Studie auf deutsche Verhältnisse übertragen werden können. Es wird zwar in den Vereinigten Staaten und in der Bundesrepublik zur kommerziellen Stromerzeugung mit dem Leichtwasserreaktor ein technisch weitgehend gleicher Anlagentyp eingesetzt, doch gibt es eine Reihe von Gründen, die eine unmittelbare Übertragung der amerikanischen Ergebnisse auf deutsche Verhältnisse nicht zulassen. Vor allem zwei Gesichtspunkte müssen hier genannt werden:

- Im anlagentechnischen Aufbau gibt es an etlichen Stellen Unterschiede zwischen den betrachteten amerikanischen Referenzanlagen und deutschen Anlagen. Für die vergleichende Risikobetrachtung relevant sind vor allem die Unterschiede in Aufbau und Funktion der Sicherheitseinrichtungen.
- Die Bevölkerungsdichte ist in der Bundesrepublik erheblich höher als in den Vereinigten Staaten. Die mittlere Dichte ist etwa elfmal so groß, in der näheren Umgebung von Reaktorstandorten beträgt das Verhältnis noch etwa 3:1.

Beide Aspekte stellen risikobestimmende Faktoren dar und machen zum Zwecke der Quantifizierung eigene Untersuchungen erforderlich. Dies wurde rasch erkannt; etwa ein halbes Jahr

Wie wird das Risiko bestimmt?

Die Frage nach den Gefahren durch die Kernenergie ist zunächst qualitativ beantwortbar. Nach der Darstellung der Sicherheitseinrichtungen von Kernkraftwerken in ihren verschiedenen Ebenen, Staffelungen und Mehrfachauslegungen kann das mögliche Versagen einzelner und schließlich mehrerer Komponenten und Systeme beschrieben werden, das schließlich zu einer Gefährdung der Umgebung führen kann. Die Kenntnis von Schadensmechanismen und ihre möglichst erschöpfende Behandlung in einer Störfallanalyse ist dabei die erste Stufe zur Erkennung und systematischen Darstellung des Risikos. Das Verfahren der Störfallanalyse ist deterministisch, d. h. bestimmte Versagensabläufe werden als faktisch eingetreten unterstellt und ihre Auswirkungen auf die Anlage untersucht. Derartige Untersuchungen werden im Rahmen des atomrechtlichen Genehmigungsverfahrens für jede kerntechnische Anlage gefordert. Gefordert wird gleichzeitig – dies ist für die Bevölkerung relevant – als Teil der nach dem Atomgesetz entsprechend dem »Stand von Wissenschaft und Technik« zu treffenden Vorsorge der Nachweis, daß diese Störfälle beherrscht werden.

Bis zu diesem Punkt erscheint das Sicherheitskonzept perfekt, und gäbe es keine weiteren Komplikationen, wäre die Auseinandersetzung mit der Reaktorsicherheit ein rein akademisches Vergnügen. Sie ist es indessen nicht, denn auch die Kernenergie erfüllt uns nicht den Wunsch nach einer völlig gefahrlosen Technik.

Das deterministische Konzept der sogenannten »Auslegungsstörfälle« besagt, daß auftretende Störfälle durch die Sicherheitseinrichtungen beherrscht werden müssen. Einem möglichen Versagen dieser Sicherheitseinrichtungen wird dadurch vorgebeugt, daß ihre Auslegung mehrfach (redundant) und nach verschiedenen physikalischen Prinzipien arbeitend (diversitär) erfolgt. Das gleichzeitige Versagen der redundanten Sicherheitseinrichtungen wird nun als so unwahrscheinlich angesehen, daß es nicht mehr in der Auslegung berücksichtigt wird (»ist nach menschlichem Ermessen« auszuschließen). Mit anderen Worten: Auch das deterministische Konzept ist ohne Wahrscheinlichkeitsbetrachtung nicht möglich.

Es werden also Unfälle, deren Eintrittswahrscheinlichkeit im Bereich des Hypothetischen liegt, nicht mehr berücksichtigt. Auch diese Tatsache wäre nur von akademischem Interesse, handelte es sich bei den extrem unwahrscheinlichen Unfällen lediglich um eine

Kuriositätensammlung ohne sicherheitstechnische Relevanz. Indessen zeigt die Erfahrung im Bereich technischer Gefahren, daß in der Regel die Eintrittswahrscheinlichkeit von Schäden sich umgekehrt proportional zum Schadensausmaß verhält; unter den unwahrscheinlichsten Ereignissen rangieren die schwerwiegendsten.

Es hat nun nicht daran gefehlt, außerhalb atomrechtlicher Genehmigungsverfahren Überlegungen zu Wahrscheinlichkeit, Entstehung und Auswirkung schwerer Reaktorunfälle, die über die Auslegungsstörfälle hinausgehen, anzustellen. Bereits recht frühzeitig (in den fünfziger und sechziger Jahren) wurden – vor allem in den Vereinigten Staaten und in Großbritannien – Versuche unternommen, die Auswirkungen solch schwerer Unfälle abzuschätzen. Dies waren erste Ansätze, dem Kernkraftwerksrisiko auf die Spur zu kommen, aber keine Risikobetrachtungen. Risikostudien müssen unabdingbar zwei Einflußgrößen berücksichtigen: die Eintrittswahrscheinlichkeit eines Schadens und das Schadensausmaß (das Produkt aus beiden wird als »Risiko« definiert).

Das gleiche Risiko kann somit im Extremfall durch zwei ganz unterschiedliche Anteile bestimmt sein: Kleiner Schaden und große Eintrittswahrscheinlichkeit oder großer Schaden und kleine Eintrittswahrscheinlichkeit. Damit ist freilich noch nichts über die Risikoerkennung (»Perzeption«) und Bewertung durch die Bevölkerung ausgesagt. Großschäden werden im allgemeinen, auch wenn sie extrem unwahrscheinlich sind, für erheblich schwerwiegender angesehen als häufige Schäden begrenzten Ausmaßes. So wird das Risiko, durch einen Autounfall ums Leben zu kommen, wesentlich anders eingestuft als jenes, durch eine nukleare Katastrophe zu sterben.

Die *Berechnung* von Risiken ist Sache von Naturwissenschaftlern und Technikern, die *Bewertung* dagegen muß die den Risiken ausgesetzte Bevölkerung samt ihren politischen Entscheidungsträgern selbst vornehmen. Außerordentlich wichtig ist dazu eine naturwissenschaftlich-didaktische Schulung, um Risikoanalysen verstehen zu können und besonders das Denken in Wahrscheinlichkeitsbegriffen zu lernen. Die Risikobewertung durch die Bevölkerung wiederum zu bewerten, ist Aufgabe von Psychologen und Soziologen.

Hans-Jürgen Danzmann

nach Erscheinen des *Rasmussen-Berichts* erteilte das Bundesforschungsministerium den Auftrag für eine eigene deutsche Studie – im Zusammenhang und als Teil des Forschungsprogramms Reaktorsicherheit. Hauptauftragnehmer war die *Gesellschaft für Reaktorsicherheit* in Köln, die wissenschaftliche Leitung aller durchzuführenden Arbeiten lag bei ihrem Geschäftsführer Professor Adolf Birkhofer. Die *Gesellschaft für Reaktorsicherheit* erstellte die Ereignisablauf- und Fehlerbaumanalysen für die untersuchten Unfälle und führte die Beschreibung der Kernschmelzunfälle und die Ermittlung der Aktivitätsfreisetzungen durch. Weitere für wesentliche Teilaufgaben herangezogene Institutionen waren das *Kernforschungszentrum Karlsruhe* (Erstellung des Unfallfolgenmodells, Durchführung der Unfallfolgenrechnungen, wobei das *Institut für Unfallforschung* des *Technischen Überwachungs-Vereins Rheinland* in Köln Beiträge zum Modell der Schutz- und Gegenmaßnahmen leistete) und die *Gesellschaft für Strahlen- und Umweltforschung* in Neuherberg bei München (Festlegung der Dosis-Wirkungs- und Dosis-Risiko-Beziehungen).

Die Zielsetzungen der *Deutschen Risikostudie* lassen sich wie folgt zusammenfassen:

- Es galt, das Risiko zu ermitteln, das mit Unfällen in Kernkraftwerken für die deutsche Bevölkerung verbunden ist.
- Die Ergebnisse sollten eine Beurteilung der Unterschiede in Anlagentechnik und Standortverhältnissen zwischen amerikanischen und deutschen Kernkraftwerken ermöglichen.
- Es ist beabsichtigt, durch die Studie wesentliche Schwerpunkte bei der weiteren Planung von Forschungs- und Entwicklungsvorhaben auf dem Gebiet der Reaktorsicherheit festzulegen.

Darüber hinaus gab die Studie ganz allgemein Gelegenheit, Methoden der Wahrscheinlichkeitsberechnung zur Sicherheitsbeurteilung zu erproben.

Für die anlagentechnischen Untersuchungen wurde eine repräsentative, in Betrieb befindliche Anlage der 1300-Megawatt-Klasse mit Druckwasserreaktor ausgewählt. Als Referenzanlage diente hierbei Biblis B. Zur Risikoermittlung wurden alle Standorte in der Bundesrepublik berücksichtigt, an denen am 1. Juli 1977 Kernkraftwerke mit Leichtwasserreaktor der Leistung von mindestens 600 Megawatt in Betrieb, im Bau oder im Genehmigungsverfahren waren. Das bedeutet, daß 19 Standorte mit insgesamt 25 Reaktorblöcken berücksichtigt wurden. Da das gesamte Risiko durch Unfälle aus 25 Anlagen erst dann voll zum Tragen kommt, wenn all diese Kernkraftwerke in Betrieb sind, entwickelte die Studie für das Risiko ein Zukunftsszenario.

Der weitreichenden Zielsetzung entsprechend wurde die *Deutsche Risikostudie* in zwei Arbeitsphasen (Phase A und Phase B) gegliedert.

In der Phase A wurden weitgehend die Grundannahmen und Methoden der *Rasmussen-Studie* übernommen. Für die Phase B, die vor allem zur Vertiefung einzelner Problemstellungen vorgesehen ist, sollen verstärkt methodische Weiterentwicklungen und neuere Ergebnisse der Reaktorsicherheitsforschung berücksichtigt werden. Auf Wunsch der Bundesregierung sollen noch weitere Institutionen und Gruppierungen in der Phase B mitarbeiten.

Alle zwei Milliarden Jahre 14 500 Soforttote

Nach den Berechnungen des *Rasmussen-Berichts* wie der *Deutschen Risikostudie* (und verschiedenster Einzeluntersuchungen) führen Kernschmelzunfälle (also Kühlmittelverluststörfälle mit Versagen der Notkühlung, wodurch es zum Schmelzen des Reaktorkerns kommt, sowie sog. Transienten mit gleicher Folge) zu einem Austritt radioaktiver Stoffe nach außen; in geringerem Maße gilt dies auch für beherrschte Kühlmittelverluststörfälle (also mit funktionierender Notkühlung), wenn der den Reaktor umgebende Sicherheitsbehälter keinen vollständigen Abschluß nach außen gewährleistet. Die Aktivitätsfreisetzung ist je nach Unfalltyp höchst unterschiedlich. Bei Durchführung wirksamer Notfallschutzmaßnahmen sind in über 99 % aller Kernschmelzunfälle keine akuten Todesfälle zu erwarten; das verbleibende Prozent liefert allerdings ein Schadensspektrum, in dem auch erhebliche Umgebungsauswirkungen und Sofortschäden vorkommen.

Bei der Unfallfolgenermittlung wurden für die verschiedenen Unfalltypen im ersten Schritt Dosiswerte berechnet, die Personen bei ununterbrochenem Aufenthalt im Freien über die relevanten Expositionspfade erhalten würden. Diese als »potentielle Dosen« bezeichneten Werte lieferten die Kriterien für die bedarfsweise zu ergreifenden Gegenmaßnahmen: Umsiedlung, Dekontamination und zeitweiliges Verbot des Verzehrs lokal erzeugter landwirtschaftlicher Produkte.

Im einzelnen wurde an potentiellen Strahlendosen berechnet

- für die Frühschäden (Tod durch akutes Strahlensyndrom) die Kurzzeit-Knochenmark-Dosis infolge externer Bestrahlung durch die am Boden abgelagerte Aktivität während der ersten sieben Tage nach Unfallbeginn,
- für die somatischen Spätschäden (Tod durch Leukämie und Krebs) und die genetische Belastung die Ganzkörper-Dosis infolge externer Bestrahlung durch am Boden abgelagerte Aktivität während der ersten 30 Jahre nach Unfallbeginn und die Ganzkörper-, Knochenmark- und Schilddrüsen-Dosis infolge interner Bestrahlung durch die mit den Nahrungsmitteln aufgenommene Aktivität während der ersten 50 Jahre nach Unfallbeginn.

Im zweiten Schritt wurden die Dosen berechnet, die Personen unter Berücksichtigung der Schutz- und Gegenmaßnahmen erhalten würden. Die Studie bezeichnet sie als »zu erwartende Dosen«. Sie wurden in das Schadensmodell eingesetzt, in dem unter Zugrundelegen von Dosis-Wirkungs-Beziehungen der Umfang der Frühschäden und unter Zugrundelegen von Dosis-Risiko-Beziehungen der Umfang der somatischen Spätschäden ermittelt wurde. Die genetische Belastung wurde in Form der genetisch signifikanten Dosis (Gonaden-Dosis) ausgedrückt.

An zu erwartenden Strahlendosen wurde für die Frühschäden berechnet die Kurzzeit-Knochenmarkdosis infolge

- externer Bestrahlung durch die Aktivität der Abluftfahne,
- externer Bestrahlung durch die am Boden abgelagerte Aktivität während der ersten sieben Tage nach Unfallbeginn,
- interner Bestrahlung durch die mit der Atemluft aufgenommene Aktivität der Abluftfahne während der ersten 30 Tage nach Unfallbeginn.

Für die somatischen Spätschäden berücksichtigte man die Dosen für Knochenmark, Knochenoberfläche, Lunge, Schilddrüse, Brust und Restkörper, aufsummiert für alle aus der Aktivitätsfreisetzung in die Atmosphäre resultierenden Belastungspfade und unter Berücksichtigung sowohl der unmittelbar betroffenen Bevölkerung als auch der nach dem Unfall geborenen Personen. Für die genetische Belastung wurde die genetisch signifikante Dosis analog umfassend berechnet.

Die in der *Deutschen Risikostudie* verwandte Dosis-Wirkungs-Beziehung für Frühschäden berücksichtigt, daß Teile der Bevölkerung eine erhöhte Strahlenempfindlichkeit besitzen, bedingt etwa durch Verletzungen, Operationen, chronische Infektionen, Magen- und Darmerkrankungen oder Schwangerschaft. Für diesen höher sensibilisierten Bevölkerungsanteil, der 10 % betragen kann, wurde eine mittlere letale Strahlendosis von 340 rad zugrunde gelegt. Für die Gesamtbevölkerung ergibt sich damit eine Dosis-Wirkungs-Kurve, deren Schwellenwert (Beginn der biologischen Wirkung) bei 100 rad, 50 %-Mortalität bei 510 rad und 99 %-Mortalität bei 770 rad liegt.

Für die somatischen Spätschäden wurde in Anlehnung an die Empfehlungen der *Internationalen Strahlenschutzkommission*

Freisetzungskategorie	Beschreibung	Eintrittshäufigkeit pro Jahr
FK 1	Kernschmelzen mit Dampfexplosion	$2 \cdot 10^{-6}$
FK 2	Kernschmelzen, großes Leck im Sicherheitsbehälter ($\varnothing$ 300 mm)	$6 \cdot 10^{-7}$
FK 3	Kernschmelzen, mittleres Leck im Sicherheitsbehälter ($\varnothing$ 80 mm)	$6 \cdot 10^{-7}$
FK 4	Kernschmelzen, kleines Leck im Sicherheitsbehälter ($\varnothing$ 25 mm)	$3 \cdot 10^{-6}$
FK 5	Kernschmelzen, Überdruckversagen, Ausfall der Störfallfilter	$2 \cdot 10^{-5}$
FK 6	Kernschmelzen, Überdruckversagen	$7 \cdot 10^{-5}$
FK 7	Beherrschter Kühlmittelverluststörfall, großes Leck im Sicherheitsbehälter	$1 \cdot 10^{-4}$
FK 8	Beherrschter Kühlmittelverluststörfall	$1 \cdot 10^{-3}$

(*ICRP*) von 1977 eine rein proportionale Dosis-Risiko-Beziehung verwandt, die keinen Schwellenwert hat (d. h. es wird unterstellt, daß selbst kleinste Dosen eine biologische Wirkung haben) und die einem Risikofaktor von $1{,}25 \times 10^{-4}$/rem entspricht (d. h. von 8000 Personen, die eine Strahlendosis von 1 rem empfangen haben, stirbt hieran im Mittel eine) (4). Es wird dabei von den Beobachtungen bei hohen Dosen auf das mit kleinen Dosen verbundene Risiko extrapoliert; das reale Risiko dürfte damit überschätzt sein.

Verschiedene Unfallabläufe führen z. T. zu ähnlichen Aktivitätsfreisetzungen. In der *Deutschen Risikostudie* wurden deshalb die Unfallabläufe zu acht Freisetzungskategorien zusammengefaßt, die die gesamte Spannweite möglicher Freisetzun-

gen abdecken sollen. Für die Ermittlung der Unfallfolgen wurden 115 mehrstündige Wetterabläufe betrachtet, womit alle möglichen Wetterabläufe hinreichend repräsentiert sein dürfen. Von diesen Wetterabläufen wurde angenommen, daß sie in jeder der vorgegebenen 36 Windrichtungen (also 10°-Sektoren) mit gleicher Wahrscheinlichkeit auftreten. Da die Ausbreitungsrechnungen auf die vorgegebene Zahl von 19 Standorten mit den zugehörigen Bevölkerungsverteilungen bzw. von 25 Reaktorblöcken angewandt wurden, ergaben sich insgesamt $8 \times 115 \times 36 \times 19 = 629\,280$ »Freisetzungskategorie-Wetterablauf-Windrichtung-Standort«-Kombinationen bzw. $8 \times 115 \times 36 \times 25 = 828\,000$ »Freisetzungskategorie-Wetterablauf-Windrichtung-Reaktorblock«-Kombinationen. Die Ergebnisse der Unfallfolgenrechnungen mußten ihrerseits mit der Eintrittshäufigkeit f_{FK} der verschiedenen Freisetzungskategorien kombiniert werden. In Anlehnung an den *Rasmussen-Bericht* wurden in der deutschen Studie die Unfallauswirkungen durch folgende künstliche Annahme auf einen Bereich bis 2500 km Entfernung beschränkt: Für die bis zu einer Entfernung von 540 km noch nicht abgelagerten aerosolförmigen Spaltprodukte wurde unterstellt, daß sie vollständig auf einem Kreisring mit dem äußeren Radius von 2500 km niedergehen. Dadurch wurde eine Unterschätzung der Folgen vermieden. Für die Entfernung bis 80 km legte man die standortspezifischen Bevölkerungszahlen zugrunde, für Entfernungen zwischen 80 und 540 km (im wesentlichen Mitteleuropa) 250 Einwohner/km², da sich in diesem Bereich lokale oder regionale Unterschiede nicht mehr wesentlich auf die Untersuchungsergebnisse auswirken. Jenseits dieses Umkreises bis zur Entfernung von 2500 km wurde wegen zahlreicher dünn besiedelter Gebiete und großer Wasserflächen von einer mittleren Bevölkerungsdichte von 25 Einwohnern/km² ausgegangen. Die Festlegung der Zonen-Radien erfolgte in Anlehnung an die *Rasmussen-Studie*.
Aus den Rechenergebnissen der *Deutschen Risikostudie* erhält

man über den Zusammenhang von Schadensumfang und Eintrittshäufigkeit, bezogen auf 25 Anlagen, sogenannte Risiko-Kurven. Dabei geht man vom größtmöglichen Schaden, der überhaupt auftreten kann, aus und summiert alle Eintrittshäufigkeiten auf, die mit Schadensumfängen bis herab zum vorgegebenen Schadensumfang verbunden sind. Aus den Kurven kann dann die Information bezogen werden, wie groß die jährliche Häufigkeit dafür ist, daß ein vorgegebener Schadensumfang erreicht oder überschritten wird.

Eintrittshäufigkeit von Frühschäden bei 25 Anlagen

Eintrittshäufigkeit pro Jahr	Frühschäden (Todesfälle)
1/ 100 000	2
1/ 1 000 000	200
1/ 10 000 000	1 400
1/ 100 000 000	4 400
1/1 000 000 000	11 000

Eintrittshäufigkeit von Spätschäden bei 25 Anlagen

Eintrittshäufigkeit pro Jahr	Somatische Spätschäden (Todesfälle)
1/ 1 000	2 700
1/ 10 000	3 900
1/ 100 000	54 000
1/ 1 000 000	65 000
1/ 10 000 000	72 000
1/ 100 000 000	83 000
1/1 000 000 000	94 000

Im schlimmsten aller hypothetischen Fälle, so ergaben die Rechnungen der Studie, kommt es zu 14 500 akuten Todesfällen bei einer Eintrittshäufigkeit von einmal in zwei Milliarden Jahren. Der dazugehörige Unfallablauf ist charakterisiert als Kombination ungünstigster Bedingungen für Freisetzung, Wetterverhältnisse und Bevölkerungsverteilung. Für noch kleinere Eintrittshäufigkeiten wurden keine größeren Schadensumfänge berechnet.

Große Frühschäden wurden für solche Fälle ermittelt, bei denen sich große Aktivitätsfreisetzungen an Standorten mit relativ hoher Besiedlungsdichte ereignen, der Wind in den Sektor der höchsten Bevölkerungsdichte weht und es zudem im Nahbereich regnet, so daß es dort zu einer hohen Bodenkontamination kommt.

Als größte Zahl für somatische Spätschäden (späte Todesfälle) wurden 104 000 Todesfälle ermittelt, wiederum als Folge eines Unfalls mit ungünstigsten Kombinationen. Die Eintrittshäufigkeit für ein solches Ereignis wurde ebenfalls mit einmal in zwei Milliarden Jahren berechnet, wobei auch hier noch kleinere Eintrittshäufigkeiten keine größeren Schadensumfänge ergaben.

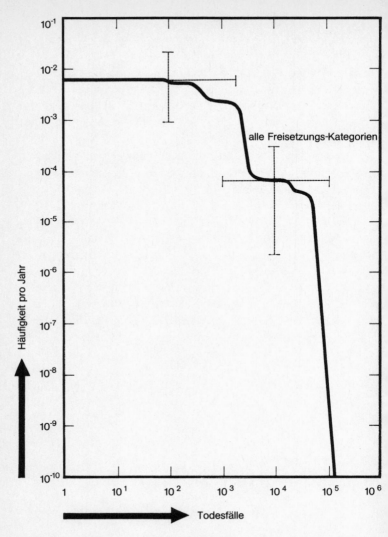

Komplementäre Häufigkeitsverteilung der Langzeit-Todesfälle pro Jahr bei 25 Kernkraft-Anlagen. Die Balken geben den 90%-Vertrauensbereich an.

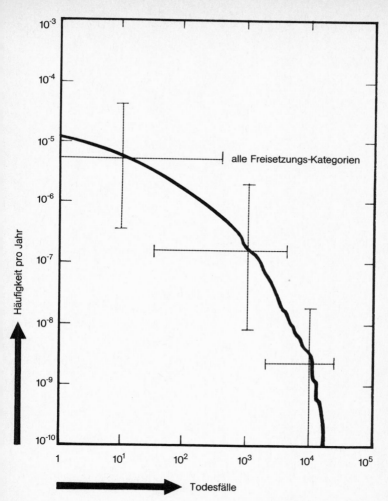

Komplementäre Häufigkeitsverteilung der frühen Todesfälle pro Jahr bei 25 Kernkraft-Anlagen. Die Balken geben den 90%-Vertrauensbereich an.

Welche Notfallschutz-Maßnahmen wurden berücksichtigt?

Die in den Abbildungen und Tabellen aufgeführten Schadensfolgen sind in der *Deutschen Risikostudie* unter Berücksichtigung der schadensmindernden Wirkung von Schutz- und Gegenmaßnahmen errechnet worden. Der Erfolg derartiger Maßnahmen läßt sich für den Einzelfall naturgemäß nicht im vorhinein quantifizieren; in der Studie wurde er modellhaft unterstellt, wobei den frei zu wählenden Randbedingungen vergleichsweise vorsichtige Annahmen zugrunde gelegt wurden.

Nach dem Atomgesetz ist der Betreiber einer kerntechnischen Anlage verpflichtet, »die nach dem Stand von Wissenschaft und Technik erforderliche Vorsorge gegen Schäden durch die Errichtung und den Betrieb der Anlage« zu treffen (§ 7). Dies geschieht durch technische Sicherheitseinrichtungen, sachkundigen Betrieb der Anlage, Inspektionen und Wartungen, durch den Schutz gegen Einwirkungen Dritter sowie durch die behördliche Aufsicht. Im Prinzip unterscheiden sich darin Kernkraftwerke nicht von anderen technischen Einrichtungen mit erhöhtem Gefährdungspotential, doch sind die Anforderungen hier höher und detaillierter, das Kontroll- und Überwachungsnetz ist feinmaschiger. Das höhere Niveau bei der Sicherheitsgewährleistung findet seine Rechtfertigung in dem besonderen Gefährdungspotential kerntechnischer Anlagen.

Die Sicherheitseinrichtungen von Kernkraftwerken dienen zur Beherrschung von Störfällen. Das gleichzeitige Versagen der mehrfach vorhandenen Sicherheitseinrichtungen wird als so unwahrscheinlich angesehen, daß es nicht mehr in der Auslegung berücksichtigt wird. Gleichwohl sind solche Ereignisse nicht völlig auszuschließen. Die vom *Länderausschuß für Atomkernenergie* gemeinsam mit den Innenbehörden der Länder verabschiedeten *Rahmenempfehlungen für den Katastrophenschutz in der Umgebung kerntechnischer Anlagen* (5) wurden – soweit sie für das Modell relevant sind – berücksichtigt, wenn auch nicht sämtlich in Ansatz gebracht. Sie sehen folgendes vor:

- Aufforderung an die Bevölkerung, sich nicht im Freien aufzuhalten, sondern die Wohnungen (gegebenenfalls Kellerräume) aufzusuchen, den Verzehr frisch geernteten Gemüses oder frisch gemolkener Milch sowie den Gebrauch von Wasser (zur Verhinderung der Aufnahme radioaktiver Stoffe) zu vermeiden und gegebenenfalls bei vorhergehender Strahlenbelastung (durch Aufenthalt im Freien nach Unfalleintritt) die Kleider abzulegen und sich zu waschen (Dekontamination),
- Verkehrseinschränkungen (Umleitung des durch das gefährdete Gebiet fließenden Verkehrs, Kontaminationskontrolle, gegebenenfalls Dekontamination ausfahrender Personen, eventuell auch Beschränkung der Schiffahrt),
- Evakuierung,
- Ausgabe von Jodidtabletten,
- Sperrung stark kontaminierter Flächen und kontaminierter Wassergewinnungsstellen,
- ärztliche Betreuung und Versorgung der Bevölkerung mit nicht kontaminierten Lebensmitteln und Trinkwasser,
- Dekontamination.

Entsprechend den *Rahmenempfehlungen* würde sich nach einem schweren kerntechnischen Unfall im wesentlichen folgender Ablaufplan ergeben, wie er auch in der Risikostudie zugrunde gelegt wurde:

Die Bevölkerung wird aufgefordert, Häuser aufzusuchen und Radio bzw. Fernsehgeräte einzuschalten. Anschließend führt man in bestimmten Gebieten die Evakuierung und Dekontamination durch und erläßt ein zeitweiliges Verbot des Verzehrs lokal erzeugter landwirtschaftlicher Produkte. Hinsichtlich der Jodidtabletten heißt es im Kapitel »Zusätzliche vorbereitende Maßnahmen der Katastrophenschutzbehörde« der *Rahmenempfehlungen*:

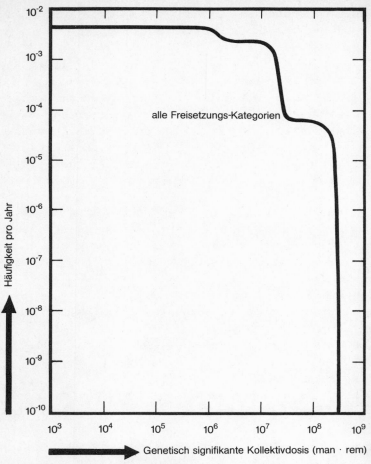

Komplementäre Häufigkeitsverteilung der genetisch signifikanten Kollektivdosis pro Jahr bei 25 Kernkraft-Anlagen.

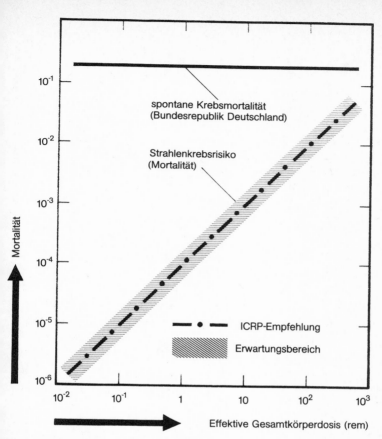

Dosis-Wirkung-Beziehung für (somatische) Spätschäden, nach der *ICRP-Kommission*, d. h. die Sterblichkeitsrate als Funktion der effektiven Gesamtkörperdosis. Zum Vergleich ist die derzeitige spontane Krebsmortalität in der deutschen Bevölkerung eingetragen.

»Für die Ausgabe von Jodtabletten müssen Depots geschaffen werden, deren Bestand regelmäßig kontrolliert und erneuert wird. Verteilerwege und Ausgabeverfahren müssen festgelegt, das Merkblatt für die Anwendung der Tabletten abgefaßt und gedruckt werden«.

Diese Voraussetzungen sind bis heute nicht erfüllt. Es ist darum folgerichtig, daß in der *Deutschen Risikostudie* (wie im übrigen auch im *Rasmussen-Bericht*) die Einnahme von Jodidtabletten und die damit verbundene Dosisreduktion (bis zum Faktor 100 bei Einnahme eine halbe bis eine Stunde vor dem Eintreffen der radioaktiven Wolke) nicht berücksichtigt wurde. Auf die Ergebnisse wirkte sich dies aber praktisch nicht aus, da die Schilddrüsendosis für das Sterblichkeitsrisiko nicht relevant ist.

Hinsichtlich der Bevölkerungsbewegungen sehen die *Rahmenempfehlungen* die Räumung eines gefährdeten Gebietes vor. Die Studie differenziert hier, indem sie für verschiedene Zonen verschiedene Räumungsarten unterstellt.

Eindeutige Risikozahlen sind mit Empfehlungen nicht zu errechnen. Die Studie mußte daher von festen Dosiswerten ausgehen. Die Betreiber von Kernkraftwerken und die zuständigen Behörden verfügen über Einrichtungen, bei Aktivitätsfreisetzungen in der Umgebung Messungen der Dosisleistung vorzunehmen und ihre räumliche Verteilung zu errechnen bzw. abzuschätzen. In dem Maße, wie die gestaffelten Kriterien der *Rahmenempfehlungen* erfüllt sind, werden von der Katastrophenschutzleitung die erforderlichen Schutz- und Gegenmaßnahmen angeordnet. Dabei ist die Umgebung in eine Zentral-, eine Mittel- und eine Außenzone zu unterteilen. Die Grenzen der Zentralzone sind den jeweils vorliegenden örtlichen Gegebenheiten anzupassen und sollten einen Abstand von 2 km von der Anlage möglichst nicht überschreiten. Die Mittelzone umschließt die Zentralzone; ihre äußere Begrenzung soll durch einen Kreis mit einem Radius bis zu etwa 10 km festgelegt wer-

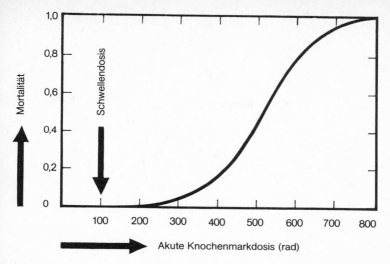

Dosis-Wirkung-Beziehung für Frühschäden, d. h. die Sterblichkeitsrate in Abhängigkeit der aktuten Knochenmarkdosis.

den. Die *Rahmenempfehlungen* sehen außerdem eine Untertei-
lung von Mittel- und Außenzone in 30°- oder 22,5°-Sektoren
vor. Für Zentral- und Mittelzone müssen die erforderlichen
Notfallmaßnahmen vorbereitet werden.

In analoger Weise wurde in der Risikostudie verfahren. Zuerst
wurde die räumliche Verteilung der Dosisleistung im Freien –
die sogenannten potentiellen Dosen – berechnet. Danach wurden
für den Fall, daß die Dosen die vorgegebenen Referenzwerte
überschreiten, ausgewählte Linien gleicher Dosen (Isodosislinien) verwendet, um Gebiete, in denen unterschiedliche Maßnahmen zur Durchführung gelangen, gegeneinander abzugren-
zen. Die Festlegung dieser Gebiete unterscheidet sich damit
von derjenigen der *Rahmenempfehlungen*, in denen eine dosis-
unabhängige Zoneneinteilung vorgenommen wird.

Das Modell der Studie sieht fünf Gebiete vor (B_1, B_2, C, D_1 und

1. Ganzkörperbestrahlung von außen und durch Inhalation

Gefährdungsklasse	Ganzkörperdosis bei Aufenthalt im Freien	Empfohlene Notfallmaßnahmen	
		Verbleiben im Haus	Räumung
I	bis 25 rem	zweckmäßig	nein
II	25–100 rem	erforderlich	zweckmäßig
III	über 100 rem	erforderlich bis zur Räumung	erforderlich

2. Bestrahlung der Schilddrüse durch Inhalation von Radiojod und Radiotellur

Gefährdungsklasse	Schilddrüsendosis nach Aufenthalt im Freien	Empfohlene Notfallmaßnahmen		
		Verbleiben im Haus	Jodidtabletten	Räumung
I	bis 25 rem	zweckmäßig	entbehrlich	nein
II	25–500 rem	erforderlich	zweckmäßig bei 100 rem; bei über 100 rem erforderlich	entbehrlich
III	über 500 rem	erforderlich bis zur Räumung	erforderlich auch bei Räumung	zweckmäßig bis 1000 rem; bei über 1000 rem erforderlich

Empfohlene Dosis-Richtwerte für das Einleiten akuter Notfallmaßnahmen bei störfallbedingter Bestrahlung (nach den *Rahmenempfehlungen für den Katastrophenschutz in der Umgebung kerntechnischer Anlagen*)

D$_2$), die dosisabhängig bestimmt werden. Nicht dosisabhängig und somit stets gleich in der Ausdehnung ist das Gebiet A, das die unmittelbare Umgebung der Anlage umfaßt. Die starre Festlegung findet ihren Grund darin, daß hier hohe Dosen auftreten können und bei großer Aktivitätsfreisetzung und ungünstigen Ausbreitungsbedingungen keine Zeit für Aktivitäts- und Dosisleistungsmessungen und deren Auswertung zur Verfügung steht. Das Gebiet hat eine Schlüssellochform; es besteht aus dem 8 km tiefen 30°-Sektor in Ausbreitungsrichtung der radioaktiven Fahne und einem Vollkreis von 2,4 km Radius, insgesamt einer Fläche von 33 km². Der Einschluß eines Vollkreises ist nötig, da bei entsprechenden Windverhältnissen Aktivität über begrenzte Entfernungen in alle Richtungen getragen werden kann. Es wurde in der Studie in Übereinstimmung mit den *Rahmenempfehlungen* vorausgesetzt, daß für das Gebiet A vorbereitete Katastrophenschutz- und Evakuierungspläne existieren.

Nach der Festlegung der Gebiete wurden in der Studie unter Berücksichtigung der Schutz- und Gegenmaßnahmen die Dosen neu berechnet und daraus die Personenschäden bestimmt. Die Anzahl der Frühschäden hängt von den Knochenmarkdosen, die der Spätschäden von den Ganzkörperdosen ab. Die die Gebiete begrenzenden Isodosislinien beziehen sich entweder auf die potentielle Knochenmarkdosis D^{KM} oder auf die potentielle Ganzkörperdosis D^{GK}. Die Gebietsgrenzen wurden so gewählt, daß Frühschäden nur in den Gebieten A, B$_1$ und B$_2$ auftreten können.

Die Wirksamkeit von Notfallschutzmaßnahmen wurde unterstellt

Versucht man eine Bewertung des Modells für die Schutz- und Gegenmaßnahmen im Rahmen des Unfallfolgenmodells der

Deutschen Risikostudie, so muß man zunächst sehen, daß ein Großteil der originären Arbeit in den Vereinigten Staaten bei der Erstellung des *Rasmussen-Berichts* geleistet wurde, aus dem dann auch Teilmodelle (zum Beispiel für die Nahrungsaufnahme) unverändert in die *Deutsche Risikostudie* übernommen wurden. Für das Gebiet der Bundesrepublik aber gab es bisher keine derartig umfassenden Untersuchungen. Es liegt jetzt hier erstmalig ein modellhafter Katalog für umgebungsbestimmte Maßnahmen nach Reaktorunfällen einschließlich der quantitativen Erfassung der verbleibenden Personenschäden vor. Der Wert des Maßnahmenkataloges wird in der Studie bescheiden heruntergespielt: die stets als Bezugsquelle genannten *Rahmenempfehlungen für den Katastrophenschutz in der Umgebung kerntechnischer Anlagen* liefern in der Tat nur einen Rahmen, Maßnahmen- und Gebietseinteilungsvorschläge werden nur pauschal genannt. Es darf freilich nicht die unterschiedliche Zielsetzung von *Rahmenempfehlungen* und Risikostudie außer acht gelassen werden: Mit Hilfe der ersteren sollen Katastrophenschutzpläne für die einzelnen Anlagen erstellt werden, die von Anlage zu Anlage durchaus verschieden sein können; eine Risikostudie braucht ein realistisches und einsatzfähiges Modell, das auf alle Kernkraftwerksstandorte angewendet wird, wobei in die Unfallfolgenrechnungen die unterschiedlichen Eigenschaften jedes Standortes eingehen. Nicht berücksichtigt wurden Unterschiede in den Anlagen selber, da allen Rechnungen ein 1300-Megawatt-Druckwasserreaktor-Referenztyp (Biblis B) zugrunde gelegt wurde. Der hierauf zu gründende grundsätzliche Vorwurf, das Gesamtrisiko durch alle Anlagen in der Bundesrepublik sei unterschätzt, da ältere Anlagen in ihrem Sicherheitsstandard nicht Biblis B entsprächen, erweist sich bei näherem Hinsehen als nicht stichhaltig, da die in der Studie betrachtete »Reaktorlandschaft« mit 25 Anlagen an 19 Standorten auch alle im Bau und in der Planung befindlichen Kernkraftwerke, also eine wesentlich höhere Zahl als derzeit in Betrieb und darunter auch potentiell »sicherere« als die Referenz-anlage mit erfaßt.

Eine Bewertung des Schutz- und Gegenmaßnahmen-Modells der Studie wird fast zwangsläufig durch eine im Vorfeld liegen-de generelle Skepsis bestimmt, deren Legitimität bei realisti-scher Betrachtungsweise nicht anzuzweifeln ist: Im Katastro-phenschutz klaffen Theorie und Praxis immer auseinander. Die Bevölkerung wird sich im Ernstfall nie völlig den Planungen entsprechend verhalten, den Verantwortlichen werden bei der Umsetzung der Pläne Fehler unterlaufen, und es werden Um-stände eintreten, die solche Pläne zu Makulatur und spontanes Entscheidungsvermögen zu planungsadäquaten oder -überlege-nen Einflußgrößen werden lassen. Insbesondere Evakuierungs-planungen müssen mit Realitätssinn bewertet werden. Es ist nicht anzunehmen, daß die gesamte Bevölkerung eines gefähr-deten Gebiets sich nach vorbereitetem Plan und gegebenenfalls in Schüben evakuieren läßt. Viele werden ihre Rettung in »heil-loser« Flucht suchen, andere wieder werden aus »persönlichen« Gründen jedweder Art die Teilnahme verweigern. Es wird Fluchtbewegungen auch aus benachbarten, also kaum oder gar nicht betroffenen Sektoren geben, die den Verkehr aus dem ge-fährdeten Gebiet heraus behindern. Wachhabende und Verant-wortliche von Heimen, Krankenhäusern, Gefängnissen usw. könnten um ihrer eigenen »Rettung« willen die Flucht der Mit-hilfe bei der Evakuierung vorziehen, Transportunternehmer sich weigern, ihre Fahrzeuge zur Verfügung zu stellen, und Fahrer, diese zu fahren. Plünderungen wären möglich, infolge des psychischen Drucks sind mehr Verkehrsunfälle zu erwarten als gewöhnlich, so daß Straßen verstopfen können usw. Der Aufforderung, Häuser aufzusuchen, werden nicht alle nach-kommen; etliche werden aus Leichtsinn oder um irgendwelche Angelegenheiten zu erledigen auf die mögliche und nötige Ab-schirmung verzichten. Viele werden auch im Freien bleiben, weil sie den einminütigen Sirenenheulton nicht zu deuten wissen.

Schutzfaktorbereiche für verschiedene Bauwerke

Art des Bauwerks	Schutzfaktor-bereich
Schutzräume unter Erdgleiche (0,90 m Erdüberdeckung oder Gleichwertiges) Tiefkeller mehrstöckiger Gebäude[1]	1 000 oder darüber
Strahlungsschutzräume im Keller (massive Mauerwerkswohnbauten), Keller ohne ungeschützte Wände in mehrstöckigen Mauerwerksbauten Mittig gelegene Räume in oberen Stockwerken von Hochbauten[2] (ausgenommen die drei obersten Stockwerke) mit Massivdecken und -außenwänden	250–1 000
Strahlungsschutzräume im Keller (Fachwerk- und Ziegelverblendwohnbauten) Mittig gelegene Räume in Kellergeschossen mit teilweise ungeschützten Wänden in mehrstöckigen Gebäuden Mittig gelegene Räume in oberen Stockwerken (ausgenommen das oberste Stockwerk) mehrstöckiger Gebäude mit Massivdecken und -außenwänden	50 – 250
Keller ohne geschützte Wände in kleinen 1–2stöckigen Gebäuden Mittig gelegene Räume in oberen Stockwerken (ausgenommen das oberste Stockwerk) mehrstöckiger Gebäude mit leichten Decken und Außenwänden	10 – 50
Keller (teilweise ungeschützt) kleiner 1–2stöckiger Gebäude Mittig gelegener Räume im Erdgeschoß von 1–2 stöckigen Gebäuden mit massiven Mauerwerkswänden	2 – 10
Räume über Erdgleiche in leichten Wohnbauten	2 oder darunter

1 Mehrstöckige Gebäude sind solche mit 3–10 Stockwerke
2 Hochbauten haben mehr als 10 Stockwerke

Es ließe sich hier noch mehr anführen, der Phantasie fällt es nicht schwer, schreckliche Szenarien für den Fall einer Katastrophe auszumalen. Doch ungeachtet menschlicher Willkür, Unvernunft und Selbstsucht (wobei freilich in Krisensituationen oftmals auch eine erhöhte Hilfsbereitschaft zu beobachten ist) sind Katastrophenschutzplanungen sinnvoll und erforderlich. Selbst eine sich nur begrenzt erfolgreich erweisende Planung erhält ihre Rechtfertigung aus den geretteten Leben und erhaltener Gesundheit. Jeder Planungsverantwortliche aber tut gut daran, die Grenzen in der Umsetzbarkeit seines Werks zu sehen.

Die grundsätzlichen kritischen Bemerkungen wären nur dann als Vorwurf tauglich, wenn man in der *Deutschen Risikostudie* rein perfektionistisch und mit Illusionen an die Problematik herangegangen wäre. Das ist schon darum nicht der Fall, weil man an vielen Stellen, an denen Unwägbarkeiten bestehen, vorsichtige Annahmen zugrunde gelegt hat.

Wie realistisch, brauchbar und sinnvoll das Modell der Schutz- und Gegenmaßnahmen ist, wird künftighin zu diskutieren sein. Weitergehenden Untersuchungen (hier ist zunächst an die Phase B der *Deutschen Risikostudie* zu denken) muß es vorbehalten bleiben, den Ablauf der Einzelmaßnahmen und ihren Umfang zu überprüfen und möglicherweise ein modifiziertes Modell zu entwerfen.

Hier sei nun eine erste kritische Bewertung des jetzt vorliegenden Modells vorgenommen. Grundsätzlich dürften die in ihm enthaltenen Maßnahmen bei niemandem Widerspruch auslösen, da sie sämtlich strahlendosisreduzierend wirken.

Positiv hervorzuheben ist an Einzelpunkten folgendes:

● Realistisch ist es, die reduzierende Wirkung von Jodidtabletten auf die Schilddrüsendosis außer Betracht zu lassen. Da für die Tabletten derzeit weder eine katastrophenschutzgerechte Depothaltung noch befriedigende Verteilungspläne existieren, hätte die Berücksichtigung ihrer Wirkung zu einer

Unterbewertung der Dosen geführt. Diese sind freilich nicht bestimmend für das Mortalitätsrisiko.

- Die Fahrtzeit zum Verlassen des Gebietes A scheint mit 1,5 Stunden großzügig bemessen zu sein. Da nirgends größere Luftlinienentfernungen als 2,4 km, also auch beim schrägen Durchfahren des Gebietes Entfernungen zurückzulegen sind, die deutlich unter 10 km liegen, liegen die Transportgeschwindigkeiten unter 7 km/Stunde; im Mittel sind sie äußerst gering (ca. 2 km/Stunde). Diese vorsichtige Annahme bedeutet gleichzeitig die Berücksichtigung von sicher zu erwartenden Verkehrsproblemen, so daß z. B. in diesem Punkt die oben angeführten Bedenken sehr wohl und quasi quantitativ in die Rechnungen einbezogen wurden.

Es scheint dagegen fraglich, ob

- wirklich nur 3 % der Bevölkerung in dem betroffenen Gebiet sich ständig im Freien aufhalten oder dieser Anteil nicht größer ist – auch unter Berücksichtigung von Personen, die zeitweilig die Gebäude verlassen,
- die angenommene Rüstzeit von 15 Minuten ausreichend ist.

Es ist auf der anderen Seite nicht recht einzusehen, warum die schnelle Umsiedlung aus den Gebieten B_1/B_2 erst nach 14 Stunden und die Umsiedlung aus dem Gebiet C erst nach 30 Tagen beginnt. Bei dieser Regelung werden die Frühschäden (in B) und die Spätschäden höher sein als bei einer früheren Umsiedlung. Es ist überdies anzunehmen, daß Teile der Bevölkerung auch diese Gebiete aus eigenem Entschluß frühzeitig verlassen werden. Die in der Studie zugrunde gelegten Annahmen führen hier zu einer Überschätzung der Folgen.

Nicht betrachtet wurden in der Studie Änderungen der Windrichtung nach Freisetzungsbeginn. Ohne Berücksichtigung von Gegenmaßnahmen und unter Annahme einer Gleichverteilung der Bevölkerung führen solche Schwankungen zwar zu einer Dosisverminderung (Evakuierung von mehr Personen bei insgesamt gleicher Strahlungsmenge). Sie erfordern indessen neue

Fahrzeitenspektrum für die schnelle Umsiedlung

Bevölkerungsdichte	aus dem Gebiet entfernt	nach Stunden
unter 100 Einw./km²	1. Drittel	0,1
	2. Drittel	0,25
	letztes Drittel	1,0
100–400 Einw./km²	1. Drittel	0,3
	2. Drittel	1,25
	letztes Drittel	4,5
über 400 Einw./km²	1. Drittel	0,5
	2. Drittel	2,0
	letztes Drittel	7,0

Maßnahmen der Katastrophenschutzleitung und machen die ohnehin schwierige Situation noch komplizierter. Bei entstehender Konfusion könnte es zu vermeidbaren Strahlenbelastungen kommen.

Die *Deutsche Risikostudie* kommt trotz wesentlich höherer Besiedlungsdichte in der Bundesrepublik zu Risikowerten für Personenschäden, die denen des *Rasmussen-Berichtes* sehr ähnlich sind. Kernkraftwerke wurden in der Bundesrepublik zwar bisher nicht in unmittelbarer Stadtnähe gebaut. Dies wirkt sich aber nur dahingehend aus, daß der Nahbereich dünn besiedelt ist. Bereits im 3-km-Radius um die Anlage wird im ungünstigsten Fall eine Besiedlungsdichte von 1400 Einwohnern/km² erreicht. Fallen die Gebiete A, B oder C in dichtbesiedelte Sektoren, so müssen in den ungünstigsten Fällen 42 000 Personen sofort evakuiert, eine Million Menschen schnell umgesiedelt und langfristig 2,9 Millionen Menschen umgesiedelt werden (die Zahlen gelten jeweils für verschiedene Fälle). Dies sind erhebliche Zahlen, die unbedingt dazu führen sollten, Notfallschutzmaßnahmen nicht als irrelevant abzutun, sondern ständig zu

Zuordnung der Schutz- und Gegenmaßnahmen zu den Gebieten und Zeiten

Gebiet → Zeit, Zweck, Maßnahme ↓	A	B₁	B₂	C	D₁	D₂	Zeitliche Reihenfolge	Hauptmotiv der Maßnahme ist die Vermeidung von:
Information und Vorbereitung (Anlaufphase)								
Aufenthalt in geschützten Räumen	●	●					0–2 h	Frühschäden durch Wolken- und Bodenstrahlung
Evakuierung Schnelle Umsiedlung	●	●	●				ab 2 h	Frühschäden durch Bodenstrahlung
							2–14 h nach 14 h	
Umsiedlung Dekontamination				●	●		30 d–1 a ab 30 d	Spätschäden durch Bodenstrahlung
Einschränkung beim Verzehr landwirtschaftlicher Produkte	●	●	●	●	●	●	gemäß Kriterien	Spätschäden durch interne Strahlung nach Ingestion
Späte Dekontamination	●	●	●	●			vor Rückkehr der Bevölkerung	Spätschäden durch Bodenstrahlung

verbessern, der Bevölkerung nahe zu bringen und auf ihre Umsetzbarkeit in die Praxis hin zu erproben. An den Personenzahlen fällt auch der große Unterschied zwischen Höchst- und Mittelwert auf (Faktor 10 für die Gebiete A und B), der erst bei größeren Flächen geringer wird (Faktor 2 für C). Eine zukünftige Standortpolitik sollte diese Verhältnisse berücksichtigen.

Die Zahl der in der Studie errechneten Spätschäden ist vergleichsweise hoch. Dies liegt zum einen daran, daß Radioaktivität sehr weiträumig transportiert werden kann (in der Studie wurden Gebiete bis 2500 km Entfernung betrachtet), und zum anderen daran, daß bei besonderen Wetterverhältnissen nach großen Aktivitätsfreisetzungen Bodenkontaminationen auftreten, bei denen die Referenzwerte zur Auslösung von Schutz- und Gegenmaßnahmen noch nicht erreicht werden.

Dies letztere erscheint widersinnig, da die Referenzwerte doch gleichzeitig die Grenze dafür darstellen sollten, was ohne Maßnahmen vertretbar ist und wo sie einsetzen müssen, um das nicht mehr zu vernachlässigende Risiko einzuschränken. Hier offenbart sich indessen kein Fehler in den Festlegungen, sondern eine Schwäche nicht nur der Studie, sondern des heutigen strahlenbiologischen Kenntnisstandes. Es gilt überwiegend als anerkannt, daß die lineare Dosis-Wirkungs-Beziehung für Spätschäden zu einer Überschätzung des Risikos führt. Dennoch wurde sie in der Studie verwendet, um zu einer oberen Abschätzung zu kommen. Dieses Vorgehen ist heute in der Strahlenbiologie allgemein üblich. Die Referenzwerte zur Auslösung von Gegenmaßnahmen wurden nicht vornehmlich im Hinblick auf Spätschäden, sondern im wesentlichen zur Vermeidung von Frühschäden festgelegt. Niedrigere Grenzwerte müßten mit einer erheblich größeren Zahl von den Maßnahmen Betroffener erkauft werden, wodurch die Durchführbarkeit des Katastrophenschutzes erschwert würde. Die Erläuterung der Überschätzung der Unfallfolgen kann aber nicht das Gefühl des Unbefriedigtseins abschwächen; es wurde auf einer unsicheren

Basis ein Gebäude detaillierter und umfangreicher Rechnungen aufgebaut, wobei die Unsicherheit der Grundannahme die Ergebnisse in Frage stellt. Es ist zu hoffen, daß der Fortschritt der Strahlenbiologie hinsichtlich der Spätschädeninzidenz einmal eine höhere Aussagesicherheit ermöglichen wird.

Die *Deutsche Risikostudie* ist kein Buch mit geschönten Aussagen. Die enthaltenen Zahlen sprechen eine klare Sprache. Seit ihrem Erscheinen stellt sie für Politiker wie für Bürger, die an Technik und Technologiepolitik interessiert sind, eine Orientierungshilfe dar, um das Für und Wider diskutieren und Entscheidungen über die zukünftige friedliche Nutzung der Kernenergie treffen zu können. Einen besonderen Stellenwert hat das Katastrophenschutzmodell, dessen Maßnahmenkatalog alles in allem für den Ernstfall, der hoffentlich nie eintreten wird, *ein* geeignetes Instrumentarium darstellt (wenn auch vieles – z. B. Art und Weise der unterstellten Dekontamination – unausgeführt bleibt). Er repräsentiert für den Katastrophenschutz nach Kernkraftwerksunfällen den erreichten Stand und beschränkt sich auf das Machbare, das gemessen an der erzielbaren Schutzwirkung nicht wenig ist. Ob das *theoretisch* Machbare auch in der Praxis geleistet werden kann, ist eine Frage, deren Beantwortung – neben anderem – eine detaillierte Analyse der Notfallvorsorge erfordert. Dies geht über die Aufgabe der Risikostudie und damit dieses Beitrages hinaus. Ganz sicher aber sind die Erkenntnisse der *Deutschen Risikostudie* nicht so zu interpretieren, als könne man – wegen des geringen Risikos – Katastrophenpläne einfach in den Papierkorb werfen.

Ganz allgemein muß festgehalten werden, daß man heute auf den Ernstfall *vorbereitet* ist, was nicht bedeutet, daß man für ihn *völlig gerüstet* wäre. Ohnehin unterliegt die Katastrophenschutzplanung einer dynamischen Entwicklung. Was heute als befriedigend anerkannt wird, darf nicht langfristig festgeschrieben werden. Auf der anderen Seite wäre es vermessen, eine noch so hervorragende *Vorbereitung* auf den Ernstfall mit der Ernstfall*beherrschung* gleichzusetzen. Diese Einschätzung könnte fatal sein.

Da im Ernstfall stets Unzulängliches Ereignis wird, ist die Tugend der Bescheidenheit hier auch sachliche Notwendigkeit. Ein unter diesen Gesichtspunkten »optimaler« Katastrophenschutz, von dem wir freilich noch weit entfernt sind, bedeutet demnach eine aus fundierter Fachkenntnis wie mit Realitätssinn vorzunehmende Bewertung, Systematisierung und möglichst umfassende Vorbereitung des unter widrigen Umständen Machbaren.

Anmerkungen

1) Reactor Safety Study – An Assessment of Accidental Risks in U. S. Commercial Nuclear Power Plants, *WASH-1400* (NUREG 75/014), Washington 1975
2) Lewis, H. W., u. a., Risk Assessment Review Group Report to the U. S. *Nuclear Regulatory Commission*, NUREG/CR-0400, Washington 1978.
3) Deutsche Risikostudie Kernkraftwerke – Eine Untersuchung zu dem durch Störfälle in Kernkraftwerken verursachten Risiko, herausgegeben vom *Bundesminister für Forschung und Technologie*, Bonn 1979.
4) Annals of the ICRP, *ICRP-Publication 26*, Recommandations of the International Commision on Radiological, Vol. 1, No. 3, Oxford/New York/Frankfurt 1977.
5) *Rahmenempfehlungen für den Katastrophenschutz in der Umgebung kerntechnischer Anlagen*, Beschluß des Länderausschusses für Atomkernenergie gemeinsam mit den Innenbehörden der Länder vom 10./11. März 1975, Stand: 12. Oktober 1977, Bekanntmachung des *Bundesministers des Innern* vom 17. Oktober (RS II – 515930 – 1/2), *Gemeinsames Ministerialblatt* Nr. 31, 1977.

Modell der Schutz- und Gegenmaßnahmen in den einzelnen Zonen

Folgende sechs Schutz- und Gegenmaßnahmen wurden für die *Deutsche Risikostudie* zugrunde gelegt: Aufsuchen von Häusern, Evakuierung, schnelle Umsiedlung, Umsiedlung, Dekontamination, zeitweiliges Verzehrverbot lokal erzeugter landwirtschaftlicher Produkte.

Für die einleitenden Maßnahmen (Unterrichtung der behördlichen Entscheidungsträger, Zusammentreten der Stäbe, Alarmauslösung, Unterrichtung der Bevölkerung) unterstellt die Studie eine Anlaufphase von zwei Stunden. Die Bevölkerung wird durch einen einminütigen Sirenenheulton gewarnt und über Lautsprecherwagen im Gebiet A sowie gegebenenfalls im Gebiet B_1 dazu aufgefordert, Gebäude aufzusuchen und Rundfunk- oder Fernsehgeräte einzuschalten. Man nimmt an, daß sich 3 % der Bevölkerung ungeachtet der Warnung ständig im Freien aufhalten. Für den Fall, daß Radioaktivität bereits innerhalb von zwei Stunden nach Unfalleintritt in Teilgebiete gelangt, geht die Studie von einem »Mischaufenthalt« in großen und kleinen Gebäuden und im Freien (gemittelter Abschirmfaktor) aus. Ziel der Schutz- und Gegenmaßnahmen für das Gebiet A ist es, akute Personenschäden zu vermeiden oder ihren Umfang zu begrenzen. Als Konsequenz aus der bisherigen Genehmigungspraxis hat das Gebiet im allgemeinen ländlichen Charakter. In der Studie wurde angenommen, daß sich nach zwei Stunden 65 % der Bevölkerung in größere Gebäude oder in die Keller kleinerer Gebäude, 32 % in kleinere Gebäude (aber nicht deren Kellerräume) begeben haben. Die 3 %, die sich während der Anlaufphase im Freien aufgehalten haben, suchen auch danach keine Häuser auf.

Die Schutzwirkung von Gebäuden besteht darin, daß die Belastung durch ionisierende Strahlung aus der Luft oder vom Boden wegen der größeren Entfernung zu den strahlenden Stoffen und der Abschirmwirkung des Mauerwerks und – bei Kellern – des Bodens kleiner ist als im Freien.

Der Schutzfaktor gibt dabei das Verhältnis der Dosis außerhalb des Gebäudes zur Dosis innerhalb des Gebäudes an.

Aufgrund detaillierter Rechnungen wurden in der Studie folgende Schutzfaktoren verwendet:

● Geschützte Stellen in größeren Gebäuden oder in Kellern klei-

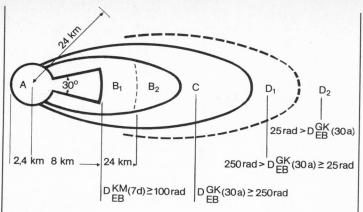

$D_{EB}^{KM}(7d) \geq 100\,rad$ $D_{EB}^{GK}(30a) \geq 250\,rad$

$250\,rad > D_{EB}^{GK}(30a) \geq 25\,rad$

$25\,rad > D_{EB}^{GK}(30a)$

Es bedeuten:

D_{EB}^{KM} (7d): potentielle Knochenmarkdosis (KM) für externe Bestrahlung vom Boden (EB), akkumuliert in 7 Tagen.

D_{EB}^{GK} (30a):potentielle Ganzkörperdosis (GK) durch externe Bestrahlung.

Gebiete der Notfall-Gegenmaßnahmen in Umgebung des Reaktors: Das Gebiet A ist durch Winkel und Entfernungen definiert und bei allen Freisetzungskategorien gleich. Für dieses Gebiet wird die Existenz vorbereiteter Evakuierungspläne vorausgesetzt.

Die Gebiete B_1, B_2, C und D_1 werden durch Isodosislinien definiert. Ihr Auftreten hängt somit von der Art der Freisetzung und der dann herrschenden Wetterlage ab.

In der Mehrzahl der Fälle bleiben die Dosen außerhalb des Gebiets A unter den Definitionswerten für die Gebiete B_1 und B_2. Dann entfallen diese Gebiete und die zugehörigen Gegenmaßnahmen. Darüber hinaus entfallen in vielen Fällen auch die Gebiete C und C_1.

---

nerer Gebäude: 10 für Bodenstrahlung, 6,7 für Wolkenstrahlung.

- Geschützte Stellen in kleineren Gebäuden außerhalb des Kellers: 5 für Bodenstrahlung, 3,3 für Wolkenstrahlung.

Im Gebiet A treten bei fast allen Wetterlagen die höchsten Dosisleistungen auf, wobei keine Zeit zur Durchführung und Auswertung von Messungen verbleibt. In der Studie wurde deswegen angenommen, daß die Katastrophenschutzleitung in jedem Fall die Evakuierung anordnet.

Für den Zeitbedarf der Evakuierung wurden in der Studie zwei Parameter berücksichtigt: die Zeit bis zum Fahrtantritt im eigenen Auto oder einem anderen Transportmittel und die Fahrzeit bis zum Verlassen des gefährdeten Gebiets. Für die erste Zeitspanne wurde vorsichtshalber angenommen, daß sie zwölf Stunden beträgt, d. h. daß die Einwohner zwischen der zweiten und 14. Stunde nach Unfallbeginn die Fahrt antreten.

Für die Fahrtzeit zum Verlassen der Gefahrenzone wurden einheitlich eineinhalb Stunden eingesetzt. Die Fahrzeit wurde wie ein unabgeschirmter Aufenthalt im Freien mit der Ortsdosisleistung am Wohnort betrachtet, wegen der Evakuierungsrichtung (die Resultierende aus den beiden Richtungen »von der Anlage weg« und »aus dem Gefahrengebiet«) entspricht dies im allgemeinen der höchsten Dosisleistung, die auf eine Person einwirkt.

Die Rückführung der Bevölkerung ist vorgesehen, wenn durch radioaktiven Zerfall, Witterungseinflüsse und Dekontaminationsmaßnahmen die Bodenkontamination so weit zurückgegangen ist, daß die daraus resultierende potentielle Ganzkörperdosis, die über einen Zeitraum von 30 Jahren aufgenommen wird [D_{EB}^{GK} (30a)], 25 rad nicht übersteigt. Diese akkumulierte Dosis beträgt etwa das 7,6fache der aus der natürlichen Hintergrundstrahlung. Es können durch die Restkontamination Spätschäden verursacht werden, die in der Studie sowohl für die lebenden als auch die nach dem Unfall geborenen Personen berücksichtigt wurden.

Von den Maßnahmen im Gebiet A wären im Mittel 6800 Personen (206 Einwohner/km²), im ungünstigsten Fall 42000 Personen (1270 Einwohner/km²) betroffen.

In der Mehrzahl aller Unfälle mit Aktivitätsfreisetzungen bleiben den Berechnungen der *Deutschen Risikostudie* zufolge die erforderlichen Katastrophenschutzmaßnahmen auf das Gebiet A beschränkt; nur bei drei (von insgesamt acht) Freisetzungskategorien und bei insgesamt etwa 1 % aller Kernschmelzunfälle sind größere Gebiete betroffen. In der Studie wurde für diese Fälle das Gebiet B definiert, das den 30°-Sektor des Gebietes A in Ausbreitungsrichtung umhüllt und durch eine potentielle 100-rad-Isodosislinie für das Knochenmark durch Bestrahlung vom Boden und akkumuliert in sieben Tagen [D_{EB}^{KM} (7d)] begrenzt wird. Das Gebiet B_1 ist in Ausbreitungsrichtung auf 24 km beschränkt. Wie für A wurde auch für B_1 unterstellt, daß die Bevölkerung zum Aufsuchen der Häuser und dortigen Verbleiben aufgefordert wird.

Für die anschließende Bevölkerungsbewegung aus dem Gebiet B_1 wurde in der Studie der Begriff »schnelle Umsiedlung« gewählt. Es wurde angenommen, daß vorbereitete Pläne hierfür nicht vorhanden sind. Daher beginnt die schnelle Umsiedlung frühestens 14 Stunden nach Unfalleintritt, also erst nach Beendigung der Evakuierung des Gebietes A.

Zur Berechnung der Gesamtdosen ist die Kenntnis der Fahrtzeiten während der schnellen Umsiedlung nötig. In der Studie wurden dazu drei unterschiedliche Gebietstypen (städtisch, durchschnittlich besiedelt, ländlich) definiert, mit Hilfe eines Rechenprogramms zur Simulation von Bevölkerungsbewegungen wurde für jeden Typ ein Fahrtzeitenspektrum ermittelt, wobei man durch jeweils drei Fahrtzeiten einem Drittel der Bevölkerung jeden Gebietstyps (Bevölkerungsdichte) eine bestimmte Fahrtzeit zuordnete.

Wie für das Gebiet A wurden auch für B_1 die Fahrtzeiten als ungeschützter Aufenthalt im Freien aufgenommen. Dazu gerechnet wurde eine einheitliche Vorbereitungszeit von 0,25 Stunden bei unabgeschirmt wirkender Bodenstrahlung. Für die Rückführung der Bevölkerung wurde der gleiche zu unterschreitende Grenzwert der akkumulierten potentiellen Ganzkörperdosis durch Bodenstrahlung [D_{EB}^{GK} (30a) = 25 rad] wie beim Gebiet A zugrunde gelegt. Die danach zu erwartenden Spätschäden wurden ebenso berücksichtigt.

Für zwei Freisetzungskategorien in Verbindung mit 4 % respektive 10 % der Wetterlagen wurde errechnet, daß die 100-rad-Isodosislinie Gebiete in Ausbreitungsrichtung umfaßt, deren Entfernung zum Anlagenstandort über 24 km beträgt. Dieses außerhalb der 24 km gelegene Gebiet wurde in der Studie mit B_2 bezeichnet. Hierfür liegen in keinem Fall Notfallschutzpläne vor. Vorsichtshalber wurde in der Studie angenommen, daß die Bewohner von B_2 bis zum Beginn der schnellen Umsiedlung ihren normalen Tätigkeiten nachgehen. Schnelle Umsiedlung und Rückführung wurden wie für das Gebiet B_1 behandelt. Für die Gebiete B_1/B_2 wurde als mittlere Fläche 14 km², als größte 379 km² errechnet; die betroffene Personenzahl beträgt im Mittel etwa 4000 (226 Einwohner/km²), im ungünstigsten Fall etwa eine Million (2600 Einwohner/km²).

Den Berechnungen der Risikostudie zufolge werden über das Gebiet B_2 hinaus keine Dosen erreicht, die Frühschäden verursachen. Bei fast allen Freisetzungskategorien ermittelte man aber Gebiete, die nicht ausreichend dekontaminiert werden können, so daß im Modell von einer zeitweiligen Umsiedlung der Bevölkerung zur Verminderung der Spätschäden ausgegangen wurde. Als Umhüllende der Gebiete B_1/B_2 wurde ein Gebiet C definiert, das durch eine Isodosislinie für die potentielle Ganzkörperdosis durch externe Bestrahlung vom Boden, aufgenommen in 30 Jahren, $[D_{EB}^{GK} (30a)]$ von 250 rad begrenzt ist. Auch für dieses Gebiet wurde festgelegt, daß ein längerfristiger Aufenthalt von Personen nur zulässig ist, wenn der Wert 25 rad oder weniger beträgt. Für die Fälle, bei denen es zur Ausbildung eines Gebiets C kommt, wurde in der Studie eine nach 30 Tagen beginnende Umsiedlung angenommen. Die Umsiedlung gestaltet sich so, daß sie von den der Anlage am nächsten gelegenen Teilgebieten ausgeht und sich zu größeren Entfernungen fortsetzt. Die bis zum Abschluß empfangenen Dosen wurden unter Annahme eines Mischaufenthalts und des damit verbundenen Abschirmfaktors berücksichtigt.

In der Studie wurde davon ausgegangen, daß nur dann bzw. erst dann dekontaminiert wird, wenn der erforderliche Dekontaminationsfaktor DF (Verhältnis der Radioaktivität vor und nach der Dekontamination), um auf den Wert 25 rad für die in 30 Jahren akkumulierte potentielle Ganzkörperdosis durch Bodenstrahlung $[D_{EB}^{GK} (30a)]$ zu kommen, kleiner als 10 ist. Sobald daher die potentielle Dosis durch die Bodenstrahlung 250 rad in Teilgebieten von C durch radioaktiven Zerfall und witterungsbedingte Effekte unterschreitet, werden Dekontaminationsarbeiten durchgeführt.

Nach Erreichen des Wertes 25 rad in 30 Jahren wird die Bevölkerung zurückgeführt. Ihre Gesamtdosis wurde – wie auch in den anderen Gebieten – aus den Beiträgen in den Zeiträumen vor der Umsiedlung und nach der Rückkehr errechnet. Ebenso wurden auch für C die aus der Restkontamination zu erwartenden Spätschäden, auch soweit sie die nach dem Unfall geborenen Personen betreffen, berücksichtigt.

Für das Gebiet C errechneten die Autoren der Studie im Mittel eine Fläche von 11 km², als größte Fläche 5700 km². Das bedeutet im Mittel eine betroffene Personenzahl von etwa 2900 (260 Einwohner/km²), im ungünstigsten Fall von etwa 2,9 Millionen (510 Einwohner/km²). Große Flächen und Personenzahlen wurden ausschließlich dann ermittelt, wenn die Aktivitätsausbreitung in dichtbesiedelte Zonen bei Wetterbedingungen mit Regenfällen erfolgt.

Hierbei blieb der Effekt unberücksichtigt, daß in dichtbesiedelten Gebieten infolge der großen Dach-, Beton- und Asphaltflächen ein großer Teil der Aktivität mit dem Regenwasser in die Kanalisation fließt.

Liegt die in 30 Jahren akkumulierte potentielle Ganzkörperdosis durch Bodenstrahlung $[D_{EB}^{GK}(30a)]$ zwischen 250 und 25 rad, so läßt sie sich durch Dekontamination bis zu einem Faktor von 10 überall auf einen Wert unter 25 rad bringen. Hierfür wurde in der Studie das Gebiet D_1 definiert, das das Gebiet C umhüllt und durch die Isodosislinie $[D_{EB}^{GK}(30a) = 25$ rad$]$ begrenzt wird. Es wurde davon ausgegangen, daß Bevölkerungsbewegungen hier nicht erfolgen und die Bewohner zu jedem Zeitpunkt ihren normalen Tätigkeiten nachgehen. Die Dekontamination – so legte man zugrunde – sollte im ganzen Gebiet D_1 erst nach 30 Tagen wirksam werden. Die hieraus sowie aus der verbleibenden Restkontamination zu erwartenden Spätschäden wurden berücksichtigt.

Das D_1 umgebende Gebiet D_2 wurde so definiert, daß die in 30 Jahren akkumulierte potentielle Ganzkörperdosis durch Bodenstrahlung $[D_{EB}^{GK}(30a)]$ unter 25 rad liegt. Als einzige Maßnahme wurden Einschränkungen beim Verzehr lokal erzeugter landwirtschaftlicher Produkte betrachtet. Auch für dieses Gebiet wurden die zu erwartenden Spätschäden berücksichtigt.

Hans-Jürgen Danzmann

Egmont R. Koch

Evakuieren oder beten?

Wie sich Katastrophenschützer hierzulande auf einen Reaktorunfall vorbereiten

Pläne in Panzerschränken

Wer sich erlaubt, bundesdeutsche Katastrophenschützer danach zu fragen, was gewesen wäre, wenn Harrisburg an Elbe, Weser, Rhein oder Neckar gelegen hätte, muß sich auf eine barsche Antwort gefaßt machen: Derlei Stümperhaftigkeit und Katastrophenschutz-Dilettantismus sei hierzulande schlechterdings undenkbar. Akribische Planung, militärischer Drill, kurzum: deutsche Gründlichkeit und Disziplin seien genügend Garanten für die Bewältigung auch extremer Schwierigkeiten, selbst bei einem schweren Reaktorunfall. Die Freiwilligen der ABC-Trupps stünden allerorts Gewehr bei Fuß. Außerdem gebe es ja noch den Bundesgrenzschutz und die Bundeswehr, ein halbes Dutzend privater Hilfsorganisationen, tüchtige Beamte und wackere Katastrophenschützer. Ordnung müsse sein, Papierkram sei unvermeidlich, im Katastrophenschutz schon gar. Die streng vertraulichen detaillierten Operationsanweisungen für den Eventualfall, den man generalstabsmäßig durchplant habe, könne man nur als perfekt bezeichnen.

Doch die »heile Welt« vieler bundesdeutscher Behörden-Katastrophenschützer hat mit der Wirklichkeit kaum etwas gemein. Eine Analyse der Notfallplanung für atomare Unfälle macht deutlich, daß man im Falle eines Falles ähnlich hilflos und dilettantisch agieren (besser: reagieren) würde wie die Kollegen in Three Mile Island.

Dabei bereiten die Pläne für den nuklearen Ernstfall noch nicht einmal die größten Sorgen. Die Texte für die ersten Durchsagen an die betroffene Bevölkerung wurden vorbereitet, sind sozusagen abrufbereit:

Achtung! Achtung! Der Oberkreisdirektor des Landkreises ... gibt bekannt: Im Kernkraftwerk ... hat sich ein kerntechnischer Unfall ereignet. Begeben Sie sich zum Schutze Ihrer Gesundheit sofort in geschlossene Räume und schließen Sie alle Fenster und Türen. Be- und Entlüftungsanlagen abstellen. Bleiben Sie ruhig und besonnen. Weitere Unterrichtungen folgen. Rundfunk- und Fernsehgeräte einschalten (1).

Die weiteren Anweisungen über Rundfunk und Fernsehen sind in vielen Fällen ebenfalls vorformuliert, müssen im Ernstfall freilich den Sendern erst telefonisch übermittelt werden. Auszüge:

Schließen Sie Haustiere sofort in Wohnung oder Stall ein. Gehen Sie vorerst nicht mehr ins Freie. Wenn Sie im Freien waren, ziehen Sie sofort Ihre Oberbekleidung und Schuhe aus und legen Sie sie außerhalb der Wohnung ab. Reinigen Sie Ihre unbedeckten Körperflächen, wie Gesicht und Hände, mit Seife. Ziehen Sie nur Kleidung und Schuhe an, die Sie in Ihrer Wohnung hatten. Essen und trinken Sie vorerst möglichst nichts oder nur im Hause vorhandene Konserven, aus Dosen, Gläsern oder sonstigen staubdichten Packungen und Flaschengetränke. Vermeiden Sie den Genuß von frisch geerntetem Obst, Gemüse, frisch gemolkener Milch und Trinkwasser aus Brunnenanlagen und Zisternen. Verfüttern Sie an Haustiere nur in Haus, Scheune oder Stall gelagerte Futtermittel. Spülen Sie vor der Tränke des Viehes die Trinkeimer oder die automatische Tränkanlage mit Wasser aus öffentlichen Trinkwasseranlagen gut durch (1).

Derlei detaillierte Empfehlungen sind in den »Besonderen Katastrophenschutz-Plänen« der zuständigen Landesbehörden und Kreisverwaltungen enthalten. Diese sind zwar für die Bevölkerung gedacht, die mit ihrer Hilfe geschützt werden soll, aber nur für den Dienstgebrauch bestimmt und werden daher unter amtlichem Verschluß gehalten. Darauf haben sich die Bundes- und Landesbehörden bei der Verabschiedung der sogenannten *Rahmenempfehlungen für den Katastrophenschutz in der Um-*

gebung kerntechnischer Anlagen* geeinigt, »wegen der damit verbundenen Gefahr der mißbräuchlichen Benutzung« (2).

Dabei quälte die Politiker wohl weit weniger die Sorge, Terroristen und Saboteure könnten den Ernstfall provozieren und dann auch noch die Notfallversorgung der Bevölkerung gezielt lahmlegen, als vielmehr die Befürchtung, durch Offenlegung der Pläne würden deren Lücken deutlich zutage treten.

Somit ist es nur einem Rechtsbruch zuzuschreiben, daß die entsprechenden Pläne für den Atommeiler in Fessenheim auf der französischen Rheinseite bei Breisach sowie für den Reaktor Kleinensiel/Esenshamm an der Unterweser bekannt wurden** (siehe Anhang!).

Diese Pläne machen die Unsicherheit der Behörden und die Fragwürdigkeit der vorgesehenen Maßnahmen sichtbar: Ruhe bewahren ist die erste Bürgerpflicht im Ernstfall; in den Keller gehen und Radio einschalten, die zweite. Und wer keinen Keller hat? Keinen geeigneten Schutzraum? Oder kein Kofferradio zur Hand? Auf solche Eventualitäten können die Katastrophenschutz-Planer kaum Rücksicht nehmen. Noch weniger auf die Psyche der Betroffenen. Wie aber würde die Bevölkerung reagieren? Den Anweisungen Folge leisten oder panikartig die Flucht ergreifen?

Wenn große Mengen radioaktiver Stoffe aus dem defekten Reaktor ins Freie strömen, nutzt selbst der Schutz in privaten Kel-

---

* Die *Rahmenempfehlungen* wurden 1975 vom *Bundesministerium des Innern* und den zuständigen Ressorts der Länder ausgearbeitet und im Oktober 1977 auf den neuesten Stand gebracht (3). Die auf 25 Seiten (mit 28seitigem Anhang) zusammengefaßten Ratschläge zielen auf einheitliches Handeln der für den Katastrophenschutz zuständigen Landesbehörden ab. Wenn auch die speziellen Anweisungen den lokalen Verhältnissen angepaßt wurden, sollen die Bonner Empfehlungen »gewährleisten, daß bei der besonderen Katastrophenschutzplanung für die Umgebung kerntechnischer Anlagen im gesamten Bundesgebiet nach gleichen Grundsätzen verfahren wird«.
** Für die Entwendung aus dem Landratsamt in Lörrach wurde der Krankenpfleger Eckard Hermann im Januar 1978 zu 16 Tagen Gefängnis ersatzweise 400 Mark Geldstrafe verurteilt (4).

lergemäuern nichts mehr. Dann empfiehlt auch die amtliche Durchsage Reißaus:

Achtung! Achtung! Es folgt eine wichtige Mitteilung des Oberkreisdirektors des Landkreises Wesermarsch: Im Kernkraftwerk Unterweser in Kleinensiel ist ein kerntechnischer Unfall eingetreten, der ein Verbleiben in ... nicht zuläßt. Ich habe daher zu Ihrem Schutze angeordnet, daß Sie für ein bis zwei Tage evakuiert werden*. Bereiten Sie sich bitte sofort für eine Evakuierung vor. Packen Sie nur das Notwendigste zur Körperpflege und Bekleidung für zwei Tage ein. Für alles übrige tragen die Behörden Sorge. Innerhalb der nächsten Stunden werden Omnibusse vorfahren, um Sie zu anderen Aufenthaltsorten zu bringen. Achten Sie auf die Hupsignale der Omnibusse. Die Häuser sind zu verschließen. Die Ortschaft bleibt unter Aufsicht (5).

Im Katastrophenplan für die bundesdeutsche Umgebung des französischen Atommeilers in Fessenheim gehen die Evakuierungsanweisungen sogar noch weiter:

Kraftfahrzeugbesitzer werden gebeten, möglichst ältere oder gehbehinderte Nachbarn, Mütter mit Kleinkindern und andere hilfsbedürftige Nachbarn bis zu den ... Kontrollstellen mitzunehmen. Wer nicht motorisiert ist, begibt sich auf dem kürzesten Wege zur nächsten Schule, Sporthalle, Gemeindehalle, Kirche oder einem anderen festgelegten Versammlungsraum und wartet dort auf Abholung. Hausgemeinschaften, Nachbargemeinschaften und sonstige Gruppen von mindestens 30 Personen können sich auch in anderen geeigneten Räumlichkeiten (z. B. Gaststätten und Saalbauten) versammeln und das Bürgermeisteramt oder die nächste Polizeidienststelle zwecks Abholung verständigen (6).

Wer dann, sei es im Omnibus oder auch im Privat-PKW unterwegs ist, auf dem Wege zum nächsten Notaufnahmelager oder zu Verwandten und Bekannten in gesicherter Entfernung, soll auch dabei, so wünschen es die Ernstfall-Planer, »auf jeden Fall die Ruhe bewahren«, selbst wenn ihm »Meßtrupps und Hilfskräfte unter Schutzmasken und Schutzanzügen begegnen. Diese sind länger im Freien, müssen radioaktive Verunreinigungen aufspüren und beseitigen und sind nur deshalb besonders geschützt. Für Sie selbst besteht deshalb keine erhöhte Gefahr« und es reicht, »bei Wind und bei Staubentwicklung ... möglichst nur durch ein Taschentuch« zu atmen (6).

---

* Es ist natürlich vermessen, in einer vorformulierten Durchsage bereits derartig konkrete Angaben zu machen.

Die präzisen Angaben sind den *Rahmenempfehlungen* entnommen, also bundeseinheitlich. Es gibt drei Zonen um den Atommeiler mit einzelnen Sektoren (30° oder 22,5°):

- die Zentralzone, die die unmittelbare Umgebung des Reaktorgeländes bis zu einem Abstand von höchstens zwei Kilometern umfaßt,
- die Mittelzone, das Gebiet bis zu einem Radius von ca. zehn Kilometern,
- die Außenzone, die das Areal bis zu einer Entfernung von etwa 25 Kilometern umschließt.

Außerdem unterscheidet man drei Alarmstufen:

- Katastrophenalarm wird »bei einer Betriebsstörung in der kerntechnischen Anlage ausgelöst, bei der bisher noch keine oder nur geringe Auswirkungen auf die Umgebung eingetreten sind«;
- Sonderalarm Wasser wird ausgelöst, »wenn eine gefahrbringende Einleitung von radioaktiven Stoffen in Gewässer erfolgt ist, jedoch keine so erhebliche Freisetzung radioaktiver Stoffe in die Luft zu besorgen ist«;
- Katastrophenalarm schließlich wird gegeben, wenn man »durch einen Unfall oder Störfall in der kerntechnischen Anlage eine gefahrbringende Freisetzung radioaktiver Stoffe in der Luft« feststellt oder unmittelbar befürchtet.

Die einzelnen Alarmmaßnahmen sehen u. a. das sofortige Zusammentreten eines Krisenstabes, Messungen der Radioaktivität durch Strahlenspürtrupps an exakt festgelegten Punkten, den Einsatz der ABC-Züge, die Unterrichtung der Bevölkerung mit Sirenen, Lautsprecherwagen und Rundfunkdurchsagen, die Vorbereitung der Notaufnahmelager (Dekontamination) sowie Verkehrseinschränkungen vor, Straßensperrungen also, um den in »das gefährdete Gebiet fließenden Verkehr nach vorbereiteten Plänen umzuleiten«.

Und hier genau fangen die Schwierigkeiten an, denn es spricht vieles dagegen, daß die auf dem Papier stehenden Maßnahmen so überhaupt durchführbar wären. Was aber nützen akribisch ausgearbeitete Katastrophenpläne, wenn sie im Ernstfall Makulatur sind?

Immense Lücken

Daß der Ausrüstungszustand des *Zivilen Katastrophenschutzes* in der Bundesrepublik zu wünschen übrig läßt, ist kein Geheimnis und auch kaum umstritten. Allein an Taten, die bisweilen katastrophale Situation entscheidend zu ändern, hat es bislang gefehlt.

Als zum Beispiel im Jahre 1974 der Block Biblis A in Betrieb ging, sah für Karl Ackermann, Feuerwehrkommandant und für den Schutz der 1000-Seelen-Gemeinde Mettenheim zuständig, die Lage mehr als trostlos aus. »Würden wir unsere Leute splitternackt und nur mit einem Mund voll Spucke bewaffnet gegen einen Großbrand schicken«, klagte Ackermann damals in der *Wormser Zeitung*, »sie würden dabei so viel ausrichten, wie mit ihrer heutigen Ausbildung und Ausrüstung bei einer nuklearen Katastrophe.« Doch die Kritik blieb ungehört. Bis heute, betont Ackermann, habe sich die Situation nur graduell gebessert (7). Nicht nur in der Umgebung von Biblis.

Die 204 hierzulande aufgestellten ABC-Züge sollen bei *a*tomaren, *b*iologischen und *c*hemischen Katastrophen im militärischen wie im zivilen Bereich eingesetzt werden*. Ob Atombombe oder Reaktorunfall, Bakterienkrieg oder Virus-Epidemie, Giftgas-Angriff oder Chemie-Explosion – auf die Ausbildung hat dies keinen Einfluß.

Doch die 204 ABC-Trupps stehen zunächst einmal nur auf dem

---

* Nach Auskunft des *Bundesamtes für Zivilschutz* befinden sich weitere 40 ABC-Züge gegenwärtig im Aufbau. Für die Finanzierung der ABC-Einheiten ist der Bund zuständig: Rund 400 Millionen Mark gibt er jährlich dafür aus. Die Bundesländer noch einmal zusammen 800 Millionen Mark (8).

ABC-Spürtrupp des Zivilschutzes bei einer Übung. Solche Einsatzübungen können nicht darüber hinwegtäuschen, daß wir auf einen
Kernkraft- oder Chemieunfall größeren Ausmaßes hierzulande nur
mangelhaft vorbereitet sind.

Papier. Peter Menke-Glückert, früher für Zivil- heute für Umweltschutz im *Bundesministerium des Innern* verantwortlich,
schätzt, daß »nur etwa 50% mit ausreichendem Gerät und etwa
zwei Drittel mit ausgebildetem Personal ausgestattet sind« (9).
Selbst wenn man die Meßfahrzeuge der Polizei, der Umweltbe-
hörden der Bundesländer und anderer Institutionen (wie zum
Beispiel der Karlsruher *Kerntechnischen Hilfsdienst GmbH**)
berücksichtigt, ergäben sich bereits bei den Strahlenspürtrupps,
die im Ernstfall in der Umgebung eines Reaktors zum Einsatz
kommen sollen, erhebliche Engpässe:

* Der *Kerntechnische Hilfsdienst GmbH* ist eine Notfallschutzorganisation der
Betreiber kerntechnischer Anlagen, die im Ernstfall aber auch mit Mann und
Gerät dem öffentlichen Katastrophenschutz zur Verfügung steht (siehe Kasten
»Hilfe aus Karlsruhe«)

Von den sieben im Katastrophenplan für das Kernkraftwerk Würgassen ausgewiesenen Meßtrupps stehen für zwei weder Fahrzeuge noch Schutzanzüge zur Verfügung (10). Für den Kreis Emsland (mit dem Kernkraftwerk Lingen) weist eine Karte über die Stärke des *Zivilen Katastrophenschutzes* in der Bundesrepublik vom Februar 1978 nicht einen einzigen ABC-Zug aus, obwohl der Atommeiler seit 1968 Strom liefert*. Dieselbe Aufstellung macht deutlich, daß lediglich in den Kreisen Dithmarschen (Kernkraftwerk Brunsbüttel) und Wesermarsch (Kernkraftwerk Kleinensiel/Esenshamm) zwei, wenn auch unterbesetzte, ABC-Züge zur Verfügung stehen; an allen anderen Reaktor-Standorten der Bundesrepublik wäre in den jeweiligen Kreisen lediglich ein einziger ABC-Trupp einsatzbereit (11).

Und wir leben in der Bundesrepublik nicht auf einer risikoarmen europäischen Insel, weil unsere Atomkraft- und Chemiewerke wenigstens bestimmte Sicherheitskriterien aufweisen müssen. Von unseren Nachbarn im Westen und im Osten nehmen es zumindest letztere mit der Sicherheit ihrer Kernkraft-Meiler nicht so pedantisch genau: Die DDR-Reaktoren vom Typ »Nowoworonesch 440« sind zum Beispiel so konstruiert, daß sie in keinem westlichen Land eine Betriebsgenehmigung erhalten würden: ohne Sicherheitsbehälter und Notkühlsysteme, für einen Unfall absolut unzureichend gerüstet (12).

Auch im *Bundesministerum des Innern* konstatiert der für die Reaktorsicherheit zuständige Abteilungsleiter Wilhelm Sahl Besorgnis: Zwar wehe der Wind meist in anderer Richtung, aber das sei keineswegs »sehr beruhigend«. In Gesprächen auf höchster Ebene soll das Problem nunmehr mit Vertretern der DDR erläutert werden, wobei die Aussichten auf Erfolg, nüchtern eingeschätzt, minimal sind.

---

* Das Kernkraftwerk Lingen ist allerdings seit Januar 1977 wegen größerer Schäden nicht mehr in Betrieb.

Hilfe aus Karlsruhe
Aufgaben der Kerntechnischen Hilfsdienst GmbH

Um für den sehr unwahrscheinlichen Fall einer großen Betriebsstörung in einer kerntechnischen Anlage das Ausmaß der Gefährdung möglichst gering zu halten, werden vom Anlagenbetreiber und von den Katastrophenschutzbehörden vorsorglich Schutzmaßnahmen geplant. Im Falle einer nuklearen Katastrophe werden also der Betreiber *und* die zuständige Landesbehörde tätig.
Der § 38, Abs. 1 der Strahlenschutzverordnung (StrlSchV) grenzt den Zuständigkeitsbereich der Betreiber ab. Der Betreiber hat erforderliche Hilfsmittel und Personal für die Eindämmung und Beseitigung der durch Störfälle oder Unfälle entstandenen Gefahren innerhalb des Kontroll- und betrieblichen Überwachungsbereiches bereitzuhalten. Ein Störfall ist in der StrlSchV definiert als »Ereignisablauf, bei dessen Eintreten der Betrieb der Anlage oder die Tätigkeit aus sicherheitstechnischen Gründen nicht fortgeführt wer-

Der *Kerntechnische Hilfsdienst GmbH* in Karlsruhe, eine Katastrophenschutz-Organisation der Betreiber von Kernenergie-Anlagen, ist mit modernstem Gerät für alle Eventualitäten ausgerüstet.

den kann und für den die Anlage ausgelegt ist«. Werden bei einem Störfall ein oder mehrere Personen einer Gefahr durch radioaktive Stoffe ausgesetzt, so ist dies ein Unfall. Wesentlich ist, daß sowohl bei einem Unfall als auch bei einem Störfall keine unmittelbare Gefährdung der Bevölkerung gegeben ist. Die Schutzmaßnahmen des Betreibers beschränken sich deshalb auf das Werksgelände, bzw. die hier eingerichteten Kontroll- und betrieblichen Überwachungsbereiche.

Die Strahlenschutzverordnung vom 13. Oktober 1976 verpflichtet die Betreiber von kerntechnischen Anlagen zur Notfallschutzvorsorge, wenn sie mit radioaktiven Stoffen umgehen, die in offener Form über dem 10-Millionenfachen oder in umschlossener Form über dem 10-Milliardenfachen der Freigrenze liegen. Es ist dem Betreiber offengelassen, ob er diese Vorsorge selbst organisiert als sogenannte Eigenvorsorge oder ob er mit einer geeigneten Einrichtung einen Vertrag abschließt, als Fremdvorsorge, die ihm bei Stör- oder Unfällen Hilfe bei der Beseitigung von Störfallfolgen garantiert. Viele Betreiber haben sich für eine kombinierte Eigen- und Fremdvorsorge entschieden, wobei Sofortmaßnahmen im technischen Bereich und erste Hilfe immer in Eigenvorsorge und die Folgemaßnahmen die über das Leistungsvermögen des Betreibers hinausgehen in Fremdvorsorge erbracht werden.

Im Rahmen der Fremdvorsorge haben am 16. September 1977 Firmen aus verschiedenen kerntechnischen Bereichen eine *Kerntechnische Hilfsdienst GmbH (KHG)* gegründet, die am 1. 1. 1978 in Leopoldshafen bei Karlsruhe ihren Betrieb aufgenommen hat. Als Gesellschafter sind die Energieversorgungsunternehmen der Bundesrepublik mit 60 % Gesellschafteranteilen, die Brennstoffkreislaufindustrie mit 23 % und die Forschungszentren mit 17 % beteiligt.

Die Organisation und die Ausrüstung der Kerntechnischen Hilfsdienst GmbH ergibt sich aus der Anforderung ihrer Gesellschafter. Diese Anforderungen können entweder in der Kenntnis vorgegebener Störfallabläufe begründet sein oder durch behördliche Auflagen notwendig werden.

Zur Durchführung ihrer Aufgaben stehen der KHG zur Zeit 11 festangestellte Mitarbeiter zur Verfügung. In der Zeit von September 1979 bis September 1980 werden zusätzlich 120 Mann an den Geräten der KHG ausgebildet, die bei Alarmierungen kurzfristig eingesetzt werden können. In regelmäßigen Zeitabständen werden diese Mitarbeiter zur Wiederholungsausbildung bei der KHG einberufen.

Eine Notfallschutzeinrichtung muß jederzeit von den Gesellschaftern alarmiert werden können. Dies geschieht für die KHG über drei Amtsleitungen der Bundespost (Tel.-Nr. 07247/3021–23). Während der Arbeitszeit können so unverzüglich die Mitarbeiter der Stamm-Mannschaft und die zwölf Mann Fachpersonal, die zur Zeit in Ausbildung sind, erreicht werden. Außerhalb der Arbeitszeit ist eine Sofortrufbereitschaft für drei Mann des Stammpersonals und zwölf Mann des Fachpersonals, das in Ausbildung ist, organisiert. Die Alarmierung erfolgt auch außerhalb der Arbeitszeit über die genannte Telefonleitung, wobei der Ruf durch Aufschaltung auf die Schaltwarte des Mehrzweckforschungsreaktors (MZFR, wird von der Kernkraftwerkbetriebsgesellschaft – KBG – betrieben), von dem Schichtpersonal entgegengenommen wird und die in Rufbereitschaft befindlichen Mitarbeiter von dort per Telefon oder über Eurosignalrufsystem der Bundespost alarmiert werden. Für weiteres Stamm- und Fachpersonal ist eine gestaffelte Rufbereitschaft innerhalb von acht bzw. 24 Stunden über Telefon und Eurosignal organisiert.

Für den Transport der Einrichtungen der KHG stehen zehn LKWs, sieben Anhänger und zehn Container zur Verfügung. Für den Personentransport werden ein Kleinbus mit 13 Sitzplätzen und zwei Einsatzfahrzeuge mit Funk und Funktelefon bereitgehalten. Zur Zeit wird das alte Container-Wechselsystem auf ein neues Norm-System umgestellt. Dies geschieht besonders im Hinblick auf den Bundesbahntransport, dessen Realisierung in den nächsten Jahren geplant ist. Hierzu haben erste Kontaktgespräche mit der Bundesbahn stattgefunden. Es ist vorgesehen, Bundesbahnläufer mit Iso-Norm-Pritschen zu erwerben, die in der Nähe der Betriebseinrichtung stationiert werden. Die Bundesbahn würde eine E-Lok in Rufbereitschaft halten und den Zug mit einer mittleren Reisegeschwindigkeit von ca. 80 km/h vor Ort bringen.

Die KHG hat bei ihrer Betriebsaufnahme im Januar 1978 die Ausrüstung des alten Kerntechnischen Hilfszuges käuflich erworben, die vom Kernforschungszentrum Karlsruhe zum Teil entwickelt und beschafft worden ist. In der Zwischenzeit wurde diese Ausrüstung der neuen Aufgabenstellung der KHG angepaßt, durch Neuanschaffung modernisiert und durch teilweisen Umbau der alten Geräte in der Betriebsbereitschaft verbessert. Zukünftig werden neue Geräte auf Wunsch der Gesellschafter beschafft, die damit z. B. Auflagen der Behörde erfüllen oder neue Geräte zur Beseitigung von Störfallfolgen in der Gemeinschaftsvorsorge der KHG vorhalten wollen. Folgende Leistungen können erbracht werden:

Strahlenschutz
Personendosimetrie,
Inkorporationsüberwachung,
Dosisleistungsmessung (auch in Feldern höchster Ortsdosisleistung),
Kontaminationsmessung (Gesamtaktivität, nuklidspezifisch).

Technik
Raum- und Personendekontamination,
Fernbedientes Manipulieren,
Bergen von radioaktiven Stoffen,
Einsatz von optischen Sichtgeräten,
Nachrichten- und Fernsehübertragung,
Atemschutz,
Notstromversorgung bis 50 KVA,
Beleuchtungsmittel.

Transport
Material- und Personaltransport.

Durch geänderte Sicherheitsauflagen für kerntechnische Anlagen, durch einen weiteren Ausbau von kerntechnischen Anlagen oder eine Erweiterung des Gesellschaftskreises können die Anforderungen an die KHG Veränderungen unterworfen sein, die sich in der materiellen und personellen Ausstattung der KHG niederschlagen und damit auch die Möglichkeiten bei der Beseitigung von Störfallfolgen verändern.

Wolfgang Neumann,
Betriebsleiter der Kerntechnischen Hilfsdienst GmbH, Karlsruhe

Wenn also beispielsweise im Atomkraftwerk Lubmin im Bezirk Rostock, das kein Containment hat, nicht gegen Erdbeben oder den Absturz kleinerer Flugzeuge ausgelegt ist, ein 10-Zentimeter-Rohr platzen und der Reaktorkern »austrocknen« würde, wären die für den Ernstfall vorgesehenen Sprinkleranlagen sicherlich nur »ein Tropfen auf den heißen Stein«. Das bedeutete dann die nukleare Katastrophe – bei Ostwind auch für die Bundesrepublik. Dann käme es womöglich über der Lübecker Bucht zum radioaktiven Fallout, einem importierten Atomdesaster, das den Soforteinsatz des Katastrophenschutzes erforderlich machte. In Lübeck stünde ein ABC-Zug mit 42 Mann in Bereitschaft. Sollte die radioaktive Wolke indes gen Süden schwenken, wäre Deutschland in Not. In der Heide wird nämlich Katastrophenschutz kleingeschrieben: In den Landkreisen Gifhorn, Celle, Uelzen, Lüchow-Dannenberg, Lüneburg, Harburg stehen bis vor die Tore Hamburgs Einheiten des ABC-Zivilschutzes *nicht* zur Verfügung (12).

Bei den landeseigenen Strahlenmeßfahrzeugen ist die Lage kaum besser. Im Ernstfall müßten viele Spürtrupps von weither anreisen: Bei einem Unfall im Kernkraftwerk Isar-1 in Ohu bei Landshut (KKI) beispielsweise wären vier der fünf Meßdienste der Bayrischen Landespolizei, normalen Verkehr vorausgesetzt, erst einmal eineinhalb Stunden unterwegs, ehe sie am Unglücksort einträfen und mit den Messungen beginnen könnten (13).

Da aber sämtliche Entscheidungen der Krisenstäbe, zum Beispiel die der Evakuierung, vom Strahlenpegel in der Umgebung des Reaktors abhängen, sind sofortige Messungen unerläßlich. Zweckmäßig wäre daher ein fest installiertes Meßsystem in Nähe des Atommeilers, das zum einen fortlaufend den Betrieb der Anlage überwacht und im Störfall (zusammen mit meteorologischen Werten) sofort das Ausmaß der ausgetretenen Radioaktivität ermitteln kann. Ein solches stationäres Meßprogramm hat man in Bayern mit der Kernreaktor-Fernüberwachung (KFÜ) installiert, wenngleich deren Bedeutung für den Katastrophenschutz nicht unumstritten ist (siehe Kasten: »Was taugt die Kernreaktor-Fernüberwachung?«).

In Bonn denkt man jedenfalls daran, das System auch für andere Kernkraftwerke zur Auflage zu machen. Gleichwohl ist man sich im zuständigen *Bundesministerium des Innern* auch darüber im klaren, daß insbesondere hinsichtlich der Spürtrupps Sofortmaßnahmen unumgänglich sind. Denn die in Three Mile Island »aufgetretenen Schwierigkeiten bei der Feststellung des Strahlenpegels in der Umgebung der Anlage können für deutsche Verhältnisse nicht ausgeschlossen werden«. Es sollten daher »die laufenden Maßnahmen zur Verbesserung der Ausbildung, der Ausrüstung und der Organisation der Meßdienste verstärkt werden« (14).

Kaum besser ist die Situation bei den Entseuchungseinheiten der insgesamt aus jeweils 42 Helfern zusammengesetzten ABC-Züge. Für jeden Trupp sind zwei Tankwasserwagen (je einer für die Dekontamination von Personen und Geräten) vorgesehen, stehen de facto aber nur selten zur Verfügung. Ohne die beiden Fahrzeuge ist der ABC-Zug aber mangels Wasser für die Dekontaminations-Duschen erheblich in seiner Einsetzbarkeit eingeschränkt, so daß diese Funktionen dann von anderen Hilfsdiensten (beispielsweise der Feuerwehr) übernommen werden müssen. Die Soll-Leistung bei der Entseuchung beträgt nach Angaben des *Bundesamtes für Zivilschutz* 60 Personen pro Stunde. Katastrophenschutz-Praktikern scheint das eine Wunschvorstellung, die allenfalls dann zu realisieren wäre, wenn andere, allerdings in der Dekontamination noch weniger ausgebildete Sanitäter sowie medizinisches und technisches Hilfspersonal zur Verfügung stünden.

Ein Problem ist auch die föderalistische Organisation der Notfallvorsorge hierzulande, d. h. die Zuständigkeit der Bundesländer für den Katastrophenschutz. Die Zusammenarbeit der Behörden, vor allem an jenen Standorten, an denen mehrere Bundesländer betroffen wären, läßt noch sehr zu wünschen übrig. Als es Anfang 1980 im bayrischen Reaktor Kahl zu einem Störfall kam, ließ man die Kollegen im Hessischen darüber im unklaren. Der Offenbacher Landrat Walter Schmitt hält es für ein »unglaubliches Verhalten« der Bayern, daß die angrenzenden

Was taugt die Kernreaktor-Fernüberwachung (KFÜ)?

Um dem Betreiber von Atommeilern besser auf die Finger schauen zu können, hat das *Bayrische Landesamt für Umweltschutz* als Genehmigungsbehörde für bayrische Kernkraftwerke, erstmals überhaupt, ein Überwachungskonzept entwickelt, das »unter Einsatz von komplexen Einrichtungen zur Datenverarbeitung jederzeit eine Darstellung des außenwirksamen, sicherheitstechnischen Zustandes der angeschlossenen Kernkraftwerke ermöglicht« (1). Die sowohl im Reaktorgebäude als auch außerhalb (zum Beispiel am Kamin) angeschlossenen Meßsonden liefern kontinuierlich Werte an eine »unbemannte« Subzentrale auf dem Gelände der Anlage und gehen von dort alle Stunde in die KFÜ-Zentrale im Keller der Umweltbehörde am Münchner Rosenkavaliersplatz. Auch in der näheren und weiteren Umgebung des Atomkraftwerkes werden die Radioaktivität in der Luft und meteorologische Meßwerte ermittelt.

Auch bei einem Störfall, so schreibt der »Vater« der Fernüberwachung, Dr. Josef Vogl von der Bayrischen Landesanstalt, »lassen sich mit Hilfe der ständig verfügbaren Daten kurzfristig sachgerechte Schutzmaßnahmen für die Bevölkerung einleiten« (1). Der Computer als Berater bei der Evakuierung im Ernstfall? Die Bayern halten dies nicht für Utopie und empfehlen ihr System auch für andere Atommeiler. Die Begründung klingt plausibel:

Neben der Verbesserung der Betriebsüberwachung ist die selbsttätige Erkennung und Meldung von Störfällen ein besonderer Schwerpunkt des KFÜ. Hierfür ist ein Störmelder vorgesehen, der bei Grenzwertüberschreitungen von strahlenschutz- oder sicherheitsrelevanten Meßgrößen anspricht, eine Alarmroutine auslöst und sofort die Fernübertragung und Ausgabe des aktuellen Meßwertekollektivs veranlaßt.

Im Rahmen der durch einen Störfall ausgelösten Alarmroutine werden die Datenfernübertragungen von dem betroffenen Kernkraftwerk zur KFÜ-Zentrale automatisch auf 10-Minuten-Abstände verkürzt. Darüber hinaus werden auch die im Rechner vorzunehmenden Datenaufbereitungen dem verkürzten Zeittakt angepaßt, d. h. den graphischen Darstellungen der Meßwerte liegen nun die 10-Minuten-Mittelwerte zugrunde. Vor allem die Isodosenkurven sowie Lage und Betrag des Immissionsmaximums für das Reaktorumfeld werden im 10-Minuten-Zeittakt auf den neuesten Stand gebracht.

Die Darstellung der Isodosenkurven erfolgt dabei in einer maßstäblichen

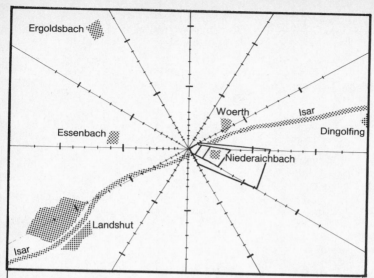

Computerausdrucke dieser Art produziert die bayrische Kernanlagen-Fernüberwachung (KFÜ). Sie sollen im Ernstfall dem Krisenstab Sofortinformationen über die Notwendigkeit von Räumungsmaßnahmen, in diesem Fall zum Beispiel die Evakuierung der Gemeinde Niederaichbach in unmittelbarer Nähe des Reaktors Isar-1, liefern.

---

graphischen Form auf einer Karte von der Umgebung des Kernkraftwerks, die eine unmittelbare Verwendung für die Katastropheneinsatzleitung vor Ort zuläßt. Dieser aktuelle Informationsfluß stellt eine Verbesserung gegenüber der derzeit gebräuchlichen Datengewinnung durch die Aussendung von Meßfahrzeugen dar. Die Einholung von Meßwerten aus der Umgebung des Kernkraftwerkes ist insbesondere bei ungünstigen Witterungsverhältnissen mit erheblichen Zeitverzögerungen verbunden und kann sich bei Verwendung der Ergebnisse der Ausbreitungsrechnung auf eine stichprobenartige Überprüfung der Rechenergebnisse beschränken (1).

Die Bedeutung des Reaktor-Fernüberwachungssystems für den Katastrophenschutz wird allerdings von anderen Fachleuten ganz entschieden bezweifelt. Zu den Kritikern des KFÜ gehört der Reaktor- und Notfallschutzexperte Professor Karl-Heinz Lindackers vom *TÜV Rheinland* in Köln. Seiner Meinung nach würde bei einem schweren Stör- oder Unfall womöglich so viel Radioaktivität frei, daß jedes Spürgerät in der bisherigen Auslegung versagen müßte.

In der Fernsehdokumentation »Evakuieren oder beten?« prallten die Aussagen von Lindackers und Vogl aufeinander:

Lindackers: In der bisherigen Installation ist das KFÜ-System für Notfallschutzmaßnahmen nicht geeignet!

Koch: Halten Sie es, Herr Dr. Vogl, für theoretisch denkbar, daß eine Situation in einem Kernreaktor entsteht, die Katastrophenschutzmaßnahmen erforderlich macht, die Ihnen aber durch dieses System nicht bekannt wird?

Vogl: Dieser Fall ist nicht denkbar, denn wir haben sowohl Sensoren an der Quelle, d. h. am Auslaß, am Kamin, an der Abwasserableitung, als auch Sensoren innerhalb der Anlage, so daß ich mir auch keinen Fall vorstellen kann, der sicherheitsrelevant ist und der zu einer Freisetzung radioaktiver Stoffe nach außen führen würde, der von dem System nicht momentan erkannt wird.

Lindackers: Das System kann nicht Unfälle erfassen, es ist nicht in der Lage dazu. Das ist eindeutig so. Wir haben das im *Ausschuß Notfallschutz in der Umgebung kerntechnischer Anlagen* sehr gründlich besprochen und das wissen auch die Herren der bayrischen Behörde (2).

Im *Bayrischen Staatsministerium für Landesentwicklung und Umweltfragen* sah man sich daraufhin genötigt, in einer Presseerklärung Lindackers Feststellung als »unrichtig« darzustellen. Auszug:

Selbst wenn angenommen wird, daß bei einem Störfall sowohl die Meßgeräte für den Normalbetrieb als auch die speziell für Störfälle ausgelegte Hochdosis-Meßstelle nicht mehr funktionstüchtig wären, erlauben die auf dem Kraftwerksgelände außerhalb der Gebäude und in der näheren Umgebung der Anlage vorhandenen Meßgeräte zur Erfassung der Dosisleistung und der Aerosolaktivität in Verbindung mit den Geräten zur Erfassung der meteorologischen Verhältnisse am Standort, eine umfassende und schnelle Beurteilung der Strahlenbelastung in der Umgebung der Kernenergieanlagen.

Die bayrischen Behörden sind gerne bereit, Herrn Dr. Lindackers die Informationen zu geben, die ihn in die Lage versetzen, das vom Bundestag für alle Kernkraftwerke in der Bundesrepublik geforderte KFÜ sachgerecht zu beurteilen (3).

Die Auseinandersetzung zwischen den bayrischen Umweltschützern, die sich wohl auch ein wenig in ihrer Fortschrittsehre gekränkt fühlen, und Karl-Heinz Lindackers (sowie anderer Wissenschaftler) ist sicherlich kaum mehr als ein Expertenstreit. Dennoch hat er für einen effektiven Katastrophenschutz erhebliche Bedeutung. Denn in den *Bundesministerien für Inneres* und *für Forschung und Technologie* plant man, die Reaktorfernüberwachung zur Auflage auch für andere Kernkraftwerke zu machen. Eine nicht ausgefeilte Meßanalytik und Computertechnik könnte aber im Ernstfall eher Verwirrung stiften als zum Beispiel Hilfestellung für Evakuierungsmaßnahmen leisten. Die Frage muß also beantwortet werden, ob die Konzeption des bayrischen KFÜ tatsächlich für den Super-GAU ausreichend ist. Wenn Three Mile Island in Bayern gelegen hätte, wäre die Fernüberwachung jedenfalls ziemlich nutzlos gewesen. Die Bildung einer Wasserstoffblase im Reaktor war bis dahin im KFÜ nicht vorgesehen – eine Meßsonde gab es nicht (4). Im unterirdischen Leitstand am Münchner Rosenkavaliersplatz wäre man somit sicherlich kaum schlauer gewesen als in der Kontrollwarte des Reaktors von Three Mile Island oder im Krisenstab der Atomkommission *NRC* in Washington.

Egmont R. Koch

1) Eder, E. und Vogl, J., »Das Kernreaktor-Fernüberwachungssystem in Bayern«, Schriftenreihe »Kernenergie und Strahlenschutz« des *Bayrischen Landesamtes für Umweltschutz*, Heft 1, München 1978.
2) Sendeniederschrift »Evakuieren oder beten?«, *WDR*, Sendung am 29. 11. 1979, 20.15 Uhr, 1. Programm, S. 7.
3) Pressemitteilung des *Bayrischen Staatsministerium für Landesentwicklung und Umweltfragen* v. 30. November 1979.
4) pers. Mitteilung Dr. E. Eder, wissenschaftl. Mitarbeiter im *Bayrischen Staatsministerium für Landesentwicklung und Umweltfragen*, an Egmont R. Koch.

Landkreise Hessens nicht informiert wurden. Was das Kernkraftwerk Kahl betreffe, klagte Schmitt, so sei von Anfang an die Zusammenarbeit der bayrischen und hessischen Behörden »denkbar schlecht« gewesen (15).
Bislang wurden im Bundesgebiet etwa 7000 ABC-Helfer ausgebildet, wobei die Zugführer an einem Speziallehrgang teilneh-

Ausstattung der ABC-Züge in der Bundesrepublik

Bundes-land	Kernkraftwerke (in Betrieb oder im Bau)	ABC-Züge An-zahl	Hel-fer	Spür-fahr-zeuge	Entseuchungs-fahrzeuge (DMF)
Bayern	Grafenrheinfeld, Gundremmingen, Kahl, Ohu	33	1344	29	15
Baden-Württem-berg	Karlsruhe (2), Neckarwestheim, Obrigheim, Philips-burg, Whyl	22	881	22	11
Rheinland-Pfalz	Mülheim-Kärlich	16	625	17	8
Hessen	Biblis (2)	17	564	16	9
Nordrhein-Westfalen	Jülich, Würgassen	58	2436	53	26
Nieder-sachsen	Esenshamm, Grohnde, Lingen, Stade	28	972	22	11
Hamburg		2	59	4	2
Bremen		3	126	3	1
Schleswig-Holstein	Brokdorf, Bruns-büttel, Krümmel	16	584	18	9
Saarland		4	140	2	1

men müssen, »um ein auf ihren Rahmen abgestimmtes Beurteilungswissen zu erwerben« (16).

Die *Rahmenempfehlungen* sehen regelmäßige »Alarm- und Einsatzübungen« der ABC-Helfer vor. In den meisten Fällen erfolgt die Alarmierung »still«, d. h. die Hilfskräfte werden per Telefon vom Arbeitsplatz oder heimischen Herd zu ihrem Einheiten kommandiert. Nach einer Umfrage des *Bundesamtes für Zivilschutz* sind bei einer Alarmierung »beim Aufenthalt zu Hause etwa 80 % der Helfer sofort abkömmlich, beim Aufenthalt am Arbeitsplatz rund 41 %«. Es könne davon ausgegangen werden, daß in jedem Fall die Einheit »nach spätestens zwei Stunden voll einsatzfähig« sei (16). Im Ernstfall kann das unter Umständen zu spät sein.

Daß beim Einsatz jeder Handgriff sitzen muß, läßt sich trainieren. Auch das Atmen unter den schweren Gummimasken. Psychologie dagegen steht nicht auf dem Ausbildungsprogramm. Doch wie wäre der Gemütszustand eines jeden im Katastrophenfall? »Da werden bestimmt welche dabei sein, die doch etwas Angst haben«, vermutet Udo Dierkes, KFZ-Mechaniker und Freiwilliger beim für den Reaktor Würgassen zuständigen Katastrophenschutz des Kreises Höxter. Und er bekennt, »selbst ... auch nicht ohne Angst dabei« zu sein (17).

Sind die Helfer überhaupt der Krisensituation gewachsen? Würden sich einige weigern, in die Nachbarschaft des defekten Atommeilers zu gehen, in den unmittelbaren Gefahrenbereich? Wäre unbedachtes Handeln der ganzen Truppe, Panik gar, die ·Folge? Oder lassen sich die Ängstlichen vom Mut der anderen anstecken?

Wer jemals ländliche Feuerwehren im Einsatz gesehen hat, weiß, daß die Freiwilligen immer vorneweg marschieren. Aber sind Brand- und Atomkatastrophen vergleichbar? Feuer kann man sehen, Hitze spüren. Radioaktivität dagegen entzieht sich dem menschlichen Sinnessystem. Nur die Meßinstrumente gäben Anhaltspunkte über die tatsächliche Bedrohung.

Zusätzliche Probleme sind vorprogrammiert: 50 % der ABC-Züge setzten sich aus sogenannten »nicht organisationsgebundenen« Helfern zusammen, d. h. sie werden in Regie der Hauptverwaltungsbeamten kreisfreier Städte und Landkreise geführt. Die andere Hälfte der Einheiten des *Zivilen Katastrophenschutzes* rekrutiert sich vornehmlich aus Angehörigen der Feuerwehren, des *Technischen Hilfswerkes*, des *Deutschen Roten Kreuzes*, des *Malteser Hilfsdienstes*, der *Johanniter-Unfallhilfe* und des *Arbeiter-Samariter-Bundes* (in Berlin plant man

Allzeit bereit?

Was den zehn Hilfsdiensten in der Bundesrepublik Deutschland...

Organisation	Personal	Etat (in Mill. Mark)	Staats-zuschüsse (in Mill. Mark)	Material
Freiwillige Feuerwehren	809 518	541	183	Löschfahrzeuge, Bergungs-geräte, Anlagen für Strahlen-schutz, Instandsetzungsanla-gen für Strom-, Wasser- und Gasversorgung, Räumfahr-zeuge, Rettungsfahrzeuge
Berufsfeuerwehr	19 564	989	–	
Werks- und Betriebs-feuerwehren	35 959	unbe-kannt	betrieb-lich finanziert	
Technisches Hilfswerk	70 000	30,7	–	
Deutsches Rotes Kreuz e. V.	300 000	1 500	500	Rettungs-, Notarzt- und Kran-kenwagen, Wasseraufberei-tungsanlagen, Hilfs- und Seuchenkrankenhäuser, Feld-küchen, Notunterkünfte, Not-stromanlagen, Blut-Depots, Medikamentenlager, Transportfahrzeuge, Fernmeldeeinrichtungen
Malteser-Hilfsdienst e. V.	27 557	48,9	1,9	
Arbeiter-Samariter-Bund e. V.	15 000	25	1	
Johanniter-Unfallhilfe e. V.	11 787	24	1,5	
Deutsche Lebens-Rettungs-Gesellschaft e. V.	135 000	7,2	0,06	Rettungskreuzer, Boote, Einsatzfahrzeuge
Deutsche Gesellschaft zur Rettung Schiffbrüchiger	150	13,6		

... und ihren Nothelfern zur Verfügung steht

Bundeswehr	495 000	3 610	–	Rettungs- und Bergungsgerät, Räumfahrzeuge, Sanitäts- und Fernmeldeeinrichtungen, Hub-schrauber und Flugzeuge, Wasserversorgungsgerät, Strahlenschutz- und Entseuchungsanlagen
Bundesgrenzschutz	22 247	980	–	Einsatz- und Versorgungs-fahrzeuge, Fernmeldeeinrich-tungen, Hubschrauber
Polizei	154 000	7 200	–	

Quelle: *Wirtschaftswoche* 6/79, S. 38.

auch Mitglieder der *Deutschen Lebensrettungs-Gesellschaft DLRG* für ABC-Zwecke auszubilden). Da alle diese Organisationen erfahrungsgemäß nicht gerne und gut miteinander kooperieren, sind erhebliche Schwierigkeiten bei der Zusammenarbeit und Kompetenzstreitigkeiten zu erwarten.

Wenngleich die teilweise aufopfernde Tätigkeit der Freiwilligen keineswegs verkannt werden soll, so muß die Ausbildung, Ausstattung und Organisation des *Zivilen Katastrophenschutzes* doch als äußerst problematisch gesehen werden. Im Ernstfall kann man also nur auf den zusätzlichen Einsatz von Armee und Bundesgrenzschutz hoffen. Ohne deren Hilfe, so gesteht Albert Bürger, Präsident des *Deutschen Feuerwehrverbandes*, könnten die zivilen Retter nicht »mehr als wenige Tage« durchstehen. Es fehle an allen Ecken, um verbrauchtes Material und erschöpfte Retter ersetzen zu können. Angesichts dieser Situation verfiel der hessische CDU-Landtagsabgeordnete Christian Bartelt nach einer Analyse der Notfallvorsorge ins Beten: »Gott schütze den Katastrophenschutz«, flehte der Politiker, »vor einer Katastrophe« (8).

Ein blamables Spektakel

Selten genug proben Deutschlands Katastrophenschützer den Kernkraft-Ernstfall. Wenn sie es doch einmal tun, wie im Herbst 1978 in Baden-Württemberg, bestätigten sich die schlimmsten Befürchtungen:

Die Reaktor-Katastrophe begann pünktlich zu Dienstbeginn. Als am 16. Oktober 1978 um 8.35 Uhr der Schichtleiter des Gemeinschaftskraftwerks Neckar (GKN) dem zuständigen Stuttgarter Regierungspräsidenten, Manfred Bulling, einen kerntechnischen Unfall meldete, lagen in den Einsatzleitungen gespitzte Bleistifte und die notwendigen Unterlagen griffbereit. Man war gut präpariert für die erste große Stabsrahmenübung des atomaren Katastrophenschutzes. Knapp sieben Stunden lang, so hatte man vereinbart, sollten die Notfall-Experten und Verantwortlichen des Landes den nuklearen Ernstfall proben – das Ende war für 15.00 Uhr, rechtzeitig zu Dienstschluß, angesetzt. Ministerpräsident Lothar Späth, der in seiner Amtszeit als Innenminister die Übung angeregt hatte, sollte per Direktschaltung über den Stand der Dinge auf dem laufenden gehalten werden.

Was an jenem Montag morgen in den zuständigen Landsratsämtern, Rathäusern, dem Regierungspräsidium und anderswo in Baden-Württemberg als eine Übung begann, die »dieser Art und dieses Ausmaßes vorher noch nie durchgeführt« worden war – so Innenminister Dr. Guntram Palm später (18) –, geriet in weiten Teilen zu einer Farce, zu einem »Ernstfall-Training«, das überhaupt nur dort funktionierte, wo wochenlange Vorbereitungen einen ziemlich reibungslosen Verlauf garantierten, das aber in den nicht zu planenden Phasen so eklatante Lücken und Fehler offenbarte, die nur einen Eindruck zulassen: Im Ernstfall wäre es tatsächlich die Katastrophe gewesen.

Umfangreiche Vorkehrungen für die »Demonstration« waren schon deshalb notwendig, weil in der Stuttgarter Liederhalle über 250 Beobachter (Bundes- und Landtagsabgeordnete, Presse, Rundfunk und Fernsehen aus dem In- und Ausland, Beamte der zuständigen Behörden, Atom-Experten und Katastrophenschützer) durch Fernsehübertragung dem Geschehen im Einsatzzentrum live folgen konnten, das Spektakel damit selbstredend nicht als Blamage enden durfte (und es schließlich doch tat).

Ausgesprochen positiv fiel der Erfahrungsbericht Palms aus, den er am 2. April 1979 (noch während man in Three Mile Island die erste Kernkraft-Katastrophe abzuwenden versuchte) der Öffentlichkeit vorstellte. Die Auswertung beweise, so heißt es dort, daß die Katastropheneinsatzplanung des Landes für kerntechnische Anlagen richtig angelegt sei. Die in den Einsatzplänen vorgesehenen Maßnahmen zum Schutze der Bevölkerung würden ihrer Aufgabe voll gerecht (18).

Anderswo war man ganz anderer Meinung. Im Auftrage des *Bundesministerium des Innern* hatten die vier Notfallschutz-Experten Hubert Burger, Wolfgang Preuß, Gerd Reinartz und Horst Schnadt aus dem *Institut für Unfallforschung* des *TÜV Rheinland* in Köln den Ablauf der Übung beobachtet. In ihrem unveröffentlichten Erfahrungsbericht üben die *TÜV*-Wissenschaftler zum Teil recht unverblümt Kritik an den baden-württembergischen Katastrophenschutz-Behörden (19). Dabei hatte das Stuttgarter *Innenministerium* die Großübung am grünen Tisch mit dem Argument begründet, daß »die Einsatzbereitschaft des Katastrophenschutzes ... nur durch Übungen, die realistisch und praxisnah gestaltet sind, gewährleistet werden« könne (20).

Realistisch und praxisnah an der GKN-Übung war allenfalls noch der um 9.05 Uhr vom Betreiber des Kernkraftwerkes (simuliert) gegebene Katastrophenalarm:

Hier spricht der Betriebsingenieur vom Dienst. Druck und Temperatur im Containment sinken nicht ab, sondern steigen langsam weiter an. Der Druck beträgt zur Zeit 4,6 bar.

Im Ringraum tritt geringfügig erhöhte Aktivität auf, die kontrolliert über den Kamin abgegeben wird. Es sind etwa 0,5 Ci/s.

Wegen des steigenden Drucks im Containment kann nicht ausgeschlossen werden, daß größere Mengen Radioaktivität freigesetzt werden. Die Dosisbelastung in der Umgebung kann möglicherweise 5 rem übersteigen. Wir empfehlen die vorsorgliche Auslösung des Katastrophenalarms.

Beim GKN herrscht folgende Wetterlage:

Wetterkategorie: D – neutral

Windrichtung: West-Südwest 245°–250°

Windgeschwindigkeit: 2,5 m/s.

Unmittelbar betroffen wären z. Zt. die Gemeinden Neckarwestheim und Ilsfeld (mit Schozach). Unser Betriebsmeßtrupp wird in Kürze starten und Messungen in der Zentralzone durchführen. Die *Kerntechnische Hilfsdienst GmbH*, die *Landesanstalt für Umweltschutz* und ein Meßwagen vom Kernkraftwerk Obrigheim wurden bereits um 8.40 Uhr angefordert (21).

Nach kurzer Besprechung im Katastrophenstab löste Regierungspräsident Manfred Bulling als oberster Einsatzleiter um

9.20 Uhr Katastrophenalarm aus, obwohl die vorliegenden Informationen diese Entscheidung noch gar nicht rechtfertigten. Es hätte daher »durchaus die Möglichkeit bestanden, auf die Auslösung des Katastrophenalarms zu verzichten«, schreiben die *TÜV*-Experten. »Faktisch bestand diese Möglichkeit jedoch kaum« (22). Wenn man dem Regierungspräsidenten auch zubilligt, hier eine objektiv schwierige Entscheidung letztlich richtig getroffen zu haben, hatte er wohl im Grunde genommen auch keine andere Wahl, wenn er nicht sämtliche Beobachter in der Liederhalle nach 30 Minuten wieder nach Hause schicken lassen wollte. Mit anderen Worten: Die Übung baute natürlich auf den Katastrophenalarm auf, Bulling konnte sich also allenfalls den Zeitpunkt aussuchen. Also warum dann später und nicht sofort?

Als die genannte Meldung aus dem GKN im Einsatzzentrum eintraf, »waren die Mitglieder des Katastrophenschutz-Stabes schon vollzählig versammelt und die Arbeitsunterlagen vorbereitet ... Bereits um 9.13 Uhr erschien der Verbindungsmann des Betreibers, obwohl die Fahrt vom GKN nach Stuttgart normalerweise länger dauert«, notierten die TÜV-Beobachter (23). Den Übungsteilnehmern war natürlich schon von vornherein klar, daß eine (theoretische) Evakuierung geübt werden sollte. Damit alles reibungslos verläuft, wurde daher in Heilbronn »schon zwischen 8.57 und 9.11 Uhr die Bereitstellung von 59 Bussen bei Privatunternehmern, Bahn und Städtischen Verkehrsbetrieben veranlaßt, ... um 9.00 Uhr Lautsprecherfahrzeuge ... in Marsch gesetzt, ... um 9.12 Uhr die Aufnahmegemeinden Eppingen, Neckarsulm und Oedheim (angewiesen), Notfallstationen einzurichten« (24). Diese vorsorglichen Maßnahmen, so monieren denn auch die vier Wissenschaftler des *TÜV Rheinland* in ihrem Bericht, »wurden offensichtlich durch den in den Vordergrund gerückten Übungszweck, die Palette der vorbereiteten Sofortmaßnahmen zu erproben, erheblich beeinträchtigt« (25).

Erst zehn Minuten nach diesen Anweisungen, um 9.23 Uhr, entschied Regierungspräsident Bulling »wie ein General, (obwohl) er ... manchmal leger wie ein Gefreiter« dasaß (so Innenminister Palm später) (18), daß die Bevölkerung durch Sirenen alarmiert werden müsse. Die Rundfunkdurchsage und der Einsatz von Lautsprecherwagen seien umgehend vorzubereiten. Um 9.36 Uhr gab er schließlich Anweisung, unverzüglich mit den Evakuierungen anzufangen.*

Um 9.40 Uhr waren die ersten Strahlenspürtrupps der Polizei im Einsatz. Nach den *Rahmenempfehlungen* sind erst ihre Meßergebnisse Grundlage für die Entscheidung zur Räumung eines bestimmten Gebietes (28). Diese trafen jedoch erst eine Stunde später, ab 10.28 Uhr im Regierungspräsidium ein (29). Auch exakte meteorologische Angaben vom Ort des Geschehens lagen zum Zeitpunkt der Evakuierungs-Anordnung noch nicht vor. Bulling verließ sich demnach vollständig auf die Empfehlung des Kernkraftwerk-Betreibers, Neckarswestheim und Ilsfeld zu räumen. Wenn zwischen 9.30 Uhr und 10.30 Uhr der Wind gedreht hätte, wäre womöglich genau in der falschen Richtung evakuiert worden. Auch hieran wird deutlich, daß bei der Übung die wichtigsten Entscheidungen lange vorher drehbuchmäßig festgelegt worden waren.

Bei der Durchführung der Maßnahmen: Alarmierung der Bevölkerung, Evakuierung, Entseuchung in den Notaufnahmestationen kam es dann trotz optimaler Vorbereitung zu erheblichen Pannen: Obwohl zusätzliche Fernmeldeleitungen bereits vor Beginn der Übung geschaltet worden waren, ergaben sich in der Kommunikation zum Teil »erhebliche Schwierigkeiten.

* Für den GKN-Reaktor sind Evakuierungspläne für einen Umkreis von etwa sechs Kilometern vorbereitet (26). In den *Rahmenempfehlungen* des Bundes gibt es diese Abgrenzung nicht, sie kennen nur die Zentralzone (2 km Umkreis), die Mittelzone (10 km Umkreis) und die Außenzone (25 km Umkreis). Die *Deutsche Risikoanalyse* geht von Evakuierungslänen in einem 8 km Umkreis aus. Derlei Zahlenwirrwarr ist einer einheitlichen Planung nicht gerade dienlich (27).

... Leitungen waren blockiert. Die Behörden verfügten nicht über Standleitungen, durch die Blockierungen vermeidbar gewesen wären« (30).

Die Probleme im Informationsfluß, die auch für die anderen zur Verfügung stehenden Nachrichtensysteme galten, hatten zeitweise eine totale Verwirrung zur Folge:

Um 9.40 Uhr wurden in den betroffenen Regionen die Sirenen eingeschaltet. Eine Minute Dauerton bedeutet: sofort die Rundfunkgeräte einschalten. Doch dort lief derweil nur das allmorgendliche Hausfrauenprogramm mit viel Musik. Erst 40 Minuten später begann (simuliert, also nicht tatsächlich ausgestrahlt) der Evakuierungsaufruf über die Rundfunksender, so daß »ein Großteil der Bevölkerung, der zum Zeitpunkt des Sirenenalarms das Radio eingeschaltet ..., einen Fehl- oder Probealarm vermutet« und die Geräte womöglich wieder ausgestellt oder das Programm gewechselt hätte (31).

Auch die Katastrophenschützer in den Landrats- und Bürgermeisterämtern erfuhren nichts von der Rundfunkdurchsage – sie hatten allesamt vergessen, Radios von zu Hause mitzubringen und in den Behördenstuben waren natürlich keine Geräte aufzutreiben*.

Das Landratsamt Heilbronn, das die Einsatzleitung vor Ort hatte, rief daraufhin im Regierungspräsidium an, um den Text »des über Rundfunk übertragenen Evakuierungsaufrufs an die Bevölkerung« zu erfragen (32). Man wollte die eigenen Maßnahmen darauf abstimmen. Der zuständige Landratsbeamte konnte die vier DIN-A4-Seiten langen Informationen aber nur stichwortartig notieren, so daß man sie anschließend sicherheitshalber noch einmal per Fernschreiber anforderte.

---

* In der Analyse des Stuttgarter *Innenministeriums* wird dies als »übungsbedingt« dargestellt, d. h. man versteckt sich hinter dem Argument, daß eben tatsächlich gar keine Radiodurchsagen erfolgt seien (33). Auf die Tatsache, daß weder in den Landratsämtern noch in den Rathäusern Rundfunkgeräte zur Verfügung standen, geht man mit keinem Wort ein.

Um 10.04 Uhr ließ die Übungsleitung einspielen, daß weite Teile der Bevölkerung das Sirenensignal offenbar nicht verstanden hätten und man deshalb in Neckarwestheim und Ilsfeld jetzt mit Lautsprecherwagen zur Evakuierung aufrufen solle*.

Einige Minuten später gab das Regierungspräsidium offizielle Order zum Evakuieren – über Funk, nachdem man lange vergeblich versucht hatte, eine telefonische Verbindung herzustellen (32). Im GKN hatte sich zwischenzeitlich die Situation verschärft.

Wie aber sollte man evakuieren, wenn weite Teile der Bevölkerung noch von nichts ahnten. Noch immer fehlte der Text für die Lautsprecherdurchsage.

Um 11.30 Uhr, fast eineinhalb Stunden später, tickerte der Fernschreiber ihn endlich in voller Länge durch.

Und dann steigerte sich die Übung, zumindest im Landratsamt Heilbronn, zur Groteske: Die Beamten kamen nicht zu der Erkenntnis, daß der Text aus Stuttgart »wegen seiner Länge für eine Lautsprecherdurchsage völlig ungeeignet« sei (36). Anstatt ihn zu kürzen, was Eigeninitiative erfordert hätte, oder das Regierungspräsidium wegen einer Klärung zu konsultieren, was vermutlich wegen der ewig blockierten Telefonleitungen nicht klappte, schickte man also gegen 12.00 Uhr drei (!) Lautsprecherwagen mit dem Telex-Original in die Gemeinden Ilsfeld (4400 Einwohner) und Neckarwestheim (1500 Einwohner). Auch die Tatsache, daß um 11.45 Uhr eine zweite Rundfunkdurchsage erfolgte, die die erste – die man Minuten später über Megaphon ausrufen ließ – in wesentlichen Punkten korrigierte bzw. ergänzte, blieb den Männern im Heilbronner Landratsamt verborgen. Diplomatischer Kommentar der *TÜV*-Beobachter: »Eine Information der Bevölkerung in angemessener

---

* Das Regierungspräsidium hatte die Landespolizei zudem angewiesen, Lautsprecherdurchsagen aus dem Hubschrauber zur Warnung und Information der Bauern auf den Feldern und in den Weinbergen vorzunehmen (34).

Zeit (war) nicht möglich« (37). »Insgesamt«, so notierte man in den Unterlagen, »verzögerte sich der Evakuierungsbeginn damit um 80 Minuten« (37). Im Ernstfall wären es für viele womöglich 80 entscheidende Minuten gewesen. Etwa zwanzig Minuten bevor (!) die drei Lautsprecherwagen mit ihren Mammut-Durchsagen beginnen konnten, waren in Neckarwestheim und Ilseld bereits sämtliche Busse für die Evakuierung eingetroffen (38).

Da die Räumung natürlich nicht tatsächlich durchgeführt, sondern nur mit Hilfe eines Computermodells (EVAS)* des *TÜV Rheinland* simuliert wurde, lassen sich die für die Evakuierung zugrunde gelegten Zeiten nur schwerlich nachprüfen. Sie scheinen jedoch unrealistisch:

Man ging davon aus, daß zwei Drittel der Bewohner von Ilsfeld und Schozach, also rund 2900 Personen, im Ernstfall das Gebiet längst mit eigenen Fahrzeugen verlassen hätte, mit PKWs, Traktoren und Lieferwagen. Die restlichen 1500 Einwohner – so ist es in den Berichten nachzulesen –, von denen ein Großteil um 12.00 Uhr von dem Reaktor-Unfall und der Räumungs-Anordnung noch nichts wußte, wurden bereits um 12.55 Uhr aus der Gemeinde gebracht. Am grünen Tisch mag das so funktionieren, aber in der Realität?

Wie viele würden sich selbst im Ernstfall weigern, Haus und Hof zu verlassen? Dürfte man zur Evakuierung Zwangsmittel anwenden? Im Einsatzzentrum kam man nach reiflicher Überlegung zu dem Ergebnis, keine Polizeigewalt anwenden zu wollen (39). Im Landratsamt sah man auch das anders: Um 13.34 Uhr an jenem Übungs-Montag wurden »Einsatzkräfte der Feuerwehr angekündigt, die die Aufgabe hätten und er-

---

* Mit Hilfe des *Eva*kuierungs-Simulationssystems ist es möglich, unter Einbeziehung der spezifischen Daten, wie Zahl der zu evakuierenden Personen, Anzahl der Fahrzeuge, lokale Verhältnisse usw. Evakuierungsverläufe zu berechnen. Das Computermodell wurde vom *Institut für Unfallforschung* des *TÜV Rheinland* erstellt.

mächtigt seien, notfalls Personen zwangsweise zu evakuieren« (40). Eine Stunde später bestätigte man auf Nachfrage erneut, daß »die zwangsweise Evakuierung fortgesetzt werden solle«, in der Theorie, und sie wäre – so schreiben die *TÜV*-Experten – in der Praxis »zumindest in der Gemeinde Ilsfeld« auch wohl erfolgt. Als Grund vermuten die Beobachter ein »Mißverständnis« oder »eigenmächtiges Vorgehen eines Stabsmitgliedes«* (41). Das Stuttgarter *Innenministerium* bleibt allerdings bei der Behauptung, daß »keine Zwangsmittel angewandt« wurden (42).

Für die mit Privatfahrzeugen aus dem Gebiet flüchtenden Personen hatte der Krisenstab die zusätzliche Versorgung mit Jodtabletten (16 000 Stück, abgepackt in Zehnerstreifen) vorgesehen** und dafür Feuerwehrleute an die Ausfallstraßen beordert. Verkehrslenkende Maßnahmen waren freilich vergessen worden (43), so daß »auch an solchen Ausfallstraßen Ausgabestellen eingerichtet wurden, die für den Evakuierungsverkehr nicht vorgesehen waren. Die dort bereitgestellten Tabletten fehlten an anderen Stellen«. Als die über Funk angeforderten zusätzlichen Jod-Pillen schließlich eintrafen, war die Evakuierung längst abgeschlossen*** (44). Gegen 13.00 Uhr setzte

* In den *Rahmenempfehlungen* taucht der Begriff »Zwangsevakuierung« nicht auf. Unter den verantwortlichen Landräten und Oberkreisdirektoren gibt es daher keine einheitliche Rechtsauffassung: Einige plädieren für Zwangsmaßnahmen, andere lehnen sie ab. Ähnliches gilt für die Zwangs-Dekontamination. Hierzu heißt es in den *Rahmenempfehlungen*: »Das gefährdende Gebiet verlassende Personen sind, sofern Kontaminationsgefahr besteht, den Sammelplätzen zur Kontaminationskontrolle zuzuleiten und gegebenenfalls anschließend einer Dekontamination zu unterziehen« (45) – notfalls also mit Polizeigewalt?
** Jodtabletten sollen die Schilddrüse blockieren, damit sich in ihnen nicht das möglicherweise aus dem Unfallreaktor freiwerdende radioaktive Jod anlagert. Die Strahlung könnte ansonsten Schilddrüsenerkrankungen und später -krebs hervorrufen (siehe dazu S. 197ff.).
*** Bei der Verteilung der Jodtabletten in der Mittelzone (Ortsteil Auenstein) ergaben sich zusätzliche Schwierigkeiten, »weil die Bevölkerung um 12.10 Uhr aufgefordert worden war, sich zu ihrem Schutz in die Keller zu begeben«, also die Häuser nicht zu verlassen (46).

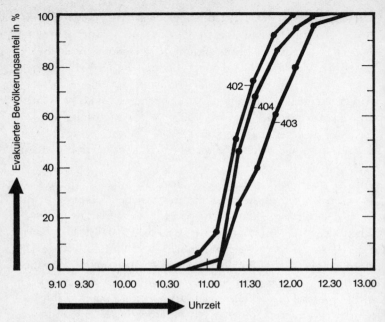

Nach den Berechnungen des *TÜV Rheinland* verlief die Evakuierung im Rahmen der GKN-Übung problemlos. Alle Simulationsmodelle (402, 403, 404) kamen zu dem Ergebnis, daß nach etwa 2 Stunden die Gemeinden Ilsfeld, Schozach und Neckarwestheim mit ihren rund 6000 Einwohnern geräumt worden wären.

(Quelle: »Erprobung des Evakuierungs-Simulationssystems EVAS«, Teil 4 Verlaufsanalyse der Stabsrahmenübung GKN 1978, Köln 1979)

sich also der Flüchtlingstreck in Richtung auf die Notaufnahmestationen in Bewegung. Als die Buskolonne jedoch auf dem vorgeschriebenen Evakuierungsweg die Autobahnauffahrt Auenstein/Ilsfeld erreichte, war diese unprogrammgemäß gesperrt. Aufgrund ihrer Ortskenntnisse schlugen sich die Busfahrer dann über Landstraßen nach Neckarsulm durch (47). Später rechtfertigten sich die Einsatzleiter damit, daß man im

Wenn die radioaktive Wolke vorübergezogen ist, muß umgehend mit der Entgiftung des Areals begonnen werden, so wie es hier eine Spezialeinheit der Bundeswehr demonstriert.

Katastrophenfall die Autobahnauffahrt hätte öffnen können, ein Argument, das freilich an der Fehlplanung an sich nichts ändert. Die »Notwendigkeit der Berücksichtigung der aktuellen Verkehrslage« sollte eigentlich auf der Hand gelegen haben, schreiben die *TÜV*-Wissenschaftler in ihrer Manöverkritik, zudem müßten »Alternativrouten vorab festgelegt und in die Evakuierungspläne aufgenommen werden«.

An acht Stellen in der weiteren Umgebung des Reaktors hatte man Notaufnahmestationen mit Entseuchungsvorrichtungen (Dekontaminationseinheiten) aufgebaut, wobei die für den Betrieb zuständigen ABC- und Sanitätszüge aus benachbarten Regierungsbezirken abgezogen werden mußten, »da die Kapazität der im Landkreis vorhandenen nicht ausreichte«. Diese ABC-Trupps waren erst zwischen 13.00 und 14.00 Uhr an den genannten Orten einsatzbereit (48).

Auch die Strahlenärzte ließen auf sich warten (49). Man hatte sie um 11.00 Uhr benachrichtigt und ihr Eintreffen aus Karlsruhe und Freiburg für 14.30 Uhr angekündigt. Sie trafen noch später, nach und nach, ein. Daß damit die »strahlenärztliche Betreuung erst sehr spät möglich gewesen wäre«, erscheint den Beobachtern vom *TÜV Rheinland* »bedenklich« (50). Noch problematischer bewerten sie jedoch die Strahlenkontrolle und Dekontamination in den Erste-Hilfe-Stationen. »Unter der Annahme, daß sie bei der Übung unterstellten Evakuierungsverläufe realistisch sind, ergibt sich eine Gesamtzahl von ca. 5100 Personen, die bis 13.00 Uhr (!) bei den Kontrollstellen angekommen wären. ... Es ergibt sich daher das schwerwiegende Problem, daß die Notfallstationen noch gar nicht einsatzbereit sind, während die evakuierte Bevölkerung bereits in den Aufnahmegemeinden eingetroffen ist« (51).

Bei Übungsende, gegen 15.00 Uhr, »waren in den Dekontaminationsstellen insgesamt 1560 Personen – simuliert – dekontaminiert worden, ca. 1450 standen noch zur Dekontamination an«, heißt es dagegen im Erfahrungsbericht des baden-württembergischen *Innenministeriums*.[*]

Fünf Minuten vorher hatte man planmäßig aus dem GKN Entwarnung gegeben: Die Reparaturarbeiten am defekten Reaktor, so wurde verlautet, seien erfolgreich verlaufen. Überall konnten die Katastrophenschutz-Beamten daraufhin pünktlich zum Feierabend ihre Bleistifte aus der Hand legen.

Die Erprobung des Kernkraft-Ernstfalls in Neckarwestheim läßt mehr Fragen offen als sie beantwortet: Was wäre gesche-

---

[*] Bei einer maximalen Entseuchungskapazität von 60 Personen pro Stunde durch einen ABC-Zug, wie sie das *Bundesamt für Zivilschutz* angibt, hätten in acht Notfallstationen in zwei Stunden, nämlich von 13.00 Uhr bis 15.00 Uhr, im Höchstfall 960 Personen dekontaminiert werden können.

hen, wenn sich – wie zum Beispiel in Three Mile Island – auch die Bevölkerung der angrenzenden Gemeinden mit Sack und Pack auf den Weg gemacht und durch die Flüchtlingskolonnen sämtliche Hauptstraßen blockiert wären? Wie hätte die Polizei reagiert, wenn die außerhalb, in Stuttgart oder Ludwigshafen arbeitenden Ehemänner und Väter in das Gefahrengebiet gekommen wären, um bei ihren Familien zu sein? Und wenn sich zwischenzeitlich der Wind gedreht hätte?

Doch derlei Kritik wollte man in Stuttgart nicht gelten lassen. Die Katastrophenschutzleitungen der verschiedenen Ebenen, so hieß es bei Vorstellung des Erfahrungsberichts am 2. April 1979, hätten gute Arbeit geleistet. Zu loben seien vor allem die schnellen und wirksamen Entscheidungen des Regierungspräsidenten Manfred Bulling, der selbst die von den Planern der Übung eingebaute Schikane (laut »Drehbuch« hatte sich um 10.50 Uhr im Heilbronner Hauptbahnhof ein schweres Eisenbahnunglück ereignet, bei dem mehrere Verletzte zu versorgen waren) hervorragend gemeistert habe.

Kurzum: Die Übung habe gezeigt, daß »die in den besonderen Einsatzplänen vorgesehenen Maßnahmen zum Schutze der Bevölkerung ... der Aufgabe, die nach den *Rahmenempfehlungen* dem Katastrophenschutz in diesem Bereich zukommt, gerecht« werden (18). Baden-Württemberg – ein Musterländle der atomaren Notfallvorsorge?

Zweifel sind denn doch wohl angebracht, ob der Verlauf der Übung ein solches Urteil rechtfertigt. Neben den sichtbar gewordenen Lücken, neben den vielen (vermeidbaren) Pannen, kritisieren die Beobachter des *TÜV Rheinland* vor allem den Charakter der Übung. Auszüge:

- Die Übung vermittelt den Eindruck, daß die Einsatzbereitschaft der Stäbe schnell hergestellt werden kann. Dies dürfte im Ernstfall länger dauern.

- Die Vorinformation, daß eine Evakuierung geübt werden sollte, beeinflußte offensichtlich den Ablauf. Die bis zur

Evakuierungsanordnung vorliegenden Informationen ließen die Notwendigkeit einer Evakuierung nicht deutlich werden. Die Abwägung anderer Schutzmaßnahmen unterblieb weitgehend.

- Einige Erörterungen und Erläuterungen während der Lagebesprechungen vermittelten den Eindruck, daß mehr die externen Beobachter und nicht so sehr die Stabsmitglieder unterrichtet werden sollten. Die Anwesenheit von Fachbeobachtern und Presse prägten den Charakter der Übung. Neben der Überprüfung der Effizienz trat auch die Demonstration der Effizienz der Katastrophenschutzorganisation in den Vordergrund. Daneben führte die Anwesenheit der Pressebeobachter und Kameraleute zu erheblichen akustischen und optischen Störungen.
- Die Übungsdauer war beschränkt. Daher konnten einige Maßnahmen nicht erprobt werden, wie z. B. der Wechsel der Einsatzkräfte oder die Dekontamination.
- Da die Übung in der normalen Arbeitszeit stattfand, traten verschiedene Probleme nicht auf, wie z. B. Anforderung und Verfügbarkeit privater Busse nachts oder am Wochenende, Erreichbarkeit der Stabsmitglieder usw.

Lediglich was den letzten Punkt der Kritik angeht, gestehen die Organisatoren der Übung zu, daß künftig »auch außerhalb der Dienstzeit, insbesondere nachts, Alarmübungen abgehalten werden (müssen), da nicht davon ausgegangen werden kann, daß ein ebenso schnelles und reibungsloses Zusammentreten der Katastrophenschutzleitungen ohne Übung auch außerhalb der Dienstzeiten gewährleistet ist« (52).

Am Gesamturteil vermag solcherlei Einsicht freilich nichts zu ändern: Es war eine große Show, die noch nicht einmal glatt über die Bühne ging!

Zu viele Tabus

In seinem Bericht über die GKN-Übung kam das Stuttgarter *Innenministerium* auch zu der Überzeugung, daß die Bevölkerung bereits über die im Eventualfall anstehenden Maßnahmen informiert sei, wobei das »Grundwissen ... durch die Ausgabe eines Informationsblattes ›Notfallschutz in der Umgebung kerntechnischer Anlagen‹ vermittelt« werde und eigentlich nur noch geprüft werden müsse, »ob ausländische Mitbürger ausreichend informiert sind« (53).

Für diese Behauptung fehlt allerdings in dem Erfahrungsbericht jedweder Beweis, fand doch die Evakuierungsübung »im Saale« statt: Während man im Einsatzzentrum Modell-Busse auf Landkarten hin und her schob, um die Räumung nach den Berechnungen des Computers zu simulieren, ging man am eigentlichen Ort des Geschehens, in Neckarwestheim und Ilsfeld, dem normalen Leben nach. Kaum jemand in den beiden Gemeinden wird geahnt haben, daß er womöglich gerade am grünen Tisch evakuiert, entseucht oder strahlenmedizinisch untersucht wurde.

Damit haben es sich die Regisseure der Großübung sehr einfach gemacht, denn die Evakuierung stellt den größten Unsicherheitsfaktor in der Katastrophenplanung dar.

Wie in Baden-Württemberg hat man sich freilich bislang auch in den anderen Bundesländern, in denen Kernkraftwerke in Betrieb sind, mit der Aufklärung der Bevölkerung durch Informationsschriften zufriedengegeben. Die allesamt den *Rahmenempfehlungen* nachempfundenen Publikationen, teils als Faltblatt (Rheinland-Pfalz), teils als aufwendige, mit Fotos aus der Kernenergie versehene Broschüren (Nordrhein-Westfalen) verschweigen jedoch mehr als sie erklären. Mit bunten Prospekten und Allgemeinplätzen (»Der Staat hat die Pflicht, Leben und Gesundheit seiner Bürger, Sachgüter sowie die Umwelt in allen Bereichen zu schützen«) (54) klärt man die Bevölkerung nicht auf. Der Vergleich einer bundesdeutschen mit der Informationsschrift für das Schweizer Kernkraftwerk Gösgen-Däniken macht die Qualitätsunterschiede sehr deutlich (siehe Anhang! S. 228).

Dabei war man gerade in Nordrhein-Westfalen der Meinung, mit der vielfarbigen Hochglanzschrift »Kerntechnik und Sicherheit in Nordrhein-Westfalen«, die 1978 an Haushalte in der Umgebung des Reaktors Würgassen verteilt wurden, einen entscheidenden Schritt in Richtung auf eine effektive Öffentlichkeitsarbeit getan zu haben. Die Ernüchterung kam ein Jahr später. Der Zufall hatte es so gewollt.

Am 24. September 1979, morgens gegen 11.00 Uhr, heulten in Beverungen, knapp fünf Kilometer vom Kernkraftwerk Würgassen entfernt, völlig unplanmäßig die Sirenen. Bei einer Demonstration im Rahmen der Dreharbeiten für die Fernsehdokumentation »Evakuieren oder beten?« (die die ARD am 29. 11. 1979 um 20.15 Uhr ausstrahlte) hatte der zuständige Katastrophenschutz-Beauftragte des Kreises Höxter, Karlheinz Pohl, versehentlich Fliegeralarm (bzw. »Radio einschalten!«) ausgelöst (55). Wer jedoch glaubte, Beverungen würde dadurch aus Angst vor einer Reaktorkatastrophe in Panik versetzt, sah sich alsbald getäuscht. Außer dem Bürgermeister erkundigte sich nicht ein Bürger nach dem Grund des Alarms. Und wenn es tatsächlich der Super-GAU in Würgassen gewesen wäre?

Karlheinz Pohl, von seinem Fehlgriff noch etwas konsterniert, war sich dennoch sicher, »daß man bei Katastrophenalarm anders reagieren würde ... weil sich *das* Alarmsignal doch eingeprägt hat« (55). Irrtum. Die meisten Beverunger, die nach der Bedeutung des Sirenensignals befragt wurden, gaben zu, sie gehört, aber einfach ignoriert zu haben. Sie seien sehr verwundert gewesen, »was da los ist, aber im großen und ganzen ...«, meinte eine ältere Dame, und ein junger Student bekannte, »in dem Moment, ehrlich gesagt, nicht an einen Zwischenfall im

Reaktor gedacht« zu haben. Im übrigen kenne er das entsprechende Alarmsignal auch gar nicht. Ihm ging es da wie allen anderen Befragten. Nur ein älterer Mitbürger war sich der Bedeutung sicher: »Da ist ein Zug entgleist auf der Strecke von Beverungen nach Höxter« (55).

Daß selbst die ältere Generation nicht auf den (falschen) Fliegeralarm reagierte, macht deutlich, wie sehr wir uns inzwischen in Sicherheit wiegen, in Sicherheit nicht nur gegenüber einer plötzlichen kriegerischen Auseinandersetzung, sondern auch gegenüber einer Katastrophe im Friedensfall, einem Unfall in einem Atommeiler zum Beispiel.

Das Beispiel illustriert, daß die Informationsbroschüren bislang ihren Zweck offenbar nicht erfüllt haben. Und das gilt nicht nur für Beverungen.

Helmut Daffner ist Lehrer in der Realschule von Niederaichbach bei Landshut/Bayern. Vom Schulhof sieht man den Reaktor Isar-1 in bedrohlicher Nähe liegen. Die Öffentlichkeit, so meint Daffner, sei »überhaupt nicht vorbereitet auf einen solchen Ernstfall. Sie ist nicht aufgeklärt, was alles passieren kann, sie ist nicht aufgeklärt, wie sie sich verhalten soll« (56).

Landshuts Oberbürgermeister Josef Deimer pflichtet dem bei. Er fühle sich »persönlich schon einmal viel zuwenig vorbereitet« auf den Katastrophenfall und stelle fest, »daß unter den Bürgern und auch im Bereich von Mandatsträgern ... die Unsicherheit sehr groß und durch die Geheimniskrämerei einfach zu wenig Wissen vorhanden« sei (siehe Kasten: Von der Angst, »schlafende Hunde zu wecken«).

Diese Geheimniskrämerei gegenüber der Öffentlichkeit muß dabei im Zusammenhang gesehen werden mit der zunehmenden Beunruhigung der Bevölkerung in der Umgebung von Kernkraftwerken. Im Umkreis von zehn Kilometern um die beiden Reaktoren in Biblis zum Beispiel hielten 1979 fast 60 % der Befragten Kernkraftwerke durch mögliche Störfälle für ein Sicherheitsrisiko; im Jahre 1977 waren es noch deutlich weniger

Von der Angst, »schlafende Hunde zu wecken«

Rund zehn Kilometer vom Kernkraftwerk Isar-1 (KKI) und von der Atomruine Niederaichbach (KKN), die abgerissen werden soll, entfernt liegt Landshut mit knapp 60 000 Einwohnern. Oberbürgermeister Josef Deimer (CSU) macht in einem Gespräch mit Egmont R. Koch aus seiner Ratlosigkeit für den Katastrophenfall keinen Hehl:

Koch: Ist man Ihres Erachtens in Landshut auf die nukleare Katastrophe genügend vorbereitet?

Deimer: Die *Deutsche Risikostudie* geht davon aus, daß ein Areal bis zu 24 Kilometer vom Kernkraftwerk entfernt innerhalb von 14 Stunden zu evakuieren ist. Das hieße also, man müßte in der Lage sein, binnen eines halben Tages die ganze Stadt Landshut zu räumen. Ich kann mir kaum vorstellen, wie das überhaupt möglich sein soll. Da Landshut eine kreisfreie Stadt ist, wurden wir bei der Erstellung der Katastrophenschutzpläne einfach übergangen. Evakuierungspläne im Zusammenhang mit den Kernkraftwerken wurden bislang nur für einen Teil des Landkreises Landshut erstellt, auf dessen Gebiet diese Anlagen stehen. Die Stadt erstellt derzeit auf eigene Initiative einen Evakuierungsplan. Eine der Hauptschwierigkeiten liegt jedoch darin, daß ständig einsatzbereite Massenverkehrsmittel wie die Busse der Stadtwerke bereits im Evakuierungsplan für den Landkreis verplant sind.

Koch: Sorgt Sie diese Situation nicht?

Deimer: Wir sind in einer argen Notlage. Wir wären von einem Unfall betroffen, werden aber nicht gefragt, sondern stehen daneben als vielleicht ungeliebte Nachbarn, die immer wieder querulieren und nicht Beifall klatschen für die Kernenergie.

Koch: Glauben Sie, daß das zuständige *Bayrische Staatsministerium des Innern* zu wenig in Sachen »Katastrophenschutz« unternimmt?

Deimer: Ich bin der Ansicht, daß längst nicht genügend getan wird. Persönlich fühle ich auch zu wenig vorbereitet, um im Katastrophenfall meine Pflichten wahrnehmen zu können. Vielleicht sind andere Leute besser im Bilde als ich. Aber ich stelle fest, daß unter den Bürgern und auch unter den Mandatsträgern, von Leuten, die Verantwortung zu tragen haben, die Unsicherheit sehr groß und durch die Geheimniskrämerei einfach zu wenig Wissen vorhanden ist.

Koch: Warum tabuisieren die verantwortlichen Politiker zum Beispiel im *Bayrischen Staatsministerium des Innern* Ihrer Meinung nach das Thema? Gibt es etwas zu verbergen?

> *Deimer:* Ich habe die Befürchtung, daß man aus politischem Kalkül heraus die Information nicht wagt. Man weiß, daß hier geteilte Meinungen existieren und daß man mit der Bekanntgabe von Evakuierungs- und Katastrophenschutzplänen sowie Verhaltensempfehlungen für den Ernstfall möglicherweise »schlafende Hunde weckt«. Überhaupt wird hier von den gesetzgebenden Organen so ein bißchen »der starke Mann« gespielt, d. h. man geht sehr leicht über alle Einwände hinweg.
>
> *Koch:* Diese, Ihre Befürchtungen, stehen in krassem Gegensatz zur Politik Ihrer Partei, die in der Kernenergie keine Probleme und in der Katastrophenvorsorge keine Lücken sieht.
>
> *Deimer:* Meine persönliche Haltung ist in meiner Partei bekannt. Bisher konnte ich unterstellen, einigermaßen geduldet zu werden. Wenn sich das ändern sollte, kann es mir auch gleich sein.

gewesen: etwas über 50 % * (57). Dies sind deutliche Zeichen einer verfehlten Informationspolitik, gerade auch was den Notfallschutz angeht.

Und die Konsequenz: Viele Bürger vor Ort versuchen, das Gefühl der Unsicherheit zu verdrängen. »Wenn die da oben sagen, das sei sicher und alles geregelt, glaube ich das«, erklärt ein Kleinbauer in Unterahrein, 500 Meter vom Kernkraftwerk Isar-1 (KKI) und von der Atomruine KKN ** entfernt, und sein Nachbar sieht das nicht anders (58):

> *Frage:* Sind hier mal Evakuierungen geübt worden?
> *Antwort:* Nein!
> *Frage:* Hielten Sie das für sinnvoll?
> *Antwort:* Nein!
> *Frage:* Warum nicht?
> *Antwort:* Weil ich hoffe, daß nichts passiert!

---

* Die Untersuchung machte ebenfalls deutlich, daß der Anteil derjenigen, die Kernkraftwerke für ein Sicherheitsrisiko halten, in unmittelbarer Nachbarschaft des Reaktors niedriger ist (50%) als im Abstand von 30 bis 40 Kilometern (66%).

** Das Kernkraftwerk Niederaichbach (KKN) lieferte nur sehr kurze Zeit Strom und war dann schon hoffnungslos veraltet. Er soll nunmehr Stück für Stück wieder abgebaut werden (59).

Doch inzwischen mehren sich die Stimmen, die dafür plädieren, der Bevölkerung nicht nur zu sagen, was im Katastrophenfall zu tun wäre, sondern sie auch an Übungen zu beteiligen. Die Notwendigkeit von Evakuierungsübungen mit den Betroffenen hat schon 1977 die II. Kammer des *Verwaltungsgerichts Freiburg* in dem von zahlreichen Bürgern angestrengten Verfahren gegen den Bau des Kernkraftwerkes Wyhl. In der Urteilsbegründung nehmen die Richter nicht nur detailliert zu den Problemen der Evakuierung Stellung, sondern gehen auch auf das Argument ein, eine Vollübung unter Beteiligung der Bevölkerung sei nicht sinnvoll, weil damit die Gefahr einer größeren Zahl von Verkehrsunfällen verbunden sei (60):

Diese Gefahr läßt sich allerdings nicht völlig ausschließen. Sie würde freilich nur in Kauf genommen, um im Ernstfall unvergleichlich Schlimmeres zu verhüten. Nichts wäre doch besser als solche »Volltruppenübungen« geeignet, um den Nachweis zu erbringen, daß eine reibungslose Räumung möglich ist. Übt man nicht in dieser Form, bleibt der Verdacht, daß eine Evakuierung nicht planmäßig funktionieren könnte und daß nur deshalb auf entsprechende Übungen verzichtet wird, weil sich vielleicht erheblich nachteiligere Schadensfolgen herausstellen als erhofft. Gerade dieser Argwohn könnte aber, wenn es darauf ankommt, zu unbesonnenem Handeln verleiten.

Als zuständiger Staatssekretär im *Bundesministerium des Innern* hatte Gerhard Rudolf Baum ein Jahr zuvor das Ansinnen des SPD-Bundestagsabgeordneten Dietrich Elchlepp, es sollten die »Katastrophenpläne mit allen Einzelmaßnahmen« veröffentlicht und »regelmäßige Übungen mit der Bevölkerung« durchgeführt werden, abgelehnt. An »Vollübungen mit der Bevölkerung, etwa Evakuierung von Stadtteilen, Ausgangssperren oder dergleichen«, so ließ Baum verlauten, sei nicht gedacht, weil die »extrem geringe Wahrscheinlichkeit der Notwendigkeit solcher Maßnahmen ... die damit verbundene Beunruhigung der Bevölkerung nicht rechtfertigt« (61).
Nach den Ereignissen von Three Mile Island und den hierzulande zutage getretenen Lücken in der Notfallvorsorge, denkt man im *Bundesinnenministerium* offenbar inzwischen anders.

Peter Menke-Glückert, für den Bereich Umweltschutz verantwortlich, hat sich jedenfalls mehrfach für die Bekanntgabe von Katastrophenplänen und Übungen mit der Bevölkerung ausgesprochen. Er sei seit langem dafür, »die allgemeinen Maßnahmen der Katastrophenabwehrpläne, für Kernkraftwerke, für alle anderen Arten von Störfällen, zu veröffentlichen. Wir können Panik und Angst am besten dadurch vermeiden, daß wir ehrlich und klar sagen, welche Gefahr besteht und was man dagegen tun kann« (62).

Das Argument, mit der Publikmachung der Pläne würden auch die Telefonnummern der entsprechenden Dienststellen bekannt und damit Terroristen geradezu zum Mißbrauch eingeladen, erweist sich als wenig stichhaltig: Die Rufnummern können geschwärzt werden. Sie sollen getrost in den Panzerschränken bleiben.

Es geht vielmehr um die für die Bewohner vor Ort wichtigen Hinweise: Wie eine Benachrichtigung erfolgt, welches Sirensignal man sich einzuprägen hat, welcher Rundfunksender im Ernstfall die Durchsagen ausstrahlt, wie die Evakuierung abläuft, wohin man im Ernstfall gebracht wird usw. Daran allein besteht Interesse.

Mit einer derartigen Aufklärung könnten Überreaktionen bei einem wirklichen Katastrophenfall verhindert, könnte das Chaos vermieden werden. Und es wäre möglich, Absprachen über Nachbarschaftshilfe für den Eventualfall zu treffen, wer z. B. die gehbehinderte alte Frau von nebenan mitnimmt, wer sich um das Vieh kümmert, wer die Kinder aus der Schule holt.

Darüber hinaus hält es Peter Menke-Glückert für »an der Zeit, daß man mit der Bevölkerung zusammen auch solch schwierige Probleme wie Evakuierung in Ballungsgebieten nicht nur erörtert, sondern in Großübungen auch einmal durchführt, um zu zeigen, daß wir diese Probleme beherrschen können« (63).

Gerade in dichtbesiedelten Regionen der Bundesrepublik stellt die Evakuierung, noch dazu in kurzer Zeit, erhebliche Anforderungen an eine exakte Planung, die in der Praxis nur durch Vollübungen überprüft werden kann*.

Keine zehn Kilometer von dem noch im Bau befindlichen Reaktor Mülheim-Kärlich liegt (also noch in der sogenannten Mittelzone) Koblenz mit mehr als 120000 Einwohnern, in der Hauptwindrichtung zudem. Nicht zuletzt wegen der Brücken über Rhein und Mosel, die den Verkehrsfluß hindern, müßte die kontrollierte Flucht hier in einem Chaos enden. Regierungsvizepräsident Fritz Robischon, für den Katastrophenschutz zuständig, ist dennoch optimistisch. Er hält »alles (für) organisierbar«, wobei er allerdings noch »nicht sagen kann, wie ...« (64).

Auch in der *Deutschen Risikostudie* hat man das Scheitern von Evakuierungsmaßnahmen nicht berücksichtigt, »weil wir uns einfach nicht vorstellen können, daß es nicht möglich sein soll ... bis zu 14 Stunden nach Eintreten eines schweren Unfalls ... Notfallschutzmaßnahmen bis hin zur Evakuierung durchzuführen«, macht Professor Adolf Birkhofer, Münchner Universitäts-Reaktorfachmann und Geschäftsführer der *Gesellschaft für Reaktorsicherheit*, geltend (65). Peter Menke-Glückert scheinen derlei Arbeitshypothesen äußerst waghalsig. Er hält eine Räumung in dicht besiedelten Großstädten »ohne genaues Einüben und präzise generalstabsmäßige Vorarbeit ... (für) ausgeschlossen« (63).

Die bis heute geleistete, in den Katastrophenschutzplänen fixierte generalstabsmäßige Vorarbeit bezieht sich allerdings nur auf einen Umkreis von einigen Kilometern um den Reaktor, was nach Meinung des amerikanischen Katastrophenschutzexperten Dr. Jan Beyea völlig unzureichend ist. Seiner Meinung nach sind Evakuierungspläne für einen Umkreis von 50 Kilometer wün-

---

* Im Vergleich zu den USA ist die Bevölkerungsdichte in der Umgebung von Kernkraftwerken im Durchschnitt nahezu dreimal so groß: Bis zu einer Entfernung von 80 Kilometern vom Atommeiler leben bei uns durchschnittlich 298, in den USA nur 119 Einwohner pro Quadratkilometer (66).

schenswert, für einen Abstand bis zu 30 Kilometern unverzichtbar (siehe Beyeas Beitrag S. 91).

Im schlimmsten aller denkbaren Unfälle in einer kerntechnischen Anlage allerdings wären auch Evakuierungspläne dieser Güte nutzlos. Dann wäre, zum Beispiel bei einer Wasserstoff-Explosion in einer Wiederaufarbeitungsanlage, die ganze Nation einschließlich ihrer Nachbarstaaten betroffen, und man könnte nur hoffen, daß noch genügend Zeit für die sogenannte schnelle Umsiedlung bliebe:

»Einem hypothetischen Störfall in einem Kernkraftwerk, bei dem die Ursache für die Freisetzung großer Mengen radioaktiver Stoffe nicht mehr unter Kontrolle gebracht werden könnte«, so schreibt der Katastrophenschutz-Experte im *Bayrischen Staatsministerium des Innern*, Hans Storner, »würde auch der beste Katastrophenschutz machtlos gegenüberstehen. Eine solche Situation könnte man nur mit dem Begriff ›nationale Katastrophe‹ annähernd beschreiben« (67). Die Politiker wagen bislang nicht, diese Tatsachen öffentlich zuzugeben. Eine offene Informationspolitik in Sachen Kernenergie erfordert aber auch das Aussprechen unbequemer Wahrheiten über die Grenzen des Schutzes der Bevölkerung im Falle einer ganz großen Kernkraft-Katastrophe.

Daraus die Folgerung abzuleiten, die Notfallvorsorge für den atomaren Ernstfall sei nutzlos und man würde besser das Geld sparen und die Hände in den Schoß legen, wäre töricht, denn bei einem Großteil der nuklearen Unfall-Szenarien hätte ein gut vorbereiteter, mit der vor Ort lebenden Bevölkerung abgestimmter Katastrophenschutz sehr gute Chancen, viele (wenn vielleicht auch nicht alle) Menschen zu retten und vor Spätschäden zu bewahren.

Solange aber die politische Absicht vorherrscht, das Thema lieber totzuschweigen oder halbherzige Sandkastenspiele in Behördenstuben (mit und ohne Zuschauer) als Alibi zu benutzen, wird sich am »perfekten Dilettantismus« der bundesdeutschen Katastrophen kaum etwas ändern. Bei einem tatsächlichen Ernstfall bliebe dann nur noch: Beten, daß – wie in Harrisburg – letztlich alles gutgeht.

Anmerkungen

1) hier zitiert nach dem »Besonderen Katastrophenplan für das Atomkraftwerk Unterweser in Kleinensiel«, siehe auch Anhang S. 232ff.

2) Beschluß des Länderausschusses für Atomkernenergie gemeinsam mit den Innenbehörden der Länder v. 10./11. März 1975; Leitsätze der *Ständigen Konferenz der Innenminister/-senatoren* für die Unterrichtung der Öffentlichkeit über die Katastrophenschutzplanung in der Umgebung von kerntechnischen Anlagen v. 10. Februar 1978; hier zitiert nach *Der Spiegel* v. 25. 7. 1977, S. 22.

3) Rahmenempfehlungen des *Bundesinnenministers* für den Katastrophenschutz in der Umgebung kerntechnischer Anlagen, Stand: 12. 10. 1977.

4) Hollsenstein, G., »Lautes Sirengeheul und Jod-Tabletten«, *Frankfurter Rundschau* v. 5. Januar 1978.

5) zitiert aus dem »Besonderen Katastrophenplan für das Atomkraftwerk Unterweser in Kleinensiel«, siehe auch Anhang S. 232ff.

6) zitiert aus dem »Besonderer Katastrophenschutzplan für die Deutsche Umgebung des Kernkraftwerkes Fessenheim/Elsaß« des Regierungspräsidiums Freiburg; sie auch *Der Spiegel* v. 25. 7. 1977.

7) *Frankfurter Rundschau* v. 5. 4. 1979, S. 14.

8) *Wirtschaftswoche* 32/1976, S. 21.

9) *bild der wissenschaft* 5/78 S. 115.

10) pers. Mittlg. Dieter Diekmann, Kreisdirektor Höxter.

11) Kreisgrenzenkarte, bearbeitet v. *Bundesamt für Zivilschutz*, Februar 1978; »Einheiten des ABC-Dienstes im KatS-Verstärkungsteil nach Ländermeldungen«, *Bundesamt für Zivilschutz*, Stand: 1. 4. 1978.

12) *Der Spiegel* 51/1979, S. 32.

13) Planmäßige Zuordnung der S-Trupps zu Kernenergieanlagen in Bayern (im Meßprogramm 2), Planmäßige Zuordnung der KatS-ABC-Züge zu kerntechnischen Anlagen in Bayern, Stand: 1. 12. 1978.

14) »Harrisburg-Bericht«, 2. Zwischenbericht für den Innenausschuß des Deutschen Bundestages, *Umweltbrief* v. 1. 6. 1979, *Bundesministerium des Innern*, Bonn.

15) *Weser Kurier* v. 8. 1. 1980.

16) Mitteilung des *Bundesamtes für Zivilschutz*, Bonn.

17) Sendeniederschrift »Evakuieren oder beten?«, *WDR*, ARD 1. Programm, 29. 11. 1979, 20.15 Uhr, fortan als *WDR*-Sendeniederschrift »Evakuieren oder beten?« bezeichnet.

18) Pressemitteilung des *Innenministeriums Baden-Württemberg* 75/1979 v. 2. 4. 1979.

19) »Erprobung des Evakuierungs-Simulationssystems EVAS, Teil 4: Verlaufsanalyse der Stabsrahmen GKN 1978«, Bericht St. Sch. 691 des Instituts für Unfallforschung im TÜV Rheinland, Köln, für das Bundesministerium des Innern, Köln 1979 (Autoren: Hubert Burger, Wolfgang Preuß, Gerd Reinartz, Horst Schnadt), fortan: *TÜV-GKN-Bericht.*

20) Bericht des baden-württembergischen *Innenministeriums* über die Stabsrahmenübung GKN am 16. Oktober 1978, fortan: *Innenministerium*-GKN-Bericht.

21) *Innenministerium*-GKN-Bericht, S. 18.

22) *TÜV*-GKN-Bericht, S. 20/21.

23) *TÜV*-GKN-Bericht, S. 14.

24) *TÜV*-GKN-Bericht, S. 14/15.

25) *TÜV*-GKN-Bericht, S. 22.

26) *Innenministerium*-GKN-Bericht, S. 6.

27) Rahmenempfehlungen des *Bundesministerium des Innern* für den Katastrophenschutz in der Umgebung kerntechnischer Anlagen; Deutsche Risikostudie Kernkraftwerke, hrsg. v. *Bundesministerium für Forschung und Technologie*, Bonn 1979, siehe auch Beitrag von Hans-Jürgen Danzmann »Lassen sich Reaktorunfälle berechnen?« auf S. 108.

28) siehe Absatz C. der *Rahmenempfehlungen* »Grundsätze für das Aufstellen besonderer Katastrophenschutzpläne für die Umgebung kerntechnischer Anlagen«.

29) *Innenministerium*-GKN-Bericht, S. 20.

30) *TÜV*-GKN-Bericht, S. 24/25.

31) *TÜV*-GKN-Bericht, S. 30.

32) *TÜV*-GKN-Bericht, S. 26; zu einer »erheblichen Verwirrung« sei es auch durch Begriffsverwechselung gekommen: Unter dem Evakuierungsaufruf (Durchsage-Text) verstand man im Einsatzzentrum die Evakuierungsanordnung.

33) *Innenministerium*-GKN-Bericht, S. 26.

34) *Innenministerium*-GKN-Bericht, S. 23/24.

35) *TÜV*-GKN-Bericht, S. 41.

36) *TÜV*-GKN-Bericht, S. 27.

37) *TÜV*-GKN-Bericht, S. 27/28.

38) *TÜV*-GKN-Bericht, S. 36 u. S. 42.

39) *Innenministerium*-GKN-Bericht, S. 29.

40) *TÜV*-GKN-Bericht, S. 47.

41) *TÜV*-GKN-Bericht, S. 48.

42) *Innenministerium*-GKN-Bericht, S. 36.

43) *TÜV*-GKN-Bericht, S. 43.

44) *TÜV*-GKN-Bericht, S. 57/58.

45) siehe Absatz D 4. »Verkehrseinschränkungen« der *Rahmenempfehlungen.*

46) *TÜV*-GKN-Bericht, S. 57/58.

47) *TÜV*-GKN-Bericht, S. 49.

48) *TÜV*-GKN-Bericht, S. 53/54.

49) *TÜV*-GKN-Bericht, S. 53.

50) *TÜV*-GKN-Bericht, S. 55.

51) *TÜV*-GKN-Bericht, S. 54.

52) *Innenministerium*-GKN-Bericht, S. 37.

53) *Innenministerium*-GKN-Bericht, S. 42.

54) siehe zum Beispiel »Notfallschutz in der Umgebung von kerntechnischen Anlagen«, hrsg. vom *Hessischen Minister des Innern.*

55) *WDR*-Sendeniederschrift »Evakuieren oder beten?«, S. 13.

56) *WDR*-Sendeniederschrift »Evakuieren oder beten?«, S. 4.

57) Peters, W., »Haben Sie Angst vor ›Ihrem‹ Kernkraftwerk?«, *bild der wissenschaft* 11/1979, S. 97 ff.

58) *WDR*-Sendeniederschrift »Evakuieren oder beten?«, S. 3.

59) *bild der wissenschaft* 12/1979, S. 54 ff.

60) Wyhl-Urteil, Freiburg 1977.

61) zitiert nach *Der Spiegel* v. 25. 7. 1977, S. 22.

62) *bild der wissenschaft* 5/1978, S. 116.

63) *WDR*-Sendeniederschrift »Evakuieren oder beten?«, S. 20.

64) *WDR*-Sendeniederschrift »Evakuieren oder beten?«, S. 19/20.

65) WDR-Sendeniederschrift »Evakuieren oder beten?«, S. 19.

66) Franzen, L. F., Gutschmidt W.-D., »Standortwahl für Kernkraftwerke – Sicherheitstechnische Aspekte«, GRS-S-17, *Gesellschaft für Reaktorsicherheit*, Köln 1977, S. 38 ff.

67) Storner, H., »Der Katastrophenschutz im Bereich von Kernenergieanlagen«, Vortragsmanuskript, Fortbildungsseminar der *Bayrischen Ärztekammer* zum Thema »Ärztliche Versorgung von Strahlenkranken nach einem schweren Reaktorunfall«, 1979.

Egmont R. Koch

Machtlose Medizin?

Das Dilemma der ärztlichen Versorgung bei Atomkatastrophen

Die Ärzte nahmen kein Blatt vor den Mund. Am 27. August 1977 veröffentlichten über 250 südwestdeutsche Mediziner eine Anzeige in der *Badischen Zeitung*. Die Inbetriebnahme des Kernkraftwerks Fessenheim jenseits der deutsch-französischen Grenze »erfüllt uns«, so heißt es dort, »mit großer Sorge, da wir uns im Falle eines kerntechnischen Unfalls außerstande sehen, unserer ärztlichen Verpflichtung zur Hilfeleistung nachzukommen« (1).

Wie im Breisgau artikuliert sich inzwischen mancherorts in der Bundesrepublik Protest der betroffenen Ärzteschaft über die Unkenntnis, wie man sich im Fall einer nuklearen Katastrophe zu verhalten hätte, und über die Ignoranz, mit der bislang hierzulande das Problem von seiten der Behörden sowie der Standesorganisationen behandelt wurde.

Aber es gibt auch das exakte Gegenteil, völliges Desinteresse der Ärzte: In Beverungen, keine fünf Kilometer vom Kernkraftwerk Würgassen entfernt, hat sich bisher kaum einer der Mediziner vor Ort mit dem Thema »Atomkatastrophe« befaßt. Die Möglichkeit eines nuklearen Desasters wird tabuisiert. Es kann nicht wahr sein, was nicht wahr sein darf. Selbst im örtlichen Krankenhaus herrscht weitgehend Ahnungslosigkeit: Die Kollegen seien nicht ausgebildet, und von der Ausstattung und Bettenkapazität käme eine Versorgung strahlenverseuchter Personen ohnehin nicht in Betracht, erklärt der leitende Krankenhausarzt (2).

Ob kritisches Engagement oder Ignoranz des Problems – es kann nicht überraschen, daß die Katastrophenschutz-Experten, die Praktiker der zuständigen Landesinnenministerien, die medizinische Versorgung Strahlenverseuchter für einen der allergischsten Punkte in der gesamten Notfallvorsorge halten. Die medizinische Betreuung sei »ohne Zweifel ... das derzeit schwächste Glied in der Katastrophenschutzplanung im Bereich von Kernenergieanlagen«, betont zum Beispiel Hans Storner, zuständiger Referent im *Bayrischen Staatsministerium des Innern*. Man müsse »leider davon ausgehen, daß die ... strahlenmedizinische Hilfemöglichkeiten ... unzureichend sind«. Das gelte, sagt Storner, »sowohl ... für die ›ermächtigten Ärzte‹ als auch für die Kapazität der stationären Behandlungsmöglichkeiten in Krankenhäusern mit Strahlenschutzabteilungen« (3). Storners oberstem Dienstherrn, Staatsminister Gerold Tandler, kamen die offenen Worte ungelegen. Denn schon Monate zuvor, längst vor dem Störfall in Harrisburg, hatten die beiden SPD-Landtagsabgeordneten Werner Hollwich und Dr. Andreas Schlittmeier eine umfangreiche schriftliche Anfrage zur ärztlichen Versorgung bei Atomunfällen an Tandler gerichtet. Doch der ließ lediglich verlauten, man beschäftige sich mit dem Thema und bereite »umfangreiche Vorschläge« vor (4).

Ob sich nach der Beinahe-Katastrophe von Three Mile Island in den Bemühungen um eine Verbesserung der strahlenmedizinischen Notfallplanung etwas ändern wird (Hans Storner: »erhebliche finanzielle Anstrengungen sind unerläßlich« (3)), muß bezweifelt werden. Allenfalls in der Einschätzung der Standespolitiker scheint sich eine veränderte Mentalität abzuzeichnen. So denkt der Präsident des 96. *Deutschen Chirurgen-Kongresses* (der im April 1979 in München stattfand), der Frankfurter Operateur Professor Edgar Ungeheuer, seit Harrisburg mit Schrecken daran, was passiert, wenn Hunderte von strahlenverseuchter Patienten vor seine Klinik gefahren würden, denn

»unsere Krankenhäuser sind auf Atomkatastrophen nicht vorbereitet« (5).

Über die Beschäftigung mit dem Thema in allerlei Gremien, Ausschüssen und Kommissionen (vom *Bundesministerium des Innern* bis zum *Wissenschaftlichen Beirat der Bundesärztekammer*) ist man freilich bislang nicht hinausgelangt. Der Präsident der *Bundesärztekammer*, Dr. Karsten Vilmar, betonte in einem Schreiben vom 8. August 1978 an den Hamelner Arzt und Kernenergie-Kritiker Dr. Hermann Kater, daß »sich der Wissenschaftliche Beirat nochmals mit dem Problem ... befassen« werde, um noch »in diesem Jahr zu ersten Ergebnissen« zu kommen (6). Ein Dreivierteljahr später, im Mai 1979, wiederholte Vilmar seine Forderung auf dem *82. Deutschen Ärztetag* in Nürnberg. Gerade die Ereignisse in Harrisburg, so rief der Ärzte-Präsident den Delegierten zu, »sollten alle diejenigen überzeugt haben, die bislang die Notwendigkeit für solche Vorkehrungen bezweifelten oder für politisch nicht opportun hielten«. Es gelte, »den in der Bundesrepublik Deutschland im Bereich des Katastrophenschutzes im Vergleich zu anderen Ländern bestehenden erheblichen Rückstand an Vorbereitungen jeglicher Art so rasch wie möglich aufzuholen« (7).

Starke Worte, die von Engagement in der Sache zeugen. Doch wo bleiben die konkreten Taten?

Dabei käme es im wesentlichen darauf an, die lokale Ärzteschaft darüber aufzuklären, was sie im Ernstfall tatsächlich alles kann, meint der Münchner Strahlenbiologe Dr. Klaus Rüdiger Trott*. Mit einer strahlenspezifischen Behandlung könne nämlich erst einige Tage später, nach eingehenden Blutuntersuchungen, begonnen werden, so daß die primäre Aufgabe des Arztes die Betreuung der ohnehin kranken Personen unter den Evakuierten wäre, und das sei schließlich ihr Job (8).

Der Mediziner vor Ort, so schreibt Trott, »steht voraussicht-

* Trott ist Vorsitzender des Ausschusses »Notfallschutzplanung in der Umgebung kerntechnischer Anlagen« im *Bundesministerium des Innern*.

lich einer Gruppe von mehreren tausend ängstlichen und unsicheren Menschen gegenüber«, auf die er zunächst einmal kraft seiner Autorität beruhigend einwirken müsse. Dann könne er sich auf die Behandlung jener Krankheiten konzentrieren, »die schon vor dem Unfall vorhanden waren«. Eile sei demnach nicht geboten (8).

Die weitere Tätigkeit beschränke sich darauf, »die Personen herauszufinden, die entweder sofort oder nach Ablauf der zweiten Woche eine spezifische Behandlung brauchen«, wobei insbesondere die Blutanalyse Grundlage jedweder medizinischen Entscheidung sein müsse. Die seiner Meinung nach schwerwiegendsten Probleme sieht Trott bei der Beratung und Behandlung schwangerer Frauen, weil sich insbesondere »in den frühen Stadien ... dringend die Frage nach der Indikation zur Interruptio«, zum Abbruch der Schwangerschaft, stelle. Klaus-Rüdiger Trott kommt dennoch zusammenfassend zu dem sehr beruhigenden Ergebnis, »daß jeder Arzt bei ... Katastrophen durch Kernkraftwerke in der Lage ist, den betroffenen Menschen adäquat zu helfen« (9). Er sieht lediglich ein erhebliches Informationsdefizit auf diesem Gebiet: Die Ärzte haben bislang keine Vorstellung darüber, »was in einem solchen Fall an ärztlichen Aufgaben auf sie zukommen kann«.

Aber wäre es – in der Praxis – wirklich so einfach? Handelt es sich lediglich um ein Informationsproblem, wie Trott behauptet?

Professor Otfried Messerschmidt, Oberstarzt der Bundeswehr und der bundesdeutsche Strahlenmediziner mit den wohl größten Erfahrungen auf diesem Gebiet, sieht die Situation wesentlich problematischer und scheut auch nicht vor Selbstkritik zurück: »Bisher haben wir alle einen großen Reaktorunfall für so unwahrscheinlich gehalten, daß keiner wirklich etwas dafür vorbereitete.« Seiner Meinung nach reicht Aufklärung allein nicht aus, sondern die Ärzteschaft in der Umgebung eines Kernkraftwerkes muß »auf dem Gebiet der Strahlenunfälle ausgebildet« werden (10).

Doch hier offenbare sich, aller engagierten Diskussionen über die Sicherheit von Atomkraftwerken zum Trotz, ein weitgehendes Desinteresse unter Medizinstudenten, klagt Messerschmidt. Nur etwa 500 Ärzte haben bislang hierzulande an Spezialkursen teilgenommen und ihre »Ermächtigung« erhalten. Seit drei Jahren biete er an der *Technischen Universität München* über die Erkennung und Behandlung von Strahlenschäden Vorlesungen an, ohne allerdings bei den angehenden Ärzten auf »Gegenliebe« zu stoßen. »Ich mußte sie immer wieder absagen, denn es kam keiner« (10).

Entseuchung und Jodtabletten

Die Mediziner hätten es im Katastrophenfall mit drei Gruppen strahlenverseuchter Personen zu tun:

● mit Menschen, die einer äußeren Ganz- oder Teilkörperbestrahlung mit zum Beispiel Gammastrahlen ausgesetzt waren;

● mit Menschen, die oberflächlich verseucht sind, an deren Kleidung also radioaktive Partikel haften;

● mit Menschen, die radioaktive Stoffe inhaliert, geschluckt oder über die Haut, vor allem durch Wunden, aufgenommen haben.

Im Falle eines atomaren Unfalles sind allerdings wohl die wenigsten Patienten eindeutig in eine der drei Kategorien einzuordnen.

Die Aufmerksamkeit des Arztes in der Notfallstation gilt zunächst der Oberflächenverseuchung der Personen. Die auf der Kleidung haftenden radioaktiven Partikelstrahlung kann gemessen werden. Bei positivem Befund ist die Kleidung zu wechseln. In den Aufnahmestationen ist demnach Notfallbekleidung bereitzuhalten, selbst wenn in den Katastrophenplänen vorgesehen ist, daß die Evakuierten einen Koffer mitnehmen dürfen.

Auf der Körperoberfläche haftende Strahlungspartikel werden – so ist es in den Plänen vorgesehen – durch wiederholtes intensives Waschen unter fließendem lauwarmen Wasser mit einer milden Seife entfernt, und zwar so lange, bis keine Radioaktivität mehr gemessen wird (Dekontamination)*. Für diese Massenentseuchung der zum Beispiel aus der Kernzone evakuierten Bevölkerung müssen genügend Duscheinrichtungen in den Notfallstationen (Schulen, Schwimmbäder, Turnhallen) vorhanden sein oder behelfsmäßig bereitgestellt werden (11).

Die Dekontaminationseinheiten des ABC-Schutzes, der Bundeswehr und anderer Hilfsorganisationen stehen für die Entseuchung nur in begrenztem Umfang zur Verfügung; sie sind im wesentlichen für die Dekontamination der aus der unmittelbaren Umgebung des Reaktors zurückkommenden Strahlenspürtrupps vorgesehen.

Geben Personen unter den Evakuierten an, frisch geerntetes Gemüse gegessen zu haben, müssen in den Notfallstationen Untersuchungen mit sogenannten Ganzkörperzählern (Body-Counter) vorgenommen werden. Diese Meßgeräte, mit denen sich inkorporierte (d. h. eingeatmete, verschluckte oder über Wunden aufgenommene) radioaktive Strahlungspartikel ermitteln lassen, stehen bislang überhaupt nur in bescheidenem Maße bereit und müßten im Katastrophenfall erst von größeren strahlenmedizinischen Zentren per Lastwagen oder Hubschrauber vor Ort gebracht werden. Die *Kerntechnische Hilfsdienst GmbH* in Karlsruhe** besitzt zwar einen fahrbaren Body-Counter, der aber wegen des womöglich langen Anmarsch-

---

* Das radioaktiv verseuchte Abwasser soll dabei zum Beispiel in den Schwimmbecken der Bäder gesammelt und später mit Spezialtankwagen abtransportiert werden.
** *Die Kerntechnische Hilfsdienst GmbH* ist eine Notfallschutz-Organisation der Betreiber von Kernkraftwerken. Ihre Aufgabe ist es im wesentlichen, innerhalb des Reaktorgeländes tätig zu werden. Im Ernstfall würde man den Katastrophenschutz allerdings mit Mann und Gerät unterstützen (siehe Kasten S. 154).

weges erst nach Stunden im Katastrophengebiet zur Verfügung stünde (12).

Bestätigt sich, daß Personen radioaktive Partikel aufgenommen haben, so müssen die Ärzte in den Notfallstationen oder nahegelegenen Krankenhäusern zum Beispiel Magenspülungen durchführen oder zur sogenannten Dekorporation, d. h. der Entgiftung inkorporierter Strahlung, bestimmte Medikamente verabreichen (Chelatbildner, Antidote) (11). Diese »Abführmittel« für radioaktive Teilchen sind freilich – wenn überhaupt – bislang allenfalls in den Kernkraftwerken selbst vorrätig, um dort Beschäftigten, die aus irgendeinem Grund Strahlung inkorporiert haben, helfen zu können. Für die nukleare Katastrophe sind Depots in den Kliniken der Umgebung von Kernkraftwerken noch nirgendwo angelegt worden (13).

Das gilt mit Einschränkungen auch für die Jodtabletten, die im Ernstfall verteilt werden sollen, um langfristige Gesundheitsschäden zu vermeiden. Inaktives Jod vermag nämlich die Schilddrüse gegen das aus dem Reaktor austretende radioaktive Jod zu blockieren. Dadurch können Spätschäden bis hin zu Schilddrüsenkrebs vermieden werden. Das radioaktive Jod wird dann mit dem Urin wieder ausgeschieden (11).

Über den Nutzen dieser Jodtabletten-Vorsorge streiten die Experten allerdings noch, vor allem, weil bei den großen Unfällen die Nebenwirkungen der Präparate vielleicht die möglichen Vorteile überwiegen, wie zum Beispiel Klaus-Rüdiger Trott glaubt (14) (siehe Kasten S. 201 ff.).

Auf jeden Fall hat die Jodprophylaxe nur dann einen Sinn, wenn die Tabletten – zumindest in der Kernzone – vorsorglich an die Haushalte verteilt werden, damit die Betroffenen nicht im Ernstfall die Häuser verlassen müssen, um sich mit einem entsprechenden Vorrat einzudecken. Doch auch das ist wegen der begrenzten Haltbarkeit und der ungeklärten Frage, wo im Haushalt die Tabletten zu deponieren sind, noch ein ungelöstes Problem. Die vorsorgliche Verteilung ist ohnehin bislang in den Katastrophenschutz-Planungen nicht vorgesehen. So heißt es im Maßnahmenkatalog für das Kernkraftwerk Kleinensiel an der Unterweser beispielsweise: »Es muß dafür Sorge getragen werden, daß für jede Hausgemeinschaft jeweils nur ein Erwachsener die Abholung der Tabletten übernimmt« (siehe Auszüge aus dem Katastrophenplan Kleinensiel in der »Dokumentation« S. 237f.)

In vielen Kleinstädten und Gemeinden in Reaktorhöhe hat man inzwischen in Schulen, Feuerwehrhäusern oder Ämtern Jodtabletten-Depots angelegt, aber längst noch nicht überall. Nach Meinung von Hans Storner, Referent für Katastrophenschutz im Bayrischen *Innenministerium*, läuft die Beschaffung »in handlichen Streifenpackungen mit 10 Tabletten von je 100 mg ... für Erwachsene, mit Halbierungskerben für Kleinkinder« gerade an (3). Den Bedarf für Bayern, einschließlich Landesreserve, schätzt Storner auf sechs Millionen Tabletten (3).

Die Bedeutung der Jodtabletten im Rahmen der Katastrophenschutz-Maßnahmen wird allerdings bei weitem überschätzt: »Das ist wie die berühmte Aktentasche, die bei einer Atombombenexplosion auf den Kopf gelegt werden sollte«, meint Otfried Messerschmidt. »Natürlich wirken Jodtabletten, aber nur gegen Schilddrüsenkrebs, der sich vielleicht – und dann erst Jahrzehnte später – entwickelt. Gegen akute Schäden sind Jodtabletten völlig nutzlos!« (10).

Im Ernstfall jeden Tag Tausende von Blutuntersuchungen

Bei der ärztlichen Versorgung nach einer atomaren Katastrophe geht es allerdings im wesentlichen um die Vermeidung bzw. Behandlung von Sofortschäden.

Da kaum anzunehmen ist, daß dem erstversorgenden Arzt entsprechende Informationen über Ausmaß und Strahlenart der

Wie sinnvoll sind Jodtabletten?

I. Stellungnahme des Arbeitskreises »Ärztliche Hilfe bei Kernkraftwerks-Katastrophen« des *Wissenschaftlichen Beirats der Bundesärztekammer*:

Neben Kernwaffenexplosionen müssen vor allem Reaktorstörfälle als mögliche Ursachen einer Umweltkontamination angesehen werden. Unter den niederrieselnden radioaktiven Partikeln (Fallout-Nuklide) nimmt insbesondere das radioaktive Jod (^{131}J) eine Sonderstellung ein, da es bei der Atomspaltung im Reaktor in relativ großen Mengen anfällt, sehr flüchtig und somit leicht über größere Entfernungen »verfrachtbar« ist und sich über die Nahrungskette und verseuchtes Trinkwasser fast ausschließlich in der Schilddrüse anreichert.

Diese Schilddrüsenspezifität von ^{131}J führt bei der Aufnahme des Radionuklids zu einer Strahlenbelastung der Schilddrüse von etwa 1,7 rad pro 1 μCi unter der Annahme einer normalen Schilddrüsenfunktion und einer effektiven Halbwertzeit von etwa acht Tagen. Da im Katastrophenfall, z. B. Schmelzen des Reaktorkerns, ^{131}J-Aktivitäten in beträchtlichem Ausmaß (Megacurie-Bereich) frei werden, könnte hieraus eine erhebliche Organbelastung der Schilddrüse resultieren.

Andererseits ist die Schilddrüse ein relativ strahlenunempfindliches Organ. Bei der therapeutischen Anwendung von ^{131}J zur Behandlung von Schilddrüsenerkrankungen sind bisher keine Folgeschäden, insbesondere keine gehäufte Krebsfälle, bekannt geworden, die in gesichertem Kausalzusammenhang mit der Radiojodtherapie stehen. Ferner ist zu bedenken, daß Organbelastungen dieser Größenordnung eigentlich erst bei einer Umweltkontamination auftreten können, die bereits erhebliche Ganzkörperschäden zur Folge hätte, ein isolierter Schutz der Schilddrüse erscheint unter diesem Aspekt sogar fragwürdig (1).

Eine Blockade der Schilddrüse zur Verhinderung einer ^{131}J-Aufnahme ist durch die rechtzeitige Verabreichung von *in*aktivem ^{126}J in Form von Kaliumjodid-Tabletten möglich. Inkorporiertes ^{131}J würde dann, vorwiegend durch Ausscheidung über die Niere, den Körper mit einer biologischen Halbwertzeit von etwa 15 Stunden wieder verlassen. Allerdings erfordert eine pharmakologisch wirksame Medikation die tägliche Einnahme von mehreren Gramm Kaliumjodid. Dabei darf nicht unerwähnt bleiben, daß durch diese relativ großen Jodmengen im Einzelfall Überempfindlichkeitsreaktionen und vor allem eine Überschwemmung des Organismus mit Schilddrüsenhormon (thyreotoxische Krise) bei entsprechend empfindlichen Personen ausgelöst werden können.

Abschließend ist festzustellen, daß die Bevölkerung im Umfeld eines Kernreaktors im Katastrophenfall vor einer hohen Strahlenbelastung der Schilddrüse durch die Einnahme von Jodtabletten wirkungsvoll geschützt werden kann. Dabei müssen wohl die in Einzelfällen auftretenden Nebenwirkungen gegenüber dem Schutzeffekt auf den überwiegenden Teil der Bevölkerung in Kauf genommen werden. Folgerichtig ist eine vorsorgliche Ausgabe von Jodkaliumtabletten in den betreffenden Gebieten notwendig. Nur so ist im Ernstfall die sofortige Medikation gewährleistet. Eine entsprechende Information der Bevölkerung, auch mit besonderen Hinweisen für Menschen mit Schilddrüsenerkrankungen oder bekannter Jod-Überempfindlichkeit, sollte jedoch sichergestellt sein.

Professor Dr. Hans Werner Pabst,
Direktor der Nuklearmedizinischen Klinik und Poliklinik rechts
der Isar der Technischen Universität München

II. Stellungnahme der *Food and Drug Administration*, *(FDA)* Washington (2):

Der FDA-Ausschuß kommt zu dem Schluß, daß Kalium-Jod unter bestimmten, genau spezifizierten Einnahmebedingungen unschädlich ist und als wirksames Schilddrüsen-Blockierungsmittel angewendet werden kann, da es bereits seit vielen Jahren in hoher Dosis in Langzeitversuchen angewandt wird, wobei sich Nebenwirkungen und Giftigkeit im allgemeinen direkt proportional zu Dosis und Dauer der Therapie verhielten. Die Risiken durch eine kurzfristige Einnahme von relativ niedrigen Dosen Kalium-Jods bei einem Reaktorunfall werden durch die Risiken, denen die Bevölkerung durch radioaktive Strahlen ausgesetzt wäre, überwogen.

Durch orale Gabe von 100 Milligramm Jod (oder 130 mg Kalium-Jod) direkt vor oder zum Zeitpunkt der Strahlung kann eine nahezu völlige Blockierung (über 90 %) der Aufnahme von radioaktivem Jod durch die Schilddrüse erreicht werden. Bei Kindern bis zu einem Jahr kann eine geringere Dosis (64 mg Kalium-Jod) gegeben werden. Eine tägliche Dosis ist erforderlich, um dieses Blockierungs-Stadium aufrechtzuerhalten. Der Anwendungszeitraum sollte zehn Tage nicht überschreiten.

1) Grüter, *Dtsch. med. Wschr.* 104, (1979), 827.
2) »Potassion Iodide as Thyroid-Blocking Agent in a Radiation Emergency«, Dept. of Health, Education and Welfare, Food and Drug Administration, *Federal Register*, 43, S. 58798, v. 15. 12. 1978.

Exposition vorliegen dürften, kann er sich eigentlich nur nach zwei Kriterien orientieren:

● Zeigt der Betroffene irgendwelche eindeutigen Symptome, die einen Rückschluß auf die Dosis zulassen?

● Kommt der Betroffene aus einer Region, in der nach den vorliegenden Informationen eine entsprechende Strahlenbelastung zu erwarten ist?

Der Ausschuß »Medizin und Strahlenschutz« der *Strahlenschutzkommission (SSK)* hat zur Erleichterung der Tätigkeit des Arztes vor Ort einen »Erhebungsbogen« formuliert, für die Betroffenen zudem ein Merkblatt mit »Verhaltensregeln nach einem Strahlenunfall« (siehe Kasten S. 206) (15). Doch diese Papiere schlummern in den Schubladen der Kommission, d. h. sie wurden noch nicht an die Ärzteschaft in der Umgebung von Kernreaktoren verteilt – zum Glück, denn zumindest der »Erhebungsbogen« würde eher zur Verwirrung der Mediziner beitragen:

Wie es – selbst bei entsprechender Vorbildung und exakten Hinweisen – dem Arzt vor Ort möglich sein soll, »aus den Angaben über Aufenthaltsorte und -dauer und den vorliegenden Informationen über ... die Ortsdosisleistung« die Ganzkörperbelastung »abzuschätzen« und die zuvor Registrierten in Betroffene und Nichtbetroffene einzuteilen (wobei letztere keine höhere Exposition als 10 rad aufweisen sollen), bleibt das große

Geheimnis der Ausschußexperten. Denn es ist nach übereinstimmender Meinung aller ernst zu nehmenden Strahlenmediziner unbestritten, daß Frühsymptome wie Strahlenkater, schwere Übelkeit, Hautrötung erst bei mehreren hundert rad sichtbar werden. Es ist mithin unmöglich, bei der ersten »Sichtung« der Betroffenen jene mit einer Belastung von »unter 10 rad« von jenen zwischen »10 rad und 50 rad« und denjenigen zwischen »50 rd und 200 rad« gleichsam am Grad ihres subjektiven Wohlbefindens unterscheiden zu wollen (15).

Mit anderen Worten: Jeder verantwortliche Mediziner muß sich außerstande sehen, eine Triage im Sinne der Katastrophenmedizin, d. h. eine Einteilung der strahlenverseuchten Personen in mehrere Gefahrengruppen, durchzuführen. Er wird es daher als Notwendigkeit ansehen, *alle* Menschen, die aus der engeren Umgebung des Reaktors evakuiert wurden oder geflüchtet sind, als prinzipiell Betroffene einzustufen.

Dagegen empfiehlt der Ausschuß »Medizin und Strahlenschutz«: »Personen, bei denen Ganzkörperexpositionen über 200 rad abgeschätzt werden oder bei denen wegen der Kontamination oder wegen vorhandener Symptome eine derartige Strahlenexposition angenommen werden kann, verbleiben zunächst in den Notfallstationen«; sie werden später in entsprechende Krankenhäuser transportiert.

Jene Betroffenen aber, bei denen eine Ganzkörperbelastung zwischen 10 und 200 rad »wahrscheinlich ist, können unter Aushändigung des Durchschlages des Erhebungsbogens in ambulante Überwachung entlassen werden«. Das Merkblatt soll sie darauf hinweisen, daß einige Tage später eine Reihenuntersuchung erforderlich ist (15). Wozu denn überhaupt eine Einteilung in einzelne Gefährdungsgruppen unterhalb von 200 rad, wenn schließlich doch alle nach Hause geschickt werden?

Kurzum: Die Ratschläge der *Strahlenschutzkommission* sollten am besten in den Papierkorb wandern. Sie sind Makulatur, allenfalls »graue Theorie«, auf jeden Fall inpraktikabel.

Akute Wirkungen einer Ganzkörperbestrahlung

0 – 50 rad   keine nachweisbare Wirkung außer geringfügigen Blutbildveränderungen

80 – 120 rad   bei 5 bis 10 % der Exponierten etwa einen Tag lang Erbrechen, Übelkeit und Müdigkeit, aber keine ernstliche Arbeitsunfähigkeit

130 – 170 rad   bei etwa 25 % der Exponierten etwa einen Tag lang Erbrechen und Übelkeit, gefolgt von anderen Symptomen der Strahlenkrankheit; keine Todesfälle zu erwarten

180 – 260 rad   bei etwa 25 % der Exponierten etwa einen Tag lang Erbrechen und Übelkeit, gefolgt von anderen Symptomen der Strahlenkrankheit; einzelne Todesfälle möglich

270 – 330 rad   bei fast allen Exponierten Erbrechen und Übelkeit am ersten Tag, gefolgt von anderen Symptomen der Strahlenkrankheit; etwa 20 % Todesfälle innerhalb von zwei bis sechs Wochen nach Exposition; etwa drei Monate lang Rekonvaleszenz der Überlebenden

400 – 500 rad   bei allen Exponierten Erbrechen und Übelkeit am ersten Tag, gefolgt von anderen Symptomen der Strahlenkrankheit; etwa 50 % Todesfälle innerhalb eines Monats; etwa sechs Monate lange Rekonvaleszenz der Überlebenden

550 – 750 rad   bei allen Exponierten Erbrechen und Übelkeit innerhalb vier Stunden nach Exposition, gefolgt von anderen Symptomen der Strahlenkrankheit. Bis zu 100 % Todesfälle; wenige Überlebende mit Rekonvaleszenzzeiten von etwa sechs Monaten

1000 rad   bei allen Exponierten Erbrechen und Nausea innerhalb ein bis zwei Stunden; wahrscheinlich keine Überlebenden

5000 rad   fast augenblicklich einsetzende schwerste Krankheit; Tod aller Exponierten innerhalb einer Woche

Merkblatt

Verhaltensregeln nach einem Strahlenunfall

1. Nach Ihren Angaben und den in der Notfallstation durchgeführten Messungen ist bei Ihnen vorläufig eine ärztliche Behandlung nicht erforderlich.

2. Aus Gründen der Sicherheit für Ihre Gesundheit müssen Sie sich jedoch in den nächsten Tagen zu einer Kontrolluntersuchung melden.

3. Die Orte und Zeitpunkte dieser Kontrolluntersuchungen werden öffentlich bekanntgegeben. Sie sind abhängig von Ihrem Aufenthaltsort und der auf Ihrem Erhebungsbogen vermerkten abgeschätzten Strahlendosis. Um unnötige Wartezeiten zu vermeiden, sind die öffentlich bekanntgegebenen Orte und Zeitpunkte für die Nachuntersuchung einzuhalten.

4. Der Ihnen ausgehändigte Erhebungsbogen ist aufzubewahren und bei der Kontrolluntersuchung vorzulegen.

5. Ihre Kleidung enthält möglicherweise eine geringe Verunreinigung mit radioaktivem Material, die für Sie keine unmittelbare Gefährdung darstellt. Um jedoch unnötige Verschleppungen dieses Materials zu vermeiden, sollten Sie bei nächster Gelegenheit Ihre Kleidung vollständig wechseln. Außerdem sollten Sie duschen und sich insbesondere die Haare waschen.

6. Ihre gerade abgelegte Kleidung verpacken Sie dann bitte in einen Plastiksack, und geben Sie diesen bei den für die Kleiderreinigung speziell eingerichteten Stellen ab.

7. Soweit es die getroffenen Sicherheitsmaßnahmen zulassen, können Sie sich frei bewegen und Ihre normalen Lebensgewohnheiten beibehalten. Sollten Sie in den nächsten Tagen einen Arzt aufsuchen müssen, legen Sie dem behandelnden Arzt bitte den Erhebungsbogen vor, der Ihnen in der Notfallstation ausgehändigt wurde.

ERHEBUNGSBOGEN

zur Registrierung und zur Feststellung der Notwendigkeit einer *ärztlichen Untersuchung*

1) *Angaben zur Person* (nur Punkt 1 selbst ausfüllen)

Name: ....

Vorname: ....

Geburtsdatum: .... Geschlecht: männlich ☐
weiblich ☐

Straße: ....

Wohnort: ....

Telefon: ....

2) *Aufenthalt* während des Verlaufs der Katastrophe

Ort	Dauer	überwiegend	
		im Freien	in Gebäuden

Abgeschätzte Ganzkörperdosis

unter 10 rad	
10 bis 50 rad	
50 bis 200 rad	
über 200 rad	

betroffen ☐   nicht betroffen ☐

....
(Unterschrift des Befragenden)

3) *Kontamination*   ja ☐   nein ☐

Ist die Kontamination beseitigt worden?   ja ☐   nein ☐

....
(Unterschrift des Messenden)

4) *Störung des Befindens*

	nein	gering	stark	sehr stark
Übelkeit				
Erbrechen				
Durchfall				
auffällige Hautrötungen				

Bemerkungen: ....

....

5) *Klassifizierung*   1. Keine weitere Beobachtung ☐
                   2. Ambulante Überwachung ☐
                   3. Stationäre Behandlung ☐

....
(Datum/Uhrzeit)   (Unterschrift des Arztes)

6) *Ergebnis des Arztes* aus der ambulanten Untersuchung

Ambulante Untersuchung wurde durchgeführt:
Weitere Untersuchungen notwendig:
Folgende Maßnahmen wurden eingeleitet: ....

....

....
(Datum)   (Unterschrift und Anschrift)

Wegen der bei diesen Strahlungsbelastungen fehlenden medizinischen Frühsymptomatik, wodurch eine Sofort-Diagnose unmöglich ist, sollte man sich nicht der Illusion hingeben, eine derartige Triage sei im Ernstfall durchführbar. Hinzu kommen nämlich eine Reihe von Unwägbarkeiten durch die Krisensituation: Auch viele objektiv Nichtbetroffene weden aus psychologischen Gründen von subjektivem Unwohlsein betroffen sein oder die Übelkeit »sicherheitshalber« auch nur vorgeben.

Medizinisch sinnvoll erscheint nur eine Klassifizierung unter Verzicht auf eine Einteilung in Nichtbetroffene (unter 10 rad), Betroffene (10 bis 200 rad) und Geschädigte (über 200 rad):

- Grundsätzlich alle Personen begeben sich nach der Registrierung und Dekontamination sofort zu einer Blutuntersuchung, deren Ergebnisse wenige Stunden später vorliegen müssen; die Werte werden in den darauffolgenden Tagen systematisch überwacht, um eventuelle Strahlenschäden frühestmöglichst erkennen zu können.

- Jene Personen, die *eindeutig* identifizierbare Symptome aufweisen, also wahrscheinlich mehreren hundert rad ausgesetzt waren, werden nach der Dekontamination sofort in Spezialkliniken eingeliefert.

Eine derartige medizinische Versorgung für den Katastrophenfall scheint freilich nur dann zu verwirklichen, wenn innerhalb kürzester Zeit tagtäglich womöglich Tausende von Blutuntersuchungen durchgeführt werden könnten, zudem Hunderte von Betten in Spezialkliniken oder zumindest Krankenhäusern mit entsprechenden Fachärzten bereitstünden.

Eine Schnelldiagnostik von Blutproben »als eine Methode der ›biologischen Dosimetrie‹, d. h. der Strahlenmessung ... würde in derartigen Situationen hilfreich sein«, schreibt Otfried Messerschmidt (10). Die 250 südwestdeutschen Ärzte, die ihren Protest in einer Annonce in der *Badischen Zeitung* zum Ausdruck brachten, halten dies sogar für »unabdingbar notwendig« und fordern die »Ausstattung von Krankenhäusern und Praxen der gesamten Region« mit solchen Geräten (1).

Weitaus problematischer scheint die Versorgung der Schwergeschädigten (über 200 rad), bei denen bereits mit Todesfällen zu rechnen ist.

Theorie und Praxis

Nach Ansicht des renommierten Strahlenmediziners Professor Theodor M. Fliedner von der Universität Ulm gibt es kaum eine Gesundheitsstörung durch Umweltfaktoren, »die so genau untersucht ist und für welche therapeutische Möglichkeiten derart entwickelt worden sind, wie für das ›akute Strahlen-Syndrom‹, das bei einem Strahlenunfall im allgemeinen und bei einem Reaktorunfall im besonderen auftreten kann« (11). Fliedner meint, es sei aufgrund der medizinischen Erfahrungen* heute »keine Utopie« mehr, sogar Patienten zu retten, die eine einmalige Ganzkörperbestrahlung von bis zu 1200 rad erhalten haben, so setzt dies freilich eine optimale Versorgung in einer Spezialklinik von entsprechend ausgebildeten Fachleuten voraus – und das ist eben eine Utopie.

Mit anderen Worten: Die Behandlung von schwer Strahlengeschädigten wirft keine entscheidenden medizinischen, wohl aber organisatorische, administrative Probleme auf. Es fehlt allenthalben an entsprechenden Klinikbetten für den Notfall wie an ausgebildetem Fachpersonal.

Zu diesem Ergebnis kamen auch die *Badisch-elsässischen Bürgerinitiativen*, die im März 1977 Auszüge aus dem »nur für den Dienstgebrauch« vorgesehenen »Besonderen Katastrophen-

---

* Die Erfahrungen über Behandlungsmöglichkeiten stammen im wesentlichen von den Atombomben-Explosionen 1945 in Hiroshima und Nagasaki, dem Atombomben-Unfall im Pazifik mit radioaktivem Niederschlag auf den Marshall-Inseln, von Unfällen in Forschungslabors, Kliniken und Industriebetrieben sowie von therapeutisch eingesetzter Ganzkörperbestrahlung beispielsweise bei Leukämie-Patienten vor einer Knochenmarktransplantation.

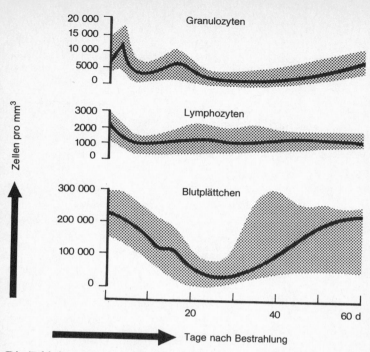

Die Zahl der Knochenmarkszellen (Granulozyten), der weißen Blutkörperchen (Lymphozyten) und der Blutplättchen ändert sich Tage nach der Strahleneinwirkung zum Teil dramatisch. Der Anstieg der Granulozyten nach einigen Tagen, und der dann folgende Abfall, ist das erste deutliche Zeichen für das Ausmaß der Strahlenkrankheit.

(Quelle: Trott, K.-R., »Die ärztliche Versorgung der Bevölkerung bei Kernkraftwerkskatastrophen«, *Münchner Medizinische Wochenschrift* v. 7. 9. 1979)

schutzplan für die Deutsche Umgebung des Kernkraftwerks Fessenheim/Elsaß« veröffentlichten. Die Papiere waren Wochen zuvor aus dem Landratsamt Lörrach entwendet worden (16). Nach einer telefonischen Stichprobe stellten die Umweltschützer fest, daß an zwei aufeinanderfolgenden Tagen in Freiburg »lediglich einer« der im Katastrophenplan angegebenen strahlenmedizinisch versierten Ärzte erreichbar gewesen sei. Drei der Fachmediziner seien »inzwischen versetzt« worden. Für »leichte und mittelschwere« Strahlenverletzte stehen in ganz Baden-Württemberg, so kritisieren die Freiburger Kernkraftgegner, nur 35 Betten bereit, in weit auseinanderliegenden Kliniken zudem (Freiburg, Heilbronn, Karlsruhe). Für schwer strahlenverseuchte Personen gar sei im ganzen Land kein Platz (16).

Und Baden-Württemberg ist keineswegs die Ausnahme. Nach Erkundigungen des bayrischen Landtagsabgeordneten Dr. Andreas Schlittmeyer beispielsweise gibt es »an verschiedenen Orten in Bayern nur 22 spezielle Strahlenschutzbetten in Klinikabteilungen, die auch nicht immer rund um die Uhr besetzt sind« (17).

Und selbst die nach der Strahlenschutz- und der Röntgenverordnung »ermächtigten« Ärzte wähnen sich für den Ernstfall ratlos. Dr. Hans-Henning Kubusch, praktischer Arzt in Beverungen nahe dem Reaktor Würgassen und ausgebildeter Strahlenmediziner, beispielsweise glaubt, im Katastrophenfall nur

Die Darstellungen zeigen die Auswirkungen eines Unfallablaufs der *Rasmussen-Studie* (AH-ß). Er ist dadurch gekennzeichnet, daß er von einem großen Kühlmittelverlust ausgeht, das Kernnotkühlsystem nicht auf Sumpfbetrieb umschaltet, die übrigen Sicherheitseinrichtungen im Sicherheitsbehälter funktionieren, der Sicherheitseinschluß der freigesetzten radioaktiven Stoffe aber versagt (Kategorie DWR-5). Die Werte wurden für einen Druckwasserreaktor von 1300 MWe, der zuvor 2,5 Jahre in Betrieb war, berechnet. Weiterhin ging die häufige Ausbreitungskategorie C (nach Fortak) in die Ermittlung der Aktivitätskonzentration, Strahlenexposition und Isodosislinien ein.

Quelle: Erxleben, E., »Notfallschutz bei Kernkraftwerken«, GRS-S-24, *Gesellschaft für Reaktorsicherheit*, Köln 1978.)

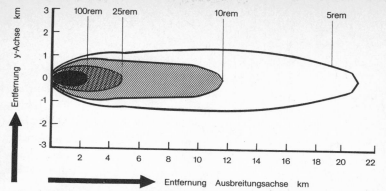

Isodosislinien Ganzkörperbestrahlung; Inhalation

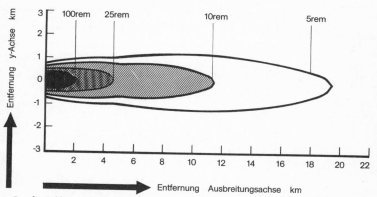

Isodosislinien Ganzkörperbestrahlung; äußere Gammastrahlung aus der radioaktiven Wolke

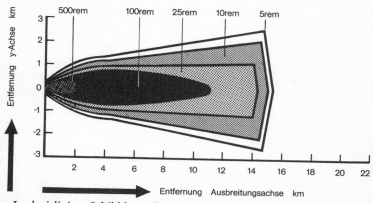

Isodosislinien Schilddrüsenbestrahlung; Jodtabletteneinnahme nach zwei Stunden.

»nach eigenem Ermessen« handeln zu können, weil er »bis jetzt von offiziellen Stellen nicht darauf hingewiesen worden ist, was in einem solchen Fall zu tun wäre« (2).

Sein Kollege Dr. Gerd Hancken pflichtet dem bei: »Es ist nicht unsere Sache, bei einer Katastrophe Massenbehandlungen vorzunehmen«, betont der Stader Strahlenarzt, der im Falle eines Falles für die Bevölkerung in der Umgebung des nahen Reaktors an der Unterelbe zuständig wäre. Seiner »Ermächtigung« zufolge darf sich Hancken nur um so schwach Bestrahlte kümmern, die eigentlich gar keine Behandlung nötig haben, denn über einer äußeren »Ganz- oder Teilkörperbestrahlung über 10 rem ... ist unverzüglich Verbindung mit dem regionalen Strahlenzentrum Hannover ... aufzunehmen« (10). Nur dortselbst stünden in Niedersachsen für schwer strahlenverseuchte Personen aus der Umgebung des Stader Kernkraftwerkes wohl auch Betten zur Verfügung. Und Hannover ist weit. Im Katastrophenplan für den niedersächsischen Reaktor Kleinensiel an der Weser jedenfalls zeichnet sich der Abschnitt »Liste der Krankenhäuser und sonstigen Einrichtungen, die zur medizinischen Behandlung strahlengeschädigter Personen geeignet sind« (S. 77) durch gähnende Leere aus – die Liste enthält nicht die Anschrift einer einzigen Klinik! (18).

Katastrophale Katastrophenmedizin

Es dürfte sich inzwischen herumgesprochen haben: Nicht nur im Falle eines atomaren Desasters, sondern bei Katastrophen jedweder Art (im Kriegs- wie im Friedensfall) wäre die medizinische Versorgung in der Bundesrepublik nicht gewährleistet.

Strahlengeschädigte ohne medizinische Hilfe?

Der Parlamentarische Staatssekretär beim Bundesminister des Innern, Andreas von Schoeler, hat die Frage des Abg. Dr. Paul Laufs (CDU/CSU):

Liegen der Bundesregierung Erkenntnisse über die tatsächliche Leistungsfähigkeit der in der Bundesrepublik Deutschland in Krankenhäusern und Kliniken regional eingerichteten Spezialabteilungen für Strahlengeschädigte vor, insbesondere auch über die Einsatzbereitschaft von Ganzkörperzählern?

am 8. August 1979 schriftlich wie folgt beantwortet:

In der Bundesrepublik Deutschland gibt es fünf regionale Strahlenschutzzentren des *Hauptverbandes der gewerblichen Berufsgenossenschaften e. V.* Bonn und etwa 25 weitere Abteilungen in Krankenhäusern, die strahlenschutzmedizinische Hilfe leisten und gegebenenfalls alle therapeutischen Maßnahmen durchführen können. Ferner ist eine größere Anzahl von mobilen und stationären Meßeinrichtungen, u. a. Ganzkörperzählern, vorhanden, die zur Messung von Kontaminationen und Inkorporationen vorgesehen sind. Diese Einrichtungen sind in einer Liste des Bundesinnenministers betreffend »Erfassung von Hilfsmöglichkeiten bei Zwischenfällen mit ionisierender Strahlung«, herausgegeben von der *Gesellschaft für Reaktorsicherheit*, veröffentlicht. Diese Liste wird zur Zeit fortgeschrieben.

Darüber hinaus wird vom Bundesinnenministerium in enger Zusammenarbeit mit den Ausschüssen »Medizin und Strahlenschutz« sowie »Notfallschutz« der *Strahlenschutzkommission* ein für die Bundesrepublik Deutschland flächendeckendes Verzeichnis mit Krankenhäusern erarbeitet, die über spezielle Einrichtungen und Fachpersonal für Untersuchung und Behandlung von Strahlengeschädigten verfügen. Nach Fertigstellung werde ich Ihnen diese Liste zusenden.

Um den Wissensstand von Ärzten über die Behandlung von Strahlenschäden auf dem neuesten Stand zu halten, werden Fortbildungsveranstaltungen durchgeführt. Im Herbst d. J. wird eine entsprechende Pilotveranstaltung zur Fortbildung von Ärzten von der *Gesellschaft für Strahlen- und Umweltforschung* in München und der *Vereinigung Deutscher Strahlenschutzärzte e. V.* durchgeführt, die in Zukunft fester Bestandteil der ärztlichen Fortbildung werden soll.

Simulierte Unfallsituationen, die von der gewerblichen Berufsgenossenschaft stichprobenartig in einige Spezialabteilungen eingebracht wurden, haben ergeben, daß eine sofortige biophysikalische und medizinische Untersuchung und Behandlung von Strahlengeschädigten gesichert ist.

Meßgeräte für Kontamination und Inkorporation, darunter auch eine Vielzahl von Ganzkörperzählern, stehen den genannten Krankenhäusern entweder direkt zur Verfügung, da sie routinemäßig für nuklearmedizinische Zwecke benötigt werden, oder sie sind in den genannten mobilen oder stationären Meßeinrichtungen verfügbar. Für viele Meßzwecke sind Ganzkörperzähler nicht erforderlich, dafür genügen einfache Meßeinrichtungen.

Die Katastrophenmedizin weist hierzulande einen miserablen Zustand auf. Eine Reihe von Veranstaltungen zu diesem Thema im Jahre 1979 haben gezeigt, daß es hierüber unter den Fachleuten ausnahmsweise keinen Dissenz gibt (19). Niemand be-

Verschwendetes Papier

Die Studie stammt aus gutem Haus: Im Oktober 1978 erarbeiteten Strahlenmediziner des *Kernforschungszentrums Karlsruhe GmbH* (einer Großforschungseinrichtung des Bundes) einen Katalog von Maßnahmen für den »theoretisch zwar denkbaren, aber praktisch unwahrscheinlichen Kernkraftwerksunfall, dessen Auswirkungen über das Gelände des Reaktors hinausgehen und die Bevölkerung in das Unfallgeschehen einbeziehen« (1). Die Expertise gerät zu einem Musterbeispiel für die Diskrepanz zwischen Theorie und Praxis in der medizinischen Notfallplanung: Die in der »Orientierenden Studie über die medizinische Infrastruktur bei großen Kernkraftwerksunfällen« geplante Versorgung wäre hierzulande bei nicht einem einzigen Atommeiler gewährleistet.
Nach einem atomaren Unfall würden, so schreiben die Karlsruher Strahlenärzte, sofort an wichtigen Ausfallstraßen, mindestens zehn Kilometer vom Reaktor entfernt, Erste-Hilfe-Stationen errichtet, in Schulen, Turnhallen oder Schwimmbädern, die über Duscheinrichtungen verfügen. Auch die selbst in Katastrophensituationen notwendigen »guten Sitten« haben die Autoren der Studie dabei nicht vergessen: Damit sich beim Abspülen der Radioaktivität niemand genieren muß, sollte die »Möglichkeit der kurzfristigen Raumseparierung durch Installation von Trennwänden für männliche und weibliche Personen« vorgesehen werden.
Bei »unkontrolliertem Austritt von Aktivität im Unfallgeschehen« wird mit entsprechenden Meßgeräten die eingeatmete oder ver-

schluckte Strahlung ermittelt, gegebenenfalls ein Nasenabstrich gemacht – so die Planung. Als Therapie ist eine Mund-Nasen-Rachenspülung, die Verabreichung von Jodtabletten oder einem Brei aus Barium-, Natrium- und Magnesiumsulfat vorgesehen. Wurde radioaktives Strontium eingeatmet, wird *Manucol* verabreicht (»mit Geschmackskorrigentien«), bei Caesium mit *RadiogardaseCS* die Ausscheidung intensiviert.

In den Erste-Hilfe-Stationen soll dann auch die Triage erfolgen, werden die Bestrahlten je nach Symptomatik in sogenannte Basis- oder Spezialkliniken eingewiesen. An Personal für die Aufgaben der Erstversorgung hält man zwei Strahlenschutzärzte und 30 qualifizierte Hilfskräfte pro Station für ausreichend. Bei einer Behandlungszeit von 15 Minuten könnten bei einer 24-Stunden-Bereitschaft rund 1000 Menschen pro Tag durch die Station geschleust werden – rein rechnerisch und auch nur, wenn rechtzeitig 15 Großflächenzähler, 10 Dosisleistungsmeßgeräte, 32 Garnituren Spezialschutzkleidung, 32 Dosismeter, 500 Garnituren Ersatzbekleidung, Kaliumjodidtabletten und andere Medikamente zur Verfügung stünden.

Spätestens an dieser Stelle droht die »Orientierende Studie« aus dem Karlsruher *Kernforschungszentrum* zur Makulatur zu werden. Derlei Modelle für die strahlenmedizinische Ernstfallversorgung taugen so lange nichts, wie sie von Bedingungen ausgehen, die nirgendwo auch nur annähernd existieren. Zwar glaubt man, daß »routinemäßige Übungen der für die Erste-Hilfe-Stationen vorgesehenen qualifizierten Hilfskräfte und Strahlenschutzärzte Voraussetzung für eine zügige und reibungslose Abwicklung der Maßnahmen im Krisenfall« sind, an generalstabsmäßig geplante Übungen mit allen im Eventualfall Betroffenen, d. h. auch der Bevölkerung, ist gleichwohl nicht gedacht.

Solange lediglich die theoretischen Möglichkeiten im Falle einer atomaren Katastrophe aufgezählt werden, ohne auf den strahlenmedizinischen Status quo vor Ort einzugehen und ohne die Wege aufzuzeigen, wie der katastrophale Zustand der Katastrophenmedizin zu verbessern ist, bleibt eine solche Studie nutzlos – verschwendetes Papier.

Egmont R. Koch

1) Ohlenschläger, L., »Orientierende Studie über die medizinische Infrastruktur bei großen Kernkraftwerksunfällen«, Bericht des *Kernforschungszentrums Karlsruhe*, Oktober 1978; siehe auch »Wie Sie nach einem Atomunfall ärztlich behandelt werden«, *Diagnosen* 1/1980, S. 12.

zweifelt, daß wir bei Waldbränden, Flutkatastrophen, Giftgas-
ausbrüchen und atomaren Unfällen medizinisch auf ziemlich
verlorenem Posten stünden.

Im Ernstfall aber reicht der gute Wille nicht, wenn das Überle-
ben von Katastrophen-Opfern nicht dem Zufall überlassen
bleiben soll.

Die ärztliche Versorgung im Katastrophenfall unterscheidet
sich von der im Alltagsleben dadurch, daß der Primat, zu aller-
erst für den Schwerverletzten zu sorgen, nur sehr begrenzte
Gültigkeit hat. Die Konsequenz jeder Triage heißt: Entscheidung über Leben und Tod. Diejenigen, die nach medizinischem
Urteil keine (oder kaum noch) Überlebenschancen haben, dürfen nicht die ärztliche Versorgung derjenigen blockieren, die zu
retten sind. Es ist einleuchtend, daß diese Aufgabe nicht nur
medizinisches Wissen und ärztliche Erfahrung, sondern auch
ein gehöriges Maß Verantwortungsbewußtsein erfordert.

Bei nuklearen Katastrophen ist die Triage – wie illustriert wurde – besonders schwierig, wenn nicht sogar unmöglich. Äußer-
liche Schäden wären nicht erkennbar, die Symptome wenige
Stunden nach der Exposition unsicher. Eigentlich hoffnungslo-
se Fälle gibt es zudem nicht.

Ärztliche Kritik und Verantwortungsbewußtsein wären demnach bei solchen Katastrophen weniger gefragt, dafür um so
mehr ärztliche Kenntnisse und pragmatisches Vorgehen. Beides
ist bei uns – auch dies wurde geschildert – momentan nicht gewährleistet. Würde sich morgen bei uns ein Störfall wie in
Three Mile Island ereignen (und womöglich *nicht* glimpflich
ausgehen), die Mediziner vor Ort wären hilflos, wüßten nicht
was zu tun wäre.

Gründe wurden genannt. Wesentlich scheint die bisherige Aus-
klammerung der Ärzteschaft in der Umgebung von Kernreaktoren bei Katastrophenschutz-Planungen. Man begnügt sich
bislang damit, die in Listen zusammengestellten »ermächtigten« Strahlenmediziner in die Maßnahmenkataloge gleichsam

»blind« zu übernehmen. Naive Einschätzung der Planer: Wer sich als Mediziner mit »Strahlung« befaßt hat, wird schon wissen, was man im Ernstfall machen kann. Das führt bisweilen zu Grotesken, wenn die betroffenen Mediziner inzwischen umgezogen, versetzt oder gar verstorben sind.

Aber selbst die »Ermächtigten« sind ratlos. Was nützen die besten Kenntnisse im Umgang mit Röntgengeräten im Falle einer Reaktorkatastrophe? Über eine sehr konkrete Fortbildung der lokalen Ärzteschaft hat noch niemand nachgedacht, geschweige denn, sie in Angriff genommen. Dafür klammert man sich lieber an »Empfehlungen«, die gänzlich inpraktikabel sind.

Anderswo ist das anders. Zum Beispiel in der Schweiz. Unsere südlichen Nachbarn haben ein völlig entkrampftes Verhältnis zur Katastrophenmedizin »ohne emotionale Überfrachtung und Belastung« (so das *Deutsche Ärzteblatt*) (20). Sie ist dortzulande ein Bestandteil jeden Medizinstudiums. Die organisatorischen Vorbereitungen sind als, soweit man das beurteilen kann, perfekt zu bezeichnen (21). Selbst für »geographische Sorgenkinder« wie die Stadt Basel sind hervorragende Vorkehrungen getroffen worden (22).

Auch für atomare Unfälle hat man in erstaunlichem Maße die medizinische Versorgung geplant (23), obwohl in der Schweiz erst wenige Kernkraftwerke in Betrieb sind. Die geplanten Schutzmaßnahmen für »versehentliche« Atombombenkatastrophen (wenn zum Beispiel ein Militärflugzeug eine Bombe verliert) kamen der Notfallplanung dabei sehr zu Hilfe (24).

Bei uns werden einstweilen die Lücken der Katastrophenmedizin an den Pranger gestellt. Ansätze für eine Beseitigung des skandalösen Zustands sind dürftig. Zwar diskutiert man seit langem über das sogenannte *Gesundheitssicherstellungs-Gesetz*, das im wesentlichen die rechtliche Handhabung für die Vorbereitung medizinischer Maßnahmen im Verteidigungsfall gewährleisten soll, aber natürlich auch für Friedenskatastrophen von Bedeutung wäre. Doch vorläufig, d. h. zumindest in dieser Legislaturperiode, ist mit einer parlamentarischen Verabschiedung nicht zu rechnen. Dr. Horst Zöllick, Ministerialrat im *Bundesministerium für Jugend, Familie und Gesundheit*, ist allerdings der Meinung, daß von dem Gesamtbedarf, den man für den äußersten Notfall vorplane, ein großer Teil schon vorhanden sei: Zu den 640000 vorhandenen Betten in Akut-, Hilfs- und Kurkrankenhäusern müßten noch 360000 Betten in neueinzurichtenden Hilfskrankenhäusern hinzukommen (25). Natürlich kann nicht erwartet werden, daß die Versäumnisse der letzten Jahre nach Verabschiedung des »Gesundheitssicherstellungs-Gesetzes« binnen kurzer Zeit aufgeholt werden. Einen Vergleich mit der Schweiz werden wir auch in fünf oder zehn Jahren noch scheuen müssen.

Was die medizinische Versorgung speziell im Falle eines Reaktorunfalls angeht, so muß die Ausbildung der Ärzte, die organisatorische Vorbereitung und der Ausbau der strahlenmedizinischen Betreuung in den Krankenhäusern vor Ort im Vordergrund stehen. Gesetze helfen da wenig. Bürokratische Anweisungen noch weniger.

Es ist an der Zeit, konkrete Maßnahmen durchzuführen:
- Ausarbeitung realistischer Empfehlungen für den Ernstfall;
- Veranstaltungen für die Ärzte in der Umgebung der gegenwärtig 15 bundesdeutschen und grenznahen Kernkraftwerke;
- Übungen mit den Katastrophenschutz-Einheiten und der Bevölkerung. Fehler sind nicht dazu da, wiederholt zu werden;
- eine Analyse der Lücken in der ärztlichen Versorgung in der Umgebung von Kernreaktoren, die etwas mehr bietet als beschönigende, selbstherrliche Darstellungen aus dem *Bundesministerium des Innern*;
- schließlich: das Ausfüllen dieser Lücken, um eine effektive medizinische Betreuung für den Katastrophenfall anzustreben.

Alle diese Maßnahmen setzen ein Interesse der Ärzte vor Ort voraus, das über öffentliche Kritik in Zeitungsanzeigen (so ehrenwert sie auch sein mögen) hinausgeht. Denn eine wirksame Hilfe muß keine Utopie sein. Ärztlicher Katastrophenschutz ist machbar.

Eine *lückenlose* Versorgung um jeden Preis zu verlangen, wäre hingegen töricht. Die Abdeckung des technischen Restrisikos kann nicht Aufgabe der Notfallplanung, schon gar nicht der Katastrophenmedizin sein. Nur: Wenn wir schon nach dem politischen Grundsatz handeln, daß selbst für unwahrscheinliche Fälle Vorbereitungen zu treffen sind, dann sollte dies für die medizinische Versorgung nicht bedeuten, aus der momentanen Not eine Tugend zu machen, die gegenwärtige ärztliche Ohnmacht zum unabänderlichen Schicksal zu erklären.

1) *Badische Zeitung* v. 27. 8. 1977; zitiert nach: Kater, H., in *Der Deutsche Arzt*, 19/1978, S. 36.

2) Sendeniederschrift »Evakuieren oder beten?« (von Egmont R. Koch), *WDR*, 1. Programm, 29. 11. 1979, 20. 15 Uhr.

3) Storner, H., »Der Katastrophenschutz im Bereich von Kernenergieanlagen«, Vortragsmanuskript, Fortbildungsseminar der Bayrischen Ärztekammer zum Thema »Ärztliche Versorgung von Strahlenkranken nach einem schweren Reaktorunfall, Februar 1979.

4) »Vorsorgepläne gegen Atomkatastrophen«, *Süddeutsche Zeitung* v. 5. 4. 1979.

5) Vorträge auf dem 96. Chirurgenkongreß, 26. 4. 1979, »Die Traumatologie im Katastrophenfall«; siehe auch Flöhl, R., »Harte Worte für den Katastrophenschutz«, *Frankfurter Allgemeine Zeitung* v. 30. 4. 1979; siehe auch Korbmann, R., »Für den Ernstfall nicht gerüstet«, *stern* 20/1979, S. 220; siehe auch »Katastrophale Katastrophenmedizin«, *Medical Tribune* v. 7. 9. 1979, S. 20.

6) Kater, H., in *Der Deutsche Arzt*, 19/1978, S. 39.

7) Vilmar, K., Referat zum TOP 1 des 82. Deutschen Ärztetages, Mai 1979, Nürnberg.

8) Trott, K.-R., »Die ärztliche Versorgung der Bevölkerung bei Kernkraftwerkskatastrophen«, *Münchner Medizinische Wochen-*

schrift v. 7. 9. 1979, S. 1140; siehe auch Sendeniederschrift *WDR* wie unter 2. angegeben.

9) Trott, K.-R., *Münchner Medizinische Wochenschrift* v. 7. 9. 1979, S. 1140.

10) Messerschmidt, O., in: *Monatskurse für die ärztliche Fortbildung*, Nr. 24/79; Korbmann, R., »Für den Ernstfall nicht gerüstet« *stern*, 20/1979, S. 220.

11) »Ärztliche Hilfsmaßnahmen bei Reaktorunfällen«, *Deutsches Ärzteblatt* v. 5. 4. 1979, S. 961.

12) Neumann, W., »Die Kerntechnische Hilfsdienst GmbH und ihre Möglichkeiten bei der Beseitigung von Störfallfolgen«, Vortrag auf der Veranstaltung »Sicherheit 79« am 28. 9. 1979 in Stuttgart.

13) Volf, V., »Treatment After Incorporation of Radionuclides«, *Proceedings on Radiation Protection*, Jerusalem 5.–8. 3. 1973; Volf, V., »The Effect of Combinations of Chelating Agents on the Translocation of Intramuscularly Deposited 239-Pu Nitrate in the Rat«, *Health Physics*, 19, 61 (1975); Seidel, A., »Removal from the Rat of Internally Deposited 241-Am by Long-Term Treatment with Ca- and ZnDTPA«, *Radiation Research* 61, 478 (1975).

14) Trott, K.-R., Stellungnahme zur Bedeutung von Jodtabletten, pers. Mittlg.,; siehe auch Trotts Statement in »Evakuieren oder beten?«, Sendeniederschrift *WDR*, wie unter 2. angegeben; siehe auch »Schutzwirkung der Einnahme von Jodtabletten«, Information der *Gesellschaft für Reaktorsicherheit* zur GKN-Übung am 16. 10. 1978.

15) Ergebnisprotokoll der 14. Sitzung des Ausschusses »Medizin und Strahlenschutz« bei der *Strahlenschutzkommission* v. 21. 6. 1978 in Bonn; siehe auch »Merkblatt Erste Hilfe bei erhöhter Einwirkung ionisierender Strahlen«, Hauptverband der gewerblichen Berufsgenossenschaften, Juli 1976.

16) »Auf kürzestem Weg in die nächste Kirche«, *Der Spiegel* v. 25. 7. 1977.

17) Sendeniederschrift »Katastrophenmedizin – Chaos nach der Katastrophe?« (von Michael Thomas), *ZDF-Gesundheitsmagazin Praxis* v. 23. 7. 1979.

18) »Besonderer Katastrophenabwehrplan für das Atomkraftwerk Unterweser in Kleinensiel«.

19) Im Jahre 1979 fanden u. a. folgende Veranstaltungen statt, die sich auch mit dem Thema »Katastrophenmedizin bei Reaktorunfällen« befaßten: Fortbildungsseminar der Bayrischen Ärztekammer in

München (Februar 1979), XXVII. Internationaler Fortbildungskongreß der Bundesärztekammer in Davos (März 1979), 96. Chirurgenkongreß in München (April 1979), 82. Deutscher Ärztetag in Nürnberg (Mai 1979).

20) Veigel, J. G., »Stiefkind Katastrophenmedizin«, *Deutsches Ärzteblatt* v. 5. 7. 1979, S. 1799.
21) »Strahlenschäden sind zu meistern«, *Selecta* v. 21. 5. 1979, S. 2035; *Deutsches Ärzteblatt* v. 5. 7. 1979, S. 1799; siehe auch die Ausgabe II/1979 *Unfallchirurgie*, die sich vollständig mit dem Thema »Katastrophenmedizin« befaßt und auch die Situation der Schweiz durchleuchtet.
22) Hell, K. und Rossetti, M., »Organisatorische Grundlagen für einen sinnvollen ärztlichen Einsatz beim Massenanfall von Verletzten«, *Unfallchirurgie*, 5, 83 (1979).
23) »Konzept für die bei Reaktorunfällen zu treffenden Maßnahmen«, hrsg. v. Kanton Solothurn, 10. 2. 1978.
24) »Radioaktive Gefährdung und mögliche Schutzmaßnahmen bei einer Atombombenkatastrophe im Frieden«, *Eidgenössische Kommission zur Überwachung der Radioaktivität*, Oktober 1973.
25) »Katastrophenmedizin«, *Arzt und Presse* v. 3. 9. 1979, S. 4.

Ist Panik kalkulierbar?

Die größte Unwägbarkeit sämtlicher Katastrophen-Planungen ist das menschliche Verhalten in Extremsituationen. Hier stellt sich eine der wichtigsten Aufgaben des Arztes vor Ort, wobei allerdings zweifelhaft bleibt, ob er ihr gewachsen ist und Panik verhindern kann. Gelingt es den Medizinern kraft ihrer Autorität, beruhigend auf die Menschen einzuwirken, die zum Beispiel aus der Umgebung des Reaktors evakuiert werden? Kann er hysterische Reaktionen unter der Bevölkerung unterbinden? Nach Meinung von Psychologen sind menschliche Reaktionen bei zivilen Katastrophen ganz ähnlich denen im Kriege. Dabei treten allerdings die »chronisch psychischen Kampfreaktionen, das hysterische Zittern des Ersten Weltkrieges, die psychosomatischen Beschwerden des Zweiten und das Vermeiden des Kampfes in Vietnam ... in Katastrophen« nicht auf, schreibt der Züricher Psychologe Professor Hans Konrad Knoepfel in einer Abhandlung über »Psychische Reaktionen in Katastrophen« (1). Auch sei in solchen Situationen nicht mit einer Zunahme der Geistes- und Suchtkrankheiten und Neurosen zu rechnen. Im Gegenteil: »Alkoholismus und Selbstmorde gehen zurück und die Toleranz für auffällige Persönlichkeiten steigt« (2).

Auf der anderen Seite läßt sich das Ausmaß sich epidemieartig verbreitender Fehlreaktionen nicht kalkulieren. Wenige Minuten, »lächerliche Kleinigkeiten«, genügen oft, »um in einer Katastrophensituation eine Panik auszulösen, die dann sekundär viele unnötige Schäden mit sich bringen kann«, führt Knoepfel aus. Dabei könne der Funke in einer Situation der Mutlosigkeit und Depression sehr leicht auf labile Persönlichkeiten überspringen, die dann – in der Sprache der Psychologen – regredieren, auf frühere Entwicklungsstufen zurückfallen. Zuerst gibt man seine »Ich-Leistungen mehr oder weniger auf und opfert dann das Über-Ich, die Moral, die Haltung. Statt der Vernunft zu folgen«, fällt man in das »Instinktverhalten oder läßt sich vom momentan vorherrschenden Affekt leiten«. Zwei Folgen sind möglich: Überaktivität, Flucht nach vorne, oder völlige Passivität, Apathie, Aufgabe der Selbständigkeit. Bei den Überaktiven äußert sich die Krise zunächst (harmlos) als Fluchen, Anpöbeln, wobei die Kriegspsychologen raten, daß man Rekruten, die in dieser Lage meckern, meckern lassen soll, solange sie ihre Pflicht tun, weil dies Ventile sind, um die situationsbedingte seelische Anspannung loszuwerden. So mancher Vorgesetzte hat in einer solchen Gefahrensituation eine Ohrfeige eines Untergebenen einstecken müssen und, sofern er über die »Ventil-Funktion« informiert war, kommentarlos eingesteckt.

Weitaus schwieriger sind depressive Reaktionen zu »behandeln«. »Konfusion und Lähmung«, betont Hans Konrad Knoepfel, »sind häufig«. Diese Menschen »antworten nicht und reagieren nicht auf äußere Gefahren, bleiben auf der Straße liegen und lassen sich überfahren, wie man im Yom-Kippur-Kriege erleben mußte«.

»Kollektive Schreckreaktionen«, wie Knoepfel es nennt, müssen von den Ärzten und Spezialisten oder auch nur »beherzten Männern« rechtzeitig verhindert werden, denn an diese »starken Persönlichkeiten« klammern sich die Ängstlichen, erwarten Hilfe, Beistand, beruhigende Worte. Wenn diese Menschen um ihre Verantwortung in solchen Krisensituationen wissen, können sie eine Panik durchaus verhindern. Denn wie Angst ist auch Mut ansteckend.

Bezweifelt werden muß allerdings, ob die auf dem Gebiet der Katastrophenmedizin absolut unbedarften Ärzte im Ernstfall dieser Aufgabe gerecht würden oder lieber selbst Reißaus nähmen. Schließlich sind auch sie gegen Panik keineswegs immun.

1) Knoepfel, K. H., »Psychische Reaktionen in Katastrophen«, in: Lanz, R. und Rosetti, M. (Hrsg.) »Katastrophenmedizin«, Stuttgart 1979.
2. Knoepfel, K. H., »Psychische Reaktionen in Katastrophen«, *Militärmedizin* 2/1974; Harrison, T., »Living through the Blitz«, London 1976, hier zitiert nach 1.

Kaugummi gegen Panik

Unter dem Titel »Die Bewältigung von psychischen Fehlreaktionen unter dem Eindruck einer Katastrophe« stellte der Psychiater und Oberstarzt der der Bundeswehr Dr. Rudolph Brickenstein auf dem *IV. Interdisziplinären Forum* der *Bundesärztekammer* vom 23. bis 26. 1. 1980 in Köln einen Maßnahmenkatalog zur Vorbeugung und Bewältigung panischer Reaktionen in Katastrophensituationen vor:

A. Prävention

1. Ausbildung der Ärzte und des Sanitätspersonals in Behandlung pathologischer Individualreaktionen.
2. Ausbildung aller Führungskräfte zur Überwindung von Summationsphänomenen und Aufklärung über das Wesen der Kollektivreaktion Panik.
3. Training möglichst vieler Menschen über sinnvolles Verhalten in Katastrophen (insbesondere durch bestimmte einfache Tätigkeiten, die reflexartig aufgenommen werden können).
4. Infrastrukturelle Maßnahmen, die eine Flucht nach vielen Seiten ermöglicht.
5. Beim Auftreten von Summationsphänomenen kurze, eindrucksvolle und wahrheitsgemäße Unterrichtung der Menschengemeinschaft, die sich in einer kritischen Situation befindet, über die Lage und die Möglichkeit, sie zu verbessern (evtl. mit Megaphon).

6. Allgemeinverständliche, knappe, aber nachhaltige Weisungen, dabei Vermeidung von hektischen Bewegungen.
7. Verhinderung von Diskussionen und Unterlassung von widerspruchsvollen Anweisungen. Kurze, energische Widerlegung von haltlosen Gerüchten.
8. Auseinanderführung geballter Menschenansammlungen.
9. Sofortige Ablösung nervöser, durchsetzungsschwacher Führungskräfte.
10. Sicherung von alternativen Nachrichtenverbindungen, Fernsprecher, Funk usw.

B. Bekämpfung einer Panik

1. Bildung eines Führungsstabes im Katastrophengebiet.
2. Klärung der Situation.
3. Aufnahme von Verbindungen zu Dienststellen, die von außen helfen können.
4. Isolierung erkannter Panikpersonen, separate ärztliche Behandlung.
5. Bildung von »Inseln der Ruhe«. Hier Einsetzen von besonnenen Unterführern (möglichst solche, die den bedrohten Menschen vertraut sind).
6. Ableitung der Menschenmasse aus dem Panikzentrum in eine gewünschte – wenn möglich, in viele verschiedene – Richtungen.
7. Errichtung von Sammelstellen nach Auslaufen des Paniksturms.
8. Prägnante, unzweideutige Weisungen der Führer und Unterführer.
9. Anweisung zur sofortigen Aufnahme einer sinnvollen Tätigkeit für die Besonnenen und einer mechanischen Arbeit für noch dazu Einsetzbare.
10. Wenn möglich, Ausgabe von alkoholfreien Getränken und Verpflegung (auf keinen Fall Alkohol, bewährt hat sich Kaugummi).

Materialien

Information oder Augenwischerei?

Alle Bundesländer, in denen Kernkraftwerke in Betrieb sind, haben Informationsbroschüren an die Bevölkerung in der Umgebung der Reaktoren verteilen lassen. Da diese Schriften auf den Rahmenempfehlungen des Bundes aufbauen, sind sie nahezu alle im Wortlaut identisch. Auszug (1):

Die behördlichen Schutzmaßnahmen erreichen nur dann ihre volle Wirksamkeit, wenn sie durch eigene Schutzmaßnahmen der Bürger und sorgfältiges Beachten der erteilten Anweisungen unterstützt werden. Nachstehende Verhaltensmaßregeln sind besonders wichtig:
Falls Sie von einem Unfall in einer kerntechnischen Anlage mit Auswirkungen auf die Umgebung verständigt werden, beachten Sie bitte die folgenden Hinweise. Sie können damit zu Ihrem persönlichen Schutz und zur besten und schnellstmöglichen Hilfe für alle erheblich beitragen.

- Schalten Sie Radio oder Fernsehen ein – insbesondere, wenn das Sirenensignal (eine Minute Heulton) ertönt – und befolgen Sie die von der Einsatzleitung veranlaßten Durchsagen.
- Achten Sie auch auf Lautsprecherdurchsagen der Einsatzkräfte.
- Verständigen Sie Ihre Nachbarn.
- Bringen Sie Vieh und andere Haustiere in geschlossene Räume, wenn Sie dazu aufgefordert werden.
- Halten Sie sich nicht im Freien auf.
- Schließen Sie Fenster und Türen.
- Schalten Sie Lüftungs- und Klimaanlagen aus.
- Suchen Sie im Haus möglichst Keller oder innengelegene Räume auf.
- Nehmen Sie kein Wasser aus offenen Brunnen oder Oberflächengewässern.
- Verzehren Sie kein frisch geerntetes Obst oder Gemüse.
- Geben Sie Tieren kein Futter, das offen im Freien gelagert war.
- Bleiben Sie dem Unfallort fern und halten Sie Straßen und Wege für die Einsatzkräfte frei.
- Leisten Sie den Weisungen der Polizei und der Einsatzkräfte Folge, wenn Sie zur Evakuierung aufgefordert werden; schließen Sie die Wohnungen ab. Evakuierte Wohngebiete werden in die polizeiliche Absperrung einbezogen.
- Rufen Sie nicht unnötig bei den Katastrophenschutzbehörden, der Polizei, dem Rettungsdienst oder der Feuerwehr an: Sie blockieren vielleicht die Telefonverbindungen für lebenswichtige Mitteilungen.

Ob diese lakonischen »Verhaltensregeln und persönlichen Schutzmaßnahmen« allerdings irgendeinen Zweck erreichen, muß bezweifelt werden. Zu oberflächlich sind die Hinweise, zu ungenau die Empfehlungen. Dies zeigt sich insbesondere, wenn man die bundesdeutschen Informationsbroschüren mit jener vergleicht, die die Schweizer Behörden für die Bevölkerung in der Umgebung des Kernkraftwerks Gösgen-Däniken vorbereitet haben (2):

Alarmierung	Tritt in der Folge im Kernkraftwerk eine Entwicklung der Lage ein, die ein Entweichen radioaktiver Stoffe in die Umgebung befürchten läßt, so wird vom Kernkraftwerk in der innern Zone unter gleichzeitiger Benachrichtigung des Kantons Alarm ausgelöst.
Alarmierungsmittel	Hochleistungssirenen mit folgenden Standorten:

– Dulliken   – Lostorf
– Däniken   – Stüsslingen
– Schönenwerd   – Winznau

Die Lautstärke dieser Sirenen garantiert eine sichere Alarmierung sowohl tagsüber wie nachts. Die Funktion der Sirenen wird periodisch überprüft nach vorangehender Bekanntmachung in der Tagespresse.

Alarmzeichen und Sofortmaßnahmen
Die Bevölkerung wird nach einem KKW-Alarm in der innern Zone wie folgt alarmiert:
Allgemeiner Alarm

An- und abschwellender Sirenenheulton während der Dauer einer Minute.
Sofortmaßnahmen:
Bleiben Sie in Ihrem Haus; wenn Sie sich im Freien befinden, suchen Sie das nächste Haus auf. Verzichten Sie auf Flucht. Stellen Sie Ihr Radiogerät auf Empfang, um über das UKW- oder Mittelwellensendernetz (Radio DRS) Orientierungen und Anweisungen der zuständigen Behörden zu empfangen.
Bereiten Sie sich gezielt auf den Bezug des Kellers oder Schutzraumes vor. Betriebe und Schulen unterbrechen ihre normale Tätigkeit, sie benützen ihre zugewiesenen Schutzräume.
Löschen Sie offene Feuer (Kamin, Kerzen, Gas), schalten Sie Kochplatten und elektrische Apparate

ab, um Brände zu verhüten. Drehen Sie Wasserhähne zu und stellen Sie die Ventilation ab. Fenster und Türen sowie andere Öffnungen werden geschlossen. Fensterläden sind zu schließen und Storen herunterzulassen.

Alarm »Erhöhte Gefahr«

Unterbrochener, periodisch an- und abschwellender Sirenenheulton in Intervallen von 12 Sekunden; Gesamtdauer eine Minute.

Dieser Alarm wird spätestens 30 Minuten nach dem ersten ausgelöst.

Sofortmaßnahmen:

Beziehen Sie beim Ertönen dieses Signals sofort den Keller oder Schutzraum.

Eine Aufhebung des Alarms wird über das Radio DRS bekanntgegeben. Erfolgen keine Anweisungen über das Radio und wird der zweite Alarm innerhalb 30 Minuten nicht durchgegeben, ist sicherheitshalber dennoch der Keller oder Schutzraum aufzusuchen.

Das Transistorradio ist mitzunehmen, damit die Mitteilungen der zuständigen Behörden laufend empfangen werden können.

Radioempfang

Testen Sie die Empfangsverhältnisse in Ihrem Keller oder Schutzraum. Wählen Sie den am besten empfangbaren UKW- oder Mittelwellensender (Radio DRS) und markieren Sie diesen auf der Skala Ihres Empfängers.

Persönliche Effekten und Proviant

Sie benötigen im Keller oder Schutzraum folgende Ausrüstung:

- Transistorradio (Netz- und Batteriebetrieb)
- warme Bekleidung und gute Schuhe
- Wolldecken und/oder Schlafsack, evtl. Liege- oder Luftmatratzen
- Toilettenartikel, Apotheke, persönliche Medikamente
- Taschenlampe
- Ersatzbatterien für Radio und Taschenlampe
- Notverpflegung für einen Tag
- genügend Trink- oder Mineralwasser

Zur Aufbewahrung der persönlichen Effekten (Familienpapiere, Geld, Wertsachen) dient ein Rucksack oder eine genügend große Tragtasche.

Im Sinne der Empfehlungen des Delegierten für wirtschaftliche Kriegsvorsorge ist das Anlegen eines Notvorrates ohnehin ratsam. Dieser würde sogar für einen mehrere Tage dauernden Aufenthalt im Keller oder Schutzraum ausreichen.

Behördliche Informationen

Die eidgenössischen und kantonalen, unter Umständen auch die kommunalen Behörden werden periodische Mitteilungen, die für das richtige Verhalten notwendig sind, über Radio DRS durchgeben. Beachten Sie diese Weisungen! Über Radio werden Sie durch Sondersendungen auch nachts informiert. Falls der Empfang schlecht ist, kann das Radio außerhalb des Kellers oder Schutzraumes an einem Ort im Hause, wo der Empfang noch möglich ist und die Durchsagen bis in den Keller hörbar sind, aufgestellt werden.

Belüftung der Schutzräume

Falls Ihr Schutzraum über eine Ventilationsanlage verfügt, lassen Sie diese ausgeschaltet. Die Behörde wird Ihnen über die Benützung Weisung erteilen. Zur Notventilation soll die Schutzraumtüre ins Hausinnere geöffnet werden.

Verlassen der Keller oder Schutzräume

Die Keller oder Schutzräume sollen prinzipiell erst verlassen werden, wenn die Behörde dazu Erlaubnis erteilt. Sie wird laufend die möglichen Erleichterungen bekanntgeben. Bei unvermeidlichen Bedürfnissen und in Notfällen soll der Keller oder Schutzraum nur für kurze Zeit verlassen werden. Nutzen Sie diese Zeit gut. Bereiten Sie sich vor, damit Sie nichts vergessen. Verlassen Sie jedoch auf keinen Fall das Haus.

Beschaffen von Proviant

Lebensmittel oder Getränke können aus dem Hausinnern geholt werden, wenn der Keller oder Schutzraum dazu nur für kurze Zeit verlassen werden muß. Leitungswasser kann weiterhin verwendet werden.

Verbindungen zur Außenwelt

Das Telefon wird auch weiterhin Ihre Verbindung zur Außenwelt bleiben. Es gibt Ihnen die Möglichkeit, den Behörden Notlagen bekanntzugeben. Diese Mitteilungen sollen auf das absolut Notwendige, z. B. Schwerkranke, Verunfallte etc. beschränkt werden. Denken Sie daran, daß in diesem Moment auch andere Menschen in Not sein können und Hilfe beanspruchen. Helfen Sie mit, die Überlastung des Telefons zu vermeiden.

Dauer des Aufenthaltes im Keller oder Schutzraum

Die Dauer des Aufenthaltes im Keller oder Schutzraum hängt unter anderem von den meteorologischen Verhältnissen (Wind, Hochnebel usw.) ab. Die Behörden teilen Ihnen mit, wann Sie ins Hausinnere zurückkehren können. Rechnen Sie mit einer voraussichtlichen Aufenthaltsdauer im Keller oder Schutzraum von einigen Stunden.

Halten Sie sich an die behördlichen Anweisungen. Durch eine panikartige Flucht würden Sie sich in Gefahr begeben.

Lockerung der Schutzmaßnahmen

In den allermeisten Fällen nimmt das Leben bald wieder seinen gewohnten Lauf. Die Behörden werden Sie darüber und über die Art der eventuell zu treffenden Maßnahmen informieren. Der freigegebene Aufenthalt im Haus und im Freien muß auf die fixierte Zeitdauer beschränkt werden.

Verwertung von Freilandprodukten und Milch

Nach der Alarmierung eingebrachte Freilandprodukte und Milch dürfen bis zur Freigabe durch die Behörden (AC-Schutzdienst) im Gegensatz zu eingelagerten Lebensmitteln nicht verwendet werden.

Landwirtschaft und Tierhaltung

Die Strahlenempfindlichkeit von Mensch und Tier ist etwa gleich hoch. Aber die Tiere müssen geschützt werden. Der beste Schutz gegen Auswirkungen radioaktiver Bestrahlung ist die abschirmende Wirkung der Scheunen und Ställe, welche auch die Verstrahlung durch radioaktiven Ausfall reduzieren.

a) Schutz der Tiere

b) Maßnahmen beim Alarm

Treiben Sie die Tiere nach Möglichkeit in die Ställe. Schließen Sie Türen und Fenster. Reduzieren Sie bei Intensivhaltung (Hühner, Schweine) die Lüftung auf das Minimum. Schneiden Sie kein frisches Futter. Verwenden Sie nur Dörrfutter, Silofutter und dergleichen. Die Tiere kommen auch ohne Futter aus, bis AC-Spezialisten die Möglichkeit der Freigabe unverstrahlten Futters überprüft haben. Zum Tränken Leitungswasser, nicht aber Wasser aus Brunnentrögen im Freien verwenden.

c) Verhalten im verstrahlten Gebiet und weiteres Vorgehen

Die zuständigen Behörden geben auch für die Landwirtschaft Verhaltensmaßnahmen über Radio bekannt. Diese Mitteilungen können später durch andere Instruktionsmittel ergänzt werden. Falls Sie über keinen Keller oder Schutzraum verfügen, erkundigen Sie sich bitte bei Ihrer Gemeindebehörde.

---

1) »Notfallschutz in der Umgebung von kerntechnischen Anlagen«, hrsg. v. Innenministerium des Landes Rheinland-Pfalz.
2) »Konzept für die bei Reaktorunfällen zu treffenden Maßnahmen«, Informationen für die Bevölkerung im Kanton Solothurn, v. 17. März 1978.

Der Katastrophenschutz braucht Entmilitarisierung

Die Entwicklung der bundesdeutschen Katastrophenschutz-Organisationen, -Planungen sowie der Katastrophenforschung nach dem Zweiten Weltkrieg macht zwei zentrale Probleme deutlich: Zum einen wird »Katastrophe« von der Bevölkerung meist als Synonym für »Krieg« verstanden und daher als Reizwort abgelehnt. Der »Katastrophenschutz« ist somit für das Gros der Politiker kein besonderes »wahl- und werbewirksames« Thema.

Zum anderen ist durch die Übernahme alter kriegsmäßig orientierter Katastrophenschutzorganisationen unter anderem Namen eine grundsätzliche Erneuerung des Katastrophenschutzgedankens nicht erfolgt. Daran hat auch die föderalistische Kompetenzverteilung in der Bundesrepublik Deutschland nicht viel geändert. Hinzu kommt die deutliche Einbindung des Katastrophen- bzw. Zivilschutzes in die Militärpolitik im Rahmen der NATO.

Daraus folgt, daß die Katastrophenforschung bis heute zumeist »technisch« orientiert ist, mit dem Ziel kurzfristiger, bestenfalls mittelfristiger Handlungsanweisungen. Dabei geht es ihr in der Regel um die Lösung von Schadensbeseitigungsfragen, also Fragen der Logistik, Taktik und Organisation für eine Zeit *nach* der Katastrophe; die Katastrophe selbst wird dabei als »Schicksal« nicht weiter hinterfragt, gilt als gottgewollt, als unabwendbares Ereignis.

Zu einer der beliebtesten und zugleich auch umstrittensten Maßnahmen des Katastrophenschutzes zählt die Evakuierung größerer Bevölkerungsteile aus einem gefährdeten Gebiet. Gerade in den letzten Jahren mehrten sich die warnenden Stimmen, die die Evakuierung als »Allheilmittel« der Gefahrenabwehr für Menschen ablehnen. Evakuierung als organisierte Flucht vor einer Gefahr kommt dem allgemeinen Verständnis vom menschlichen Verhalten in einer solchen Extremsituation entgegen. Soll aber das Ziel dieser Maßnahme nicht in ihr Gegenteil verkehrt werden, indem sie z. B. in Panikflucht und ähnlichem ausartet, wäre deren beständige Einübung zwingend geboten – hier nun stellt sich jedoch das erste große Problem für die entsprechenden Staatsorgane und deren Verantwortlichen.

Permanente Übungen solcher Schutzmaßnahmen wie einer Evakuierung würden zweifellos bedeuten, bestimmte Populationen immer wieder ihre latente Gefahrensituation bewußt werden zu lassen – eine Schreckensvorstellung aller traditionellen Katastrophenschützer, deren erklärtes Ziel es ist, nach Katastrohen möglichst schnell jenen »Normalzustand« wiederherzustellen, der vor dem Ereignis herrschte.

Zum zweiten und gleichsam damit verbunden würden solche Übungen bei den Betroffenen immer wieder die Frage nach der Unvermeidbarkeit von Katastrophen – und zwar *vor* deren Eintritt! – aufwerfen. Wenn aber Katastrophen letzten Endes Erscheinungen sind, die am Ende eines gesellschaftlichen Prozesses (zum Beispiel der Nutzung der Kernenergie) stehen, dann stellen sie sie zugleich auch mit ihrem Auftreten die Legitimationsfrage: Von was und damit von wem geht die Gefahr aus? Ist das Risiko akzeptabel? Wem nützt es und wem schadet es? usw.

Bereits am Problem der Evakuierung kann somit aufgezeigt werden, wie deren rationale Behandlung dort in Schwierigkeiten kommt, wo politische Interessen ins Spiel gelangen.

Um zu einer effektiven Katastrophenprophylaxe zu gelangen, muß es also in erster Linie darum gehen, sich der »Normalzeit« zuzuwenden, d. h. Katastrophenschutz muß Katastrophenverhinderung, nicht Schadensbeseitigung bedeuten.

Dieses Ziel kann u. a. dadurch erreicht werden, daß

- die potentiell Betroffenen eines Gebietes, einer Kommune etc. an Planung und Beschlußfassung direkt beteiligt werden (Partizipation),
- eine Verbesserung und größere Durchsetzungsmöglichkeit von Natur- und Umweltschutzgesetzen (z. B. durch schnellere Eingriffsmaßnahmen, wirkungsvollere Strafbemessungen etc.) vorangetrieben wird.

Darüber hinaus gilt es, die strukturellen und administrativen Bedingungen der Katastrophenschutzorganisationen derart zu ändern, daß diese – sollte es trotz bester Prophylaxe zu einem Schadensfall kommen – mit einem Optimum an Effektivität den Betroffenen nach einer Katastrophe helfen können. Dies ist zu erreichen, indem

- die Katastrophenschutzorganisationen ihrer paramilitärischen Struktur entkleidet werden (Entmilitarisierung),
- die Weisungs- und Befehlsstrukturen von »unten« nach »oben« gehen. D. h. die zentrale Katastrophenleitung hat vor allen Dingen Koordinations- und Organisationsaufgaben; die eigentliche »Befehlsgewalt« geht von den einzelnen *lokalen* Einsatzgruppen »vor Ort« aus (Dezentralisierung).

Für die Forschung gilt, die Katastrophe als soziales Geschehen begreifen zu lernen, wobei das zentrale Erkenntnisinteresse in der »Vorkatastrophenzeit« liegen muß. Es sind in der Regel gesellschaftliche Interessen, die sich hinter den Katastrophengeschehen verbergen, die ihren Mechanismus bestimmen und sie »in Gang« setzen. Desgleichen gilt für die Zeit *während* und *nach* einer Katastrophe. So entscheiden nicht alleine der technische Apparat und die Organisation darüber, ob die Auswirkungen von Geschehen dieser Art schnell und erfolgreich gemildert werden können (oder – was häufig zu sehen ist – diese erst zur »Katastrophe« werden lassen!), sondern gesellschaftliches Engagement und menschliches Handeln. Traditionelle Normen können sich für die von den Katastrophengeschehen direkt Betroffenen plötzlich als unbrauchbar erweisen – neue Konventionen und Normen werden aus der Situation geboren. »Falsches« oder »richtiges« Verhalten muß daher oft neu definiert werden!

Stephan Metreveli,
Sozialwissenschaftliches Institut für
Katastrophen- und Unfallforschung, Kiel.

Die Autoren

Egmont R. Koch, geboren 1950 in Bremen, Studium der Biochemie und Biologie in Hannover und Bremen. Freier Journalist, Autor von zahlreichen Fernsehfilmen und Büchern, u. a. *Seveso ist überall* (1978) und *Die Lage der Nation* (1983; 1985) – beide zusammen mit F. Vahrenholt.

Dr. Fritz Vahrenholt, geboren 1949 in Gelsenkirchen, Studium der Chemie in Münster. Leitete 1976–81 das Fachgebiet Chemische Industrie im Berliner Umweltbundesamt. 1981–1984 Leitender Ministerialrat im Hessischen Umweltministerium. Seit 1984 Staatsrat der Hamburger Umweltbehörde. Veröffentlichungen u. a. *Seveso ist überall* (1978) und *Die Lage der Nation* (1983) – beide zusammen mit E. R. Koch.

Jörg Albrecht, geboren 1954 in Goslar, Studium der Biologie in Braunschweig, Ausbildung als Tageszeitungsredakteur, Stipendiat der »Robert-Bosch-Stiftung« für Wissenschaftsjournalisten, arbeitet beim Kulturmagazin »Westermann's« in München.

John J. Berger hat sich als Journalist auf Themen der Energie- und Umweltpolitik spezialisiert und darüber vornehmlich für *Newsweek* und *The Nation* geschrieben, war Direktor für Energie-Fragen der *Friends of Earth*, veröffentlichte 1977 ein Buch über Kernenergie (»Nuclear Power, The Unviable Option«) und ist heute für die Pressearbeit des *Lawrence Berkeley Laboratory* in Berkeley / California verantwortlich.

Dr. Jan Beyea, geboren 1939 in Englewood, studierte Kernphysik an der *Columbia University*, war von 1970 bis 1976 Assistent Professor für Physik am *Holy Cross College* in Worcester, ist seitdem am *Center for Environment Studies* der *Princeton University* tätig, Berater für Kernkraft-Notfallschutz zahlreicher Kommissionen des In- und Auslandes, zum Beispiel des *President's Council on Environmental Quality*, der *Swedish Energy Commission* und des *Gorleben-Hearings* 1979 in Hannover.

Dr. Hans-Jürgen Danzmann, geboren 1942 in Celle, Studium der Romanistik und Geschichte in Marburg, Wien und Frankfurt, Studium der Chemie in Göttingen, 1973 und 1974 wissenschaftl. Assistent an der *Universität Göttingen*, danach am *Institut für Reaktorsicherheit*, der heutigen *Gesellschaft für Reaktorsicherheit* in Köln. Er ist heute Pressesprecher eines Industrieverbandes in Frankfurt.

Bildquellenverzeichnis

UMWELT-LEXIKON

Herausgegeben von der Katalyse-Umweltgruppe

Nach dem kritischen Medikamentenbuch *Bittere Pillen* liegt nun mit dem *Umwelt-Lexikon* ein Nachschlage- und Ratgeberbuch vor, das den gesamten heutigen Wissensstand über Umweltzerstörung, Gesundheitsgefährdung, Schutzmaßnahmen und Umweltpolitik leicht zugänglich für jedermann zusammenfaßt. Alle Texte zu den einzelnen Stichworten wurden von Fachleuten so formuliert, daß auch komplizierte Begriffe verständlich werden. In zahlreichen Fällen wird der Sachverhalt zusätzlich durch Zeichnungen und Tabellen anschaulich gemacht.

KIEPENHEUER & WITSCH

KURT LANGBEIN
HANS-PETER MARTIN
HANS WEISS
PETER SICHROVSKY
GESUNDE GESCHÄFTE

Die Praktiken der Pharma-Industrie
Erweiterte Neuauflage
KiWi 22. 318 Seiten. Broschur

»Gesunde Geschäfte« machen internationale Pharma-Konzerne und zahllose Ärzte mit ihrem Material — den Patienten. Die Autoren dieses Bestsellers recherchierten jahrelang, arbeiteten teilweise in Führungspositionen in der Industrie und werteten 40.000 interne Dokumente aus. Lückenlos belegen sie, wie bekannte Mediziner Patienten zu Versuchszwecken mißbrauchen, welche Nebenwirkungen von Medikamenten geheimgehalten werden, daß Ärzte und Apotheker zur Absatzförderung bestochen und die Arzneimittelpreise willkürlich festgelegt werden.

KiWi Paperbackreihe bei Kiepenheuer&Witsch

EVA KAPFELSPERGER/UDO POLLMER
ISS UND STIRB

Chemie in unserer Nahrung
Aktualisierte und neu bearbeitete Ausgabe
KiWi 37. 322 Seiten. Broschur

Den Lebensmitteln, die wir täglich nach Hause tragen, sieht man es in den wenigsten Fällen an, was mit ihnen passiert ist; Tatsache ist, daß die meisten Produkte die Bezeichnung »Lebens-Mittel« nicht mehr verdienen. »Mastvieh mit Arznei verseucht« — »Kaum noch Lebensmittel ohne Giftstoffe« — »Umweltschützer verlangen ein schärferes Lebensmittelrecht« — Schlagzeilen dieser Art sind inzwischen fester Bestandteil unserer Tageszeitungen. Die Autoren geben in ihrem Buch einen Überblick über Grad, Umfang und Methoden der Vergiftung unserer Grundnahrungsmittel. Sie zeigen neben aller Kritik Wege auf, wie man sich als Verbraucher schützen kann und welche Möglichkeiten es gibt, sich trotzdem gesünder zu ernähren. Das derzeitige Lebensmittelrecht, immer wieder gepriesen als eines der »strengsten und verbraucherfreundlichsten«, wird auf seine wahren Inhalte und Möglichkeiten zum Schutz des Verbrauchers hin untersucht.

KiWi Paperbackreihe bei Kiepenheuer&Witsch